일상을
주님 안에서

일상을 주님 안에서

발행일	2021년 10월 27일

지은이	이인홍		
펴낸이	손형국		
펴낸곳	(주)북랩		
편집인	선일영	편집	정두철, 배진용, 김현아, 박준, 장하영
디자인	이현수, 한수희, 김윤주, 허지혜, 안유경	제작	박기성, 황동현, 구성우, 권태련
마케팅	김회란, 박진관		
출판등록	2004. 12. 1(제2012-000051호)		
주소	서울특별시 금천구 가산디지털 1로 168, 우림라이온스밸리 B동 B113~114호, C동 B101호		
홈페이지	www.book.co.kr		
전화번호	(02)2026-5777	팩스	(02)2026-5747

ISBN	979-11-6836-002-0 03230 (종이책)	979-11-6836-003-7 05230 (전자책)

(주)북랩 성공출판의 파트너
북랩 홈페이지와 패밀리 사이트에서 다양한 출판 솔루션을 만나 보세요!
홈페이지 book.co.kr • **블로그** blog.naver.com/essaybook • **출판문의** book@book.co.kr

작가 연락처 문의 ▸ ask.book.co.kr
작가 연락처는 개인정보이므로 북랩에서 알려드릴 수 없습니다.

성찰을 위한 질문과 단상 그리고 기도

일상을
주님 안에서

이인홍 지음

북랩 book Lab

오늘날 평범한 그리스도인으로 살아가기가 쉽지 않음을 경험을 통해 알게 됩니다.

세상과 하느님 나라 경계선에서 망설이고 우왕좌왕하는 경우가 많은 것이 우리 삶의 현실이기 때문입니다.

하느님의 가르침 또는 그리스도인으로서 살아가는데 성경이나 교리, 계명들을 알고 있지만, 각 개인의 구체적인 삶의 현장에서 그것을 어떻게 살아내느냐는 많은 부분이 각자의 식별과 선택에 달려 있기 때문입니다. 궁극적으로는 믿음이 약한 이유도 있겠지만, 어느 때보다도 다양성과 복잡성으로 특징 지워지는 현대 사회에서 믿음을 키우고 유지하기가 쉽지 않기 때문입니다.

'찬란한 햇빛이 비치는 곳'이라는 계정으로, 닉네임 '별지기'라는 이름으로 10년 넘게 네이버 블로그를 운영해 오고 있습니다. 많은 분들이 찾아주고 의견을 주시어 큰 힘이 되었습니다. 천체 관련 등의 취미나 관심사항으로 시작하였으나 바오로 딸 출판사에서 매년 발행하는 데스크 다이어리 말씀 달력을 기준으로 일상을 살면서 만나는 신변의 이야기와 그날의 말씀을 연결하여 묵상하는 형식으로 블로그를 운영하였습니다.

어떤 것이 하느님의 길이고, 어떤 것이 세상의 것인지 명확하게 식별도 못하며 지나온 시간들을 뒤돌아보게 됩니다. 특별히 성과를 목표로 직장생활을 오래 한 사람으로 효율, 생산성, 시장논리 등에 익숙해지며 우리 사회의 고질적인 성과주의를 위해 어떤 수단이나 방법을 동원해도 괜

5

찮다는 생각으로 살아오며, 공정하고 정의로운 주님의 뜻과 일정 거리를 두고 지내온 것에 대해 많은 반성을 하게 됩니다.

그리스도인으로서 그런 이중적인 삶에 대한 명확한 해답은 없지만 우리가 생활하면서 가져야 할 태도나 자세, 나아가서 당연시 하며 사는 것에 대한 문제제기를 하며 살아갈 때에, 조금은 하느님의 뜻에서 많이 멀어지는 삶을 예방할 수 있다고 생각하며 매일의 말씀과 일상을 묵상하였습니다.

일상의 매사를 주님과 상의하며 주님 뜻에 따라 사는 것이 제일 좋겠지만, 현실적으로 쉽지 않기 때문에, 나름의 방법으로 오늘의 복음 말씀과 일상을 연결하여 보는 작은 시도를 해 보았습니다. 처음에는 어색하였지만 점차 익숙해지며 그 날의 삶을 대상으로 '성찰을 위한 질문'을 만들어 그에 답하는 형태로 확장하여 보았습니다. 그리스도인으로 살면서 어떻게 하면 일상에서 그리스도인다운 삶을 살 수 있을까에 대한 고민입니다.

많은 그리스도인들이 비슷한 고민이 있다는 것을 블로그를 운영하며 달아 주시는 댓글을 통하여 알게 되어, 용기를 내어 책을 출판하기로 하였습니다. 방문하여 주신 다양한 종교를 가진 많은 블로그 방문자들에게 감사드립니다. 처한 환경이나 입장에 따라 다 다르게 살 수밖에 없는 것이 우리의 삶이지만, 그중에 이런 사례도 있을 수 있다는 것을 참조하여 저마다의 삶과 신앙생활에 미력이나마 도움이 되기를 바라는 마음입니다.

전문적으로 글을 쓰는 사람도 아니고, 평생을 엔지니어링 분야에서 사업을 하며 살아온 경력으로 보아도 글쓰기가 쉬운 일이 아니라는 것을 계속 느꼈습니다. 그럼에도 전문 분야가 아니며, 서투르고 어색한 부분이 많은 졸작이기는 하지만, 나름의 방법으로 글쓰기가 가능하다는 것을 보여드릴 수 있어서 다행이라고 생각합니다.

특별히 가톨릭대학교 문화영성대학원에 입학하면서 지금까지 독학을 하다시피 한 것에 비하면 성경, 영성, 상담, 신앙 등에 관한 이해의 폭이 많이 넓어지고, 깊이 있는 사고를 접할 수 있어서 좋았습니다. 일반인들 이면 잘 알 수 없는 책들을 부교재 등으로 추천하여 주서서 더욱 크게 도움이 되었습니다.

블로그에 많은 글이 있지만, 비교적 최근의 내용을 중심으로 엮어 보았 습니다. 한 사람의 신변 이야기이며, 그리스도인으로 잘 살아 보기를 갈망 하는 예수를 믿는 한 신앙인의 삶의 모습으로 보아 주시기 바랍니다.

개인적으로 좋아하는 책이나 작가들의 책을 많이 인용하였습니다. 주 로 많이 본 책들을 참고도서 목록에 기재하였습니다.

책의 구성을 주제별로 묶어 분류하기는 하였지만, 모두가 독립된 내용 이라, 잡히는 대로 임의의 페이지를 보아도 전혀 문제가 없습니다. 글의 말미에 해당되는 그날의 성경 말씀과 묵상한 기도문을 실었습니다.

무엇보다 이렇게 부족함에도, 책을 낼 수 있도록 은총 주신 하느님께 감사드리고, 책이 나오기까지 교정과 편집을 도와준 아내 송희순 데레사 에게 감사드립니다.

예수 그리스도를 구세주로 믿는 모든 분들과 무엇보다 세속의 삶을 열 심히 살며, 그리스도인다운 삶을 살려고 노력하시며, 이미 와 있지만 아 직 완성되지 않은 하느님 나라를 함께 만들어 가시는 모든 분들에게 이 책을 바치며, 그들에게 하느님의 축복이 함께하시기를 기원합니다.

제7장 하느님의 것과 세상의 것 구별하기

제1장

대자연의
품 안에서

대자연의 일부인 우리는 대자연 앞에
작고 미소한 존재임을 깨닫습니다.

발전이라는 이름으로 훼손되고 망가지는 자연이
더 이상 견디지 못하고, 폭염이나 긴 장마, 가뭄
나아가 처음 겪어보는 팬데믹 등으로
아파하고 있습니다.

창조하신 그대로 보전하지 못함으로 인해,
대자연 앞에서 자신을 자책하며 무기력하고,
힘없음을 깨닫습니다.

무엇보다 공동의 집인 이 지구를 살리는 일에
적극적으로 참여할 것을 다짐하며
작은 것이라도 실천할 것을 지향합니다.

금토천의 여름

성찰을 위한 질문: 대자연의 품에 안기는 것이, 하느님을 만나 우리 영혼의 성으로 더 깊이 들어간다는 말은 어떤 의미인가?

어쩌면 지금 이 순간이 우리 생애 최고의 순간이라는 말을 할 때가 있습니다. 그만큼 현재 이 순간을 느끼고, 나름 최선을 다하며 살자는 의미일 수 있습니다. 그런 마음가짐으로 순간순간을 최고의 순간으로 인식하며 잘 살아가는 것이 인생을 잘 사는 길이라고 봅니다.

그간은 주로 퇴근 시간에만 사무실에서 판교역까지 걸어 다녔습니다. 금토천의 아름다운 봄의 화려한 벚꽃이 지나고, 지금은 녹음방초 우거진 그야말로 최고의 자연을 만끽할 수 있는 시간을 보내고 있습니다. 도심 한가운데를 흐르는 하천이지만, 나름 물이 많고, 자연을 그대로 많이 보전하고 있어서 고기들도 많고, 철새가 눌러앉아 텃새가 된 새들도 많습니다. 자전거 길이 잘 닦여 있고, 많은 사람들이 이 길을 걸어서 판교역까지 오가고 있습니다. 시간이 지나며, 봄꽃에서 시작하여 여름의 여러 야생화들이 한껏 자신들의 자태를 뽐내고 있는 이즈음 이 길을 걷는 것은 생애 최고의 순간을 사는 느낌을 받습니다. 요즘 비가 많이 오락가락하지만, 비 오는 날은 그대로 좋고, 비 갠 뒤의 깔끔한 공기의 상큼함은 또 그런대로 생명의 역동을 느낄 수 있게 해서 좋습니다. 가끔씩 불어오는 시원한 바람 가운데에 세상의 근심과 걱정은 저 멀리 가버린 고고한 호연지기를 느낄 수 있는 시간입니다. 그래서 아침 출근 시간에도 걸어 보니 오히려 시원한 아침 공기를 느낄 수 있어서 더욱 좋습니다. 1.6㎞ 25분 걷기는 묵주기도 5단을 바치기에 딱 좋은 거리와 시간입니다.

금토천에서 눈에 띄는 것은 족히 50㎝가 넘는 잉어들입니다. 동시에 헤아려 본 것만도 15마리 이상인데, 강을 따라가다 보면, 여기저기에서 그들의 움직임을 볼 수 있습니다. 방류하였을 것이지만, 그 큰 고기들을 여기저기서 볼 수 있다는 것만으로도 또 다른 이곳만의 명물입니다. 이 지역은 철새들 중에 백로가 많이 날아오던 곳인데, 계절에 관계없이 이곳에 눌러 사는 백로들을 보는 것도 또 하나의 장관입니다. 기후 변화 때문인지, 아니면 그들의 속성 중에 그런 것이 있는지는 정확히 알 수 없으나, 흰 날개를 펴고, 금토천을 날아오르는 모습은 한 폭의 동양화를 연상하게 합니다.

금토천은 탄천 지류 중의 하나로 청계산 봉우리 중의 하나인 금토산에서 시작하여 금토동을 거쳐 내려오다가, 백운산 쪽 즉 판교의 서남쪽에서 흘러오는 운중천과 판교 인터체인지 인근에서 합류하여 계속 동쪽으로 흘러, 방아다리 인근에서 탄천과 합류하여 북쪽으로 흘러 잠실 인근에서 한강에 합류되는 지천입니다.

대자연 앞에서 우리는 미소한 존재임을 깨닫게 됩니다. 그 많은 우주의 피조물 중에서 연약하고 힘이 없어 보이기 때문입니다. 그렇지만 주님을 닮아 주님께 다가가기를 원하는 피조물인 우리가 역시 자연의 일부로 살아가는 것은 큰 의미가 있고 마땅히 그래야 한다고 생각합니다. 인간적인 욕심으로 자연을 파괴하고, 생태계를 무너뜨리는 일들이 좀 더 신중하게 이루어지고, 생태계를 보전하는 방향으로 진행되어야 할 것을 함께 생각하게 됩니다. 신도시 판교를 개발하면서도 기존의 하천들을 유지하면서도 친환경적으로 더욱 잘 만들었다는 느낌을 받게 됩니다.

대자연에 가까이 감은 우리가 우리 영혼에 점점 깊이 들어가는 것과 같은 이치입니다. 아빌라의 데레사 성녀의 '영혼의 성'에서 첫 번째 방은 우리 영혼 안으로 들어가 '자아 인식'을 하는 곳이라면 두 번째 방은 우리의 비참함과 아울러 주님의 자비하심을 생각하며 열심히 기도하는 곳입니다. 특별히 마음에 와닿는 부분이 주님의 뜻입니다. 우리는 우리의 소명을 주님의 뜻을 실천하는 것이라고 쉽게 말하지만, 그것은 파스카의 길 즉 당신의 몸을 재물로 하여 죽음에서 생명으로 건너가는, 파스카 신비가 주님의 실체이기 때문입니다. 주님을 닮는 삶이 얼마나 엄중한 것인지를 깨닫게 되는 부분입니다. 그래서 성녀는 기도생활로 접어든 사람이 가져야 할 열망의 전부로 정성을 다하여 자기의 뜻을 주님의 뜻에 맞추려 노력하고, 결정하고, 준비하는 것이라고 했습니다. 그것은 주님의 뜻을 알아챔에서 그치는 것이 아니라, 우리의 마음을 알아챈 주님의 뜻과 같은 마음이 되도록 우리를 다스리는 것입니다. 그런 의미에서 이것 또한 영성 수련이라고 봅니다. 쉽지 않지만, 우리가 기도생활을 하면서 부단히 주님의 뜻을 파악하고, 우리도 그 마음처럼 되려고 하는 우리의 반복적인 노력이 필요한 부분이기 때문입니다. 500년 전에도 오늘날처럼 역시 악한 영의 활동이 마치 선한 영인 것처럼 활동함을 성녀는 또한 우리에게 조심하여야 할 사안으로 가르칩니다. 원래 선한 영의 활동만 이루어지는 대자연은 인간들의 욕심에 의해 개발이라는 선한 탈을 쓴 악한 영의 활동이 들어오면서, 오늘날과 같은 생태계의 파괴와 팬데믹 상황을 맞이하였고, 계속해서 대자연이 망가지고 있습니다. 주님을 향한 여정인 영혼의 성에서 궁방을 지나며 주님의 뜻을 놓치지 않는 것과 같은 이치로 또 다른 주님의 피조물인 대자연을 가능한 순리대로 유지하고, 또 발전적인 방향으로 생태계를 성장시켜야 할 것임을 금토천의 여름의 싱싱함을 만끽하면서도 한편으로는 자중하여야 한다고 묵상하게 됩니다.

주님 저희가 대자연 앞에서 자기중심적인 것들을 내려놓게 이끌어 주소서. 주님께서 주신 것들을 남용하거나 오용하여 세상을 더럽히는 저희들입니다. 저희가 주님 안에서만 누릴 수 있는 평화와 안식을 우리의 삶에서 느끼고 깨닫도록 주님 저희에게 자비를 베풀어 주소서. 세상의 그 어떤 것도 이런 우리의 주님을 닮는 파스카의 신비를 이길 수 없음을 살아 내도록, 주님 저희의 뜻을 주님의 뜻에 맞추도록 도와주소서. 주님의 이름으로 기도합니다. 아멘.

네가 무엇이든지 땅에서 매면 하늘에서도 매일 것이다. 마태 16,19
Whatever you bind on Earth shall be bound in heaven. Mt 16,19

도시와 농촌

성찰을 위한 질문: 요한 묵시록의 '천상의 도성'의 모습은 도시와 시골의 모습이 뒤섞여 있게 묘사된다. 도시생활 시골생활의 장점은 무엇이라고 생각하는가? 이런 환경이 우리 그리스도인의 삶에 어떤 영향을 준다고 생각하는가?

    사람들의 삶의 터전에 따라 인구의 이동이 따라오게 됩니다. 전통적으로 우리나라는 산업화 이전에는 농업이 주된 산업이었고, 당시에는 많은 사람들이 시골에서 농사에 전념하였습니다. 그러다가 산업화가 짧은 시간 안에 이루어지면서 급격하게 인구의 대이동이 이루어지고, 주로 수도권을 중심으로 인구가 집중되면서 주택문제, 교육문제 등의 다양한 이슈를 만들어 내고 있습니다. 시골에는 연세가 많으신 어르신들이 주로 땅을 지키고 있지만, 빈집도 많고, 농사짓지 않는 땅도 늘어난다고 합니다. 불균형이 문제입니다. 아마도 앞으로는 농사도 농사짓는 기업이 생기어 또 다른 모습으로 자리할 것으로 예상합니다.

    몇 년 전에 직원의 고향이 보길도인 사람이 있어서 직원들과 1박2일로 다녀온 적이 있었습니다. 해상국립공원 영역이기도 하여, 돌 하나 가지고 나갈 수 없다고 합니다. 우리나라 전복 양식의 60% 이상이 인근 섬 지역에서 이루어진다고 하고, 나름의 큰돈이 만들어지는 산업으로 자리하였습니다. 바다 위에는 엄청난 양의 인공구조물로 만든 전복 양식장이 자리하고 있습니다. 이렇게 나름의 지역의 산업으로 자리하자 대도시로 나 갔던 젊은이들이 돌아온다고 하였습니다. 자랑스럽게 안내하시는 분의 말씀이, 너무 오랜만에 아기 울음소리를 들어서 사람 사는 것 같다는 말 을 하였습니다. 시골과 도시의 균형 발전이 이렇게 중요하다는 것을 새삼 느꼈습니다.

도시 생활은 많은 사람들이 몰려 살기 때문에, 크고 작은 서비스 산업 들이 질서 정연하게 발달되어, 편리함과 효율성은 시골과 비교할 수 없을 만큼 출중합니다. 그렇지만 그럼에도 불구하고 늘 쫓기는 듯한 분위기에 서, 당장 경쟁이 없는 상황임에도 주변의 사람들과 비교되며, 경쟁을 강 요당하는 분위기 속에서 살고 있습니다. 생활 수준이나 삶의 질이라고 말할 수 있는 수입도 물론 어려운 사람도 있지만, 본인만 부지런하면 어 느 정도 수준 이상을 만들어 갈 수 있습니다. 그렇지만 여러 자료를 보면 행복하지 않다고 말합니다. 육체적으로는 배고프지 않지만 마음이 배고 픈 것입니다. 정신이 아주 핍박해져 평화롭지 못한 것입니다. 만족하는 법을 잊어버렸기 때문입니다. 만족은 자신의 내부로 돌아왔을 때 있을 수 있는데 늘 자신의 바깥 세상에만 머물기 때문입니다.

반면 시골은 급하지 않은 것이 특징입니다. 많이 도시의 영향을 받아 서 변한 면이 있기는 하지만, 그래도 아직은 시골 생활은 속도 면에서 도 시에 비하면 늦는 편입니다. 모종을 했다고 바로 수확할 수 없습니다. 일 정한 시간과 노력이 수반되어야 수확의 기쁨을 누릴 수 있습니다. 속성 재배 기술들이 나오고 있지만, 시골 생활과는 다른 것입니다. 시골 생활 은 자연의 순리에 따르는 생활입니다. 해가 지면 온 누리가 조용해집니 다. 예전에 비하면 시골의 밤 풍경도 많이 밝아졌다고 하지만, 아직도 어두워지면 고요함이 내려앉게 됩니다. 자연의 활동을 보고, 밤하늘의 별을 볼 수 있고, 사위가 조용할 때 우리는 내적으로 들어가 머물고 싶어지고 또 자연스럽게 그렇게 연결됩니다. 창조주를 만날 수 있고, 무엇보다 나 자신을 둘러보고, 회심하며 우리의 삶을 쉽게 묵상할 수 있게 됩니다. 주님의 뜻이 무엇인지 알려고 하고, 아울러 그런 가운데에 머물고 있는 자신의 모습에 만족하게 되어 내적 기쁨을 얻게 됩니다.

어느 한쪽을 편향적으로 보기보다는 도시와 시골 생활이 적절히 균형을 이루었으면 좋겠다는 생각을 해봅니다. 주중에는 시골에서, 주말에는 도시에서 생활하는 은퇴자들이 많다는 이야기도 들립니다. 방법이 어떠하든 균형 잡힌 생활이 되도록 방법을 찾아보아야 하겠다는 결심을 해봅니다.

창세기부터 시작한 성경은 요한의 묵시록으로 마감하면서 끝과 끝이 연결되는 느낌을 줍니다. 바로 생명나무 이야기입니다. 아담과 하와가 하느님의 명을 어기고 생명나무 열매를 사탄의 유혹에 의해 먹게 됨으로 원죄가 인간 세상에 들어왔는데, 구세주의 강생을 통하여 그런 원죄와 모든 죄악으로부터 예수 그리스도를 통하여 구원의 길이 열렸습니다. 그리고 그 구원의 길의 완성된 모습인 묵시록에서 보여주는 천상의 도성에는 역시 생명나무가 있는데, 누구나 먹을 수 있도록 1년에 한 번이 아니라 열두 번, 즉 매달 열매가 열리는 생명나무이고, 그 잎은 사람들을 치료하는 데 쓰는 것으로 되어 있기 때문입니다.(묵시 22,2)

특히 최근 들어서 그리스도인의 삶에서 중요한 생태계를 지키는 역할에 대한 깊은 통찰을 바탕으로 기후변화 등의 우리의 환경을 지키며 가꾸는 일 또한 창조주께서 주신 소명임을 깊게 받아들이며, 우리의 일상에서 실천으로 응답하고, 세상의 많은 사람들과 연대를 통해 환경을 지키는 것도 또 다른 모습의 선교 활동이라고 생각하는 오늘입니다.

⁂

주님 저희가 주님의 뜻을 따라 환경을 잘 유지하고 가꿀 수 있도록 저희의 시선을 좀 더 멀리 또 넓게 보도록 이끌어 주소서. 저희는 눈앞의 이익만을 추구하며, 환경을 파괴하고, 기후 변화와 급기야 팬데믹과 같은 대재앙을 겪고 있습니다. 시골과 도시의 균형 잡힌 역할을 하도록 저희의 욕심을 내려놓게 도와주소서. 주님의 이름으로 기도합니다. 아멘.

당신의 이름은 대대로 영원히 찬미받으소서. **토빗 8,5**
Blessed Be Your Name forever and ever! **Tb 8,5**

베들레헴의 별

성찰을 위한 질문: 동방 박사가 주님 탄생을, 별을 보고 인지하고 별을 따라 찾아온 것에 대하여 어떻게 믿을 수 있고 그리고 받아들일 수 있는가?

주의 공현 대축일을 지내면서 '베들레헴의 별' 이야기가 오랫동안 천문학자들의 관심이었습니다. 예수님의 정확한 탄생일은 알 수 없으나, 성경에 나와 있는 내용을 보면 로마의 아우구스투스 황제가 로마 관할의 모든 나라의 호적 등록을 명하고, 퀴리니우스가 시리아 총독으로 있을 때에 이스라엘에서는 호적 등록을 한 것을 미루어 보면, 기원전 7세기부터 2세기 사이에 예수님께서 태어나신 것으로 짐작할 수 있습니다. 요셉과 마리아가 갈릴래아 나자렛을 떠나 유다 지방의 베들레헴이라는 다윗 고을로 호적 등록을 하러 가는 중에 예수님께서 탄생하셨기 때문입니다.

그래서 기원전 7세기부터 2세기 사이에 있었던 여러 천문 현상들을 연구하였습니다. 우리가 잘 아는 헬리 혜성은 기원전 11년 베들레헴과 같은 위도인 북위 31.5도에 8월에서 9월 사이에 관측된 기록이 있으므로 주기 76년인 혜성의 특성상 핼리 혜성은 아닌 것으로 판단합니다.

두 번째로 볼 수 있는 것이 신성(nova: 新星)입니다. 없었던 별이 갑자기 밝아지면서 마치 별이 생기는 것처럼 보여 신성이란 이름이 붙었지만 사실은 별의 생명주기에서 우리 태양과 같은 별이 에너지를 거의 소모하면 그 크기가 점점 커지면서 백색 왜성이라고 불리는 거대 별로 바뀌게 되는데, 여기에 수소나 헬륨이 유입이 되면서 급격한 반응이 일어남에 따라 일시적으로 별이 밝아지는 현상을 말합니다. 이런 신성 현상은 두 별이 가까이 있는 쌍성 중에 하나가 먼저 마지막을 맞이할 때 일어나게 됩니다. 초신성(supernova: 超新星)은 신성보다 에너지가 큰 별의 폭발을 의미하고 죽어가는 별이 갑작스럽게 핵융합 재점화가 일어나거나, 거대한 별의 중심핵이 붕괴되면서 다량의 에너지의 폭발로 발생하게 됩니다. 즉, 별의 시체라고 할 수 있는 백색 왜성이 동반성으로부터 물질을 빼앗아갈 때 강착(accretion: 降着) 현상이 일어나고 백색 왜성의 중심핵 온도가 상승하여 탄소 핵융합의 불이 붙으면, 열폭주가 일어나 별을 완전히 파열시키게 됩니다. 이것이 대표적인 경우이고, 또 다른 경우로 질량이 거대한 별의 중심이 갑작스러운 중력 붕괴를 일으키고 그로 인하여 중력 위치에너지를 발산할 때 역시 초신성 폭발이 일어납니다. 초신성은 폭발 후 블랙홀이 될 가능성이 높습니다. 『천문학자의 관점에서 본 베들레헴의 별』이라는 책을 쓴 마크 키저는 중국 역사책 『전한서』에 BC 5년 3월과 4월 사이에 염소자리의 알파 별과 베타 별 근처에 큰 별이 나타나 70일 이상 보였다는 기록과 역시 한국의 『삼국사기』에 BC 4년 3월에 견우성 근처에 털이 많은 별 하나가 나타났다는 내용을 근거로 당시에 신성의 폭발이 있었던 것으로 판단하였습니다. 키저는 BC 5년경 나타난 베들레헴의 별은 신성이었을 것으로 추정하고 있습니다.

마지막으로 행성의 합(conjunction: 合) 현상입니다. 지난해 12월 21일 목성과 토성이 가까이 근접하여 서쪽 하늘에 밝게 빛나는 별을 볼 수 있었던 것과 유사한 현상입니다. 1947년 발견된 사해문서에 보면 12궁의 성좌와 항성과 행성들이 주는 영향에 대하여 구세주의 탄생과 연관하여 기술된 것들이 있기도 합니다. 두 개의 행성이 나란히 보이면 밝은 별이 새로 나타난 것처럼 관찰될 수 있는데, 기원전 7년에서 2년 사이에 이런 현상이 여러 번 있었습니다. 기원전 7년에 목성과 토성이 물고기자리에서 3번 근접했었고 첫 번째 근접 때 동방박사들이 이 별을 보고 예루살렘으로 향했고 마지막 근접 때 예수가 탄생했다는 시나리오가 가능하기도 합니다. 당시에는 점성술이 발달하였던 때이므로 별들의 움직임으로 구세주의 출연을 기다리고 있었던 당시 유대 사회에서 어떤 별 아래에서 탄생할 것인가에 관한 예측을 하고 있었는데, 예고된 성좌의 합이 실현되자 사람들은 구세주가 강림했다고 믿고 그 강림한 장소를 찾기 시작했다는 것도 짐작할 수 있다고 예수회 신학자 다니엘 루 추기경(1905~1974)은 말합니다.

베들레헴의 별은 이런 많은 노력에도 불구하고 우리의 지성이나 이성으로는 밝혀 낼 수 없는 신비의 영역입니다. 오늘의 말씀을 묵상하며 당시에 발달된 점성술로 구세주의 탄생과 관련 지어 생각했다면 오늘의 현대 과학을 믿고 따르는 우리는 그것을 틀렸다고 보기보다는 당시의 현상이나 상황을 인정하여 받아들이고, 우리는 전 세계가 구세주 탄생을 반기고 기쁘게 맞이하게 된 오늘의 현상을 주님의 큰 뜻으로 받아들이고, 그 뜻이 이루어지고 있음을 깨달으며, 또 그 뜻에 충실하려는 우리의 노력이 필요하다고 믿게 됩니다.

주님께서 동방 박사에게 처음 다른 지방 사람들에게 알려지게 되어 오늘날 전 세계가 주님을 구세주로 영접하게 하신 그 큰 뜻을 저희가 믿고 받아들이게 하소서. 이스라엘의 구원뿐 아니라, 세상의 모든 사람들을 구원하시려는 그 뜻을 저희가 삶으로 실현해 내도록 주님 저희에게 자비를 베풀어 주소서. 주님의 이름으로 기도합니다. 아멘.

동방에서 본 별이 그들을 앞서가다가, 아기가 있는 곳 위에 이르러 멈추었다. **마태 2,9**
The star that they had seen at its rising preceded them,
until it came and stopped over the place where the child was. **Mt 2,9**

별바라기

성찰이 있는 질문: 별들을 보며, 우주와 연계하여 하느님을 연상할 때 다가오는 하느님은 어떤 느낌으로 다가오는가?

사람들마다 나름의 로망이 있을 것입니다. 저는 별을 실컷 관측하는 것입니다. 요즘은 좋은 웹들이 많아서 이 시각 현재의 별자리를 실시간으로 스마트폰을 통해 알 수 있어서 도심에서의 하늘의 상태가 그렇게 좋지 않기 때문에 대안으로서의 기능은 있지만, 아무래도 별의 관측은 맨눈으로 보는 안시(眼視) 관측이 가장 큰 감동으로 다가오는 것을 모두 알고 있습니다. 밤하늘을 우리의 맨눈으로 바라볼 때, 우리에게 신비의 느낌으로 다가옵니다. 현대 과학과 기술이 많이 발달되어 나름의 많은 발견과 이론이 정립되었다고 하지만, 우리의 머릿속으로나 가능하지 우리의 감각으로는 도저히 느껴 볼 수 없는 먼 거리에 있는 별들을 바라보는 것만으로도 우리의 마음이 얼마나 위로가 되는지 모릅니다. 저 넓은 우주 가운데에 우리가 살고 있는 태양계만 해도 아주 미소한 위치에 있는 작은 별들의 모임인데, 그중에서도 지구는 우리 태양계의 주인인 태양 질량의 33만 분의 1밖에 안 되는 작은 행성에 70억 명이 넘는 인간들이 오늘도 각종 이해관계를 포함한 서로 잘살기 위해 경쟁하며, 어떻게 보면 아귀다툼과 같은 모습을 연출하며 살고 있습니다. 갈등과 다툼, 서로 상처를 주고받으면 정말 힘들게 사는 모습을 보면, 그 큰 우주 가운데에 아주 미미한 존재인 우리를 생각할 때, 그런 치열함이 무슨 의미가 있을까 생각하게도 합니다. 그 긴 우주의 나이에 비하면 정말 찰나와 같은 시간을 살다가는 우리 인생을 생각하면 더욱 그렇습니다.

많은 사람들이 하늘을 바라볼 때 자연스럽게 좋은 천체망원경을 이야기합니다. 그런데 전문가가 아닌 일반인들이 하늘을 관측하는 횟수나 강도가 매우 한정적이고, 시간도 많이 낼 수 없기 때문에, 너무 크고 복잡한 망원경은 더욱더 그런 관측 활동을 위축시킬 가능성이 높습니다. 전문가들은 60㎜ 망원경이면 일반인들이 쓰기 충분하다고 합니다. 전문적으로 사진을 찍거나 딥스카이(Deep Sky)의 천체의 변화와 같은 전문적인 연구를 하는 것이 아니면, 가볍게 언제나 하늘을 볼 수 있는 쌍안경이나 많이 나와 있는 90㎜ 정도만 해도 충분하게 느끼고 즐길 수 있습니다. 이런 활동을 취미로 하면 '지름신'이 와서 많은 투자를 하여야 진짜 뭔가를 하는 것으로 생각하는 것은 착각이라고 생각합니다.

자동차에는 쌍안경이 하나 있습니다. 구입한 지 오래된 것으로 약 5만원 정도에 구입한 것입니다. 필요할 때 쉽게 하늘을 볼 수 있는 것이 중요합니다. 차를 타고 가다가 볼만한 풍경, 예를 들면 유난히 금성이 빛날 때는 초승달 모양이지만 지구와 가까워져서 그렇게 밝게 보이는 것을 관측할 수 있습니다.

별자리들도 요즘은 하늘의 상태가 안 좋아 우리 눈에 익숙한 것들이지만, 오랜만에 접하게 되는 경우가 많습니다. 대표적으로 큰곰자리의 꼬리와 엉덩이에 해당하는 북두칠성도 요즘은 만나기가 쉽지 않습니다. 북두(北斗: Big Dipper)는 북쪽의 국자라는 뜻입니다. 칠성은 7개의 별을 의미합니다. 밝기가 1.8등급 이상으로 모두 밝은 별이므로 모두 고유의 이름을 가지고 있습니다. 국자 끝에서부터 시작하여 두베(Dubhe), 메라크(Merak), 페이크다(Phecda), 메그레즈(Megrez), 알리오스(Alioth), 미자르(Mizar) 그리고 마지막으로 알카이드(Alkaid)가 손잡이 마지막 별의 이름입니다. 여기서 재미있는 것이 여섯 번째인 미자르인데, 같은 방향으로 지구에서 보아 3광년 정도 뒤에 알코르(Alcor)가 있는데 결국 미자르와 알코르 이중성입니다. 사람에 따라서 이 별을 보는 사람이 있고, 못 보는 사람이 있습니다. 쌍안경으로 보면 명확하게 별이 두 개인 것을 알 수 있습니다. 옛날에 군인들의 시력검사에서 이 별을 사용했다는 기록도 있습니다. 이렇게 작은 것이지만, 나름의 별자리들을 추척하여 그들과 관련된 일화나 신화들을 추적해 보는 것도 나름의 재미가 있습니다. 우리나라에서는 특별히 겨울 밤 하늘에 멋지게 펼쳐지는 남쪽의 오리온자리, 북쪽으로 예의 북두칠성이 있는 큰곰자리와 그 옆의 카시오페이아자리 같은 것들은 어려서는 매우 익숙했던 것들이지만, 요즘은 많은 사람들이 그런 별자리를 관측해 보기도 쉽지 않습니다. 여기저기 천문대가 있어서 아이들을 위한 이벤트를 하고 있지만, 요즘 같은 팬데믹 환경에서는 그런 것도 불가능합니다.

별이 잘 보이는 도심에서 좀 떨어진 곳에 옥상을 개조하여 하늘을 바라볼 수 있는 공간을 마련하고, 계절에 따른 별자리들의 움직임과 나름의 공전 주기로 하늘의 쇼를 주관하는 행성들의 움직임을 좀 긴 시간을 두고, 적어도 한 삼 년 정도를 관측하여 기록해 보면 나 나름의 하늘에 대한 식견이나 의견이 생길 것으로 예상합니다. 얼마나 간절히 원하는지에 따라 실현 가능성이 결정되기 때문에, 확신할 수는 없지만, 기회가 되면 꼭 한 번 해보고 싶은 버킷리스트에 들어 있는 항목입니다. 많은 정보와 자료가 있지만, 체험을 통한 직접 해보는 것과는 차이가 있을 것으로 생각합니다.

하늘을 보면 하느님이 연상이 됩니다. 하늘이라는 물리적 공간에 계시는 분은 아니지만, 머리로만 상상할 수 있는 광대한 우주의 크기와 연계하여 보면 자연스럽게 전지전능하신 하느님과 연결 지어지게 됩니다. 사순절이 깊어지면서 복음은 점점 긴장이 높아지고 있습니다. 오늘의 말씀처럼 주님께서는 이 모든 강생의 신비가 아버지 하느님께서 주관하시고 아버지의 뜻을 주님께서 이루어 내시고 있다고 말씀하십니다. 광활한 하늘을 보고 창조주 하느님의 숨결을 느끼는 것은 어쩌면 우리 피조물로서 마땅하고 옳은 태도인 것 같습니다. 하늘을 보고 차분하게 좀 더 겸손한 우리가 되었으면 좋겠습니다.

⚜

주님 저희가 가끔은 하늘을 바라보게 이끌어 주소서. 이 광활한 우주를 창조하신 하느님의 숨결을 느끼며 현실의 어려움을 이겨내고, 나름의 에너지와 위로를 받도록 이끌어 주소서. 저희는 욕심과 이기주의 때문에 너무 힘들어하면서 벗어나지 못하며 살고 있습니다. 부디 저희에게 강복하시어 자주 현실에서 잠시 눈을 감고, 하늘을 바라보며, 나름의 주님의 뜻을 깨닫고, 실천하는 우리가 되도록 도와주소서. 주님의 이름으로 기도합니다. 아멘.

나를 보내신 분께서는 나와 함께 계시고 나를 혼자 버려두지 않으신다. 요한 8,29
The one who sent me is with me. He has not left me alone. Jn 8,29

블루마블

성찰을 위한 질문: 아폴로 우주비행사들은 저 위에서 지구를 생명이 풍부하고 경계가 없는 아름답고 완벽한 천체로 바라보았다. 요한 묵시록에서 천상의 도성 이 강림하는 환시에서 이 세상을 하나의 위대한 통일체로 바라본다. 이런 통일체 라는 꿈을 이루기 위한 내가 가져야 할 소명이 있다면 무엇인가?

창고를 정리하면서 버릴 것과 좀 더 가져가야 할 것을 구분하는 작업을 하고 있습니다. 언젠가는 쓸 것이라고 생각하여 보관하고 있는 여러 물건들 중에 불필요하고, 쓸 일이 없을 것이라는 확신이 드는 물건이 많습니다. 가진 것들을 정리하여 점점 생각과 마음을 가볍게 하는 것이, 필요하고도 중요한 일이라고 생각하는 요즘입니다. 중학교 2학년 때에 아폴로 11호가 달을 다녀왔습니다. 그때 만들었던 아폴로 11호 관련한 자료와 글 묶음이 아직 보관하고 있어서, 처음부터 끝까지 읽어 보았습니다. 어려서 작성한 것이긴 하지만, 기술적인 내용이나 우주 탐사에 관한 것들이 잘 정리되어 있다는 느낌이 들어서, 잠시 추억에 잠겨 보기도 하였습니다. 당시 아폴로 11호 선장이었으며, 한국전에 전투기 조종사로도 참여 경력이 있는 닐 암스트롱(Neil Alden Armstrong)은 "개인에게는 작은 발걸음이지만 인류에게는 커다란 도약이다"라는 유명한 말을 하였습니다. 또 아폴로 계획의 마지막으로 달에 다녀온 아폴로 17호의 선장이었던 유진 서난(Eugene Cernan)은 달에서 바라본 지구를 마치 파란 구슬처

럼 아름다웠다고 하였습니다. 그리하여 블루마블(The Blue Marble)이라
는 이름을 붙이고 "우리는 달을 탐험하러 갔고, 실제로는 지구를 발견했
다"라는 말을 남깁니다. 1972년 12월 7일 10시 39분, 아폴로 17호는 지구
를 떠난 지 5시간 6분 후에 지구로부터 약 4만5천km 떨어진 지점에서 이
블루마블(The Blue Marble, 푸른 구슬)이라 불리는 사진을 촬영했습니다.
그리고 이 사진은 역사상 가장 유명한 사진 중 하나가 되었습니다. 북반
구에서는 겨울이기 때문에 북극 쪽은 어둡게 나오고 남극이 밝게 나왔
습니다. 이 사진에는 나라의 경계도 없고, 인종의 문제도 보이지 않으며,
가난한 나라, 부자 나라도 보이지 않습니다. 특별히 우리가 사는 세상의
창조주를 생각하게 하는 이 사진 한 장에는 종교 간의 분쟁이나 다툼은
생각할 수도 없는 신비로움이 있습니다.

 묵시록의 천상의 도성이 강림하는 것과 겹쳐 보이게 이 사진을 보며,
다른 여러 가지가 있을 수 있지만, 종교 간의 화해와 일치를 생각하게 합
니다. 특별히 그리스도교 내에서도 여러 종파로 갈리어 서로 헐뜯고 비
방하며, 인간적인 한계를 드러내는 우리들의 모습에서 하느님 보시기에
부끄러운 마음이 들기 때문입니다. 처음부터 삼위일체 하느님을 본받아
사랑과 일치로 온 세상을 거룩하게 하여, 하느님의 특별한 창조물인 모
든 인간들이 구원의 길에 들어서게 하는 것이 하느님의 뜻이요, 성자 예
수 그리스도를 이 땅에 보내시어 구원의 길을 열어 주신 목적이라고 생
각하기 때문입니다. 서로 다른 뜻과 이해를 바탕으로 각기 주관적으로
하느님을 바라보며 나름의 인간적인 갈라짐과 나누어짐의 지난 2천 년의
역사를 우리는 가지고 있습니다. 지금 이 순간에도 서로 반목하고 싸우

는 모습이 지구촌 곳곳에서 일어나고 있습니다. 블루마블 사진을 보고, 천상 도성이 강림하는 환시를 묵상하며, 각 종파나 종교의 이해관계를 떠나 진정한 하느님의 뜻이 무엇인지 깨닫고, 인류 모두의 구원을 위한 행보가 어떤 방향인지를 깨닫는 시간이 됩니다. 그리스도교 안에서 나누어진 것은 물론이고, 같은 하느님을 믿고 예배하는 아브라함계 종교 즉 여러 종파를 아우르는 그리스도교, 이슬람교 그리고 유대교까지 하느님을 본받고 따르는 사랑과 일치를 이루는 일에, 발 벗고 자신을 내려놓고 나서야 한다고 생각하게 되었습니다. 이 세 종교 간의 통합을 위해 학문적인 연구와 활동을 하였던 지난 4월 6일, 93세로 이 세상을 떠난 한스 큉(Hans Küng) 신부님이 생각납니다. 교회 내에 여러 우여곡절이 많이 있었지만, 교회 일치를 위하여 많은 노력을 한 것은 그분의 좋은 업적이라고 생각합니다.

더 나아가서 제2차 바티칸 공의회 이후의 보편 교회로서의 세상을 바라보는 눈을, 좀 더 열린 자세로 종교와 이념에 관계없이 하느님의 시각으로 보려 하는 교회 내의 여러 시도나 노력은, 시간이 더 걸리겠지만 바람직한 모습이라고 생각합니다. 세례 받은 사람만 또는 유일신 하느님을 믿는 사람에게만 구원이 있다는 생각은 닫힌 생각이고, 폐쇄적인 접근이라고 봅니다. 어떻게 하면 우리 인류가 사랑과 일치로 하나 되어 창조주의 뜻대로 구원의 길에 들어설 것인지를 함께 고민하는 우리가 되었으면 좋겠다는 생각을 합니다. 조금은 낯설지만 재림하시는 주님을 준비하는 마음은 이런 마음이어야 할 것으로 묵상하는 오늘입니다.

주님 저희가 좀 더 열린 자세로 갈라진 형제들을 바라보게 하고, 일치를 이루는 활동에 참여할 수 있도록 이끌어 주소서. 또한 다른 신앙을 가진 이웃들에게도 그들의 믿음을 존중하고 다른 모습의 하느님의 길을 걷고 있는 사람으로 받아들이게 하여, 범 인류적인 시선으로 사람들을 대하여 반목하거나 싸우지 않고, 서로 다름을 인정하면서도 일치를 이루어나가는 우리가 되도록 자비를 베풀어 주소서. 주님의 이름으로 기도합니다. 아멘.

많은 군중이 예수님의 말씀을 기쁘게 들었다. **미르 12,37**
The great crowd heard this with delight. **Mk 12,37**

산행

성찰을 위한 질문: 현실에서 잠시 떠나는 방법으로 산행을 많이 하는데, 산행 중의 영성은 어떤 모습으로 다가오는가?

판교에 여러 회사들을 품고 있는 봇들 공원이 바로 옆에 있습니다. 전체 면적이 16,000㎡ 정도 되는 낮은 산이지만 실제 들어가 보면, 숲이 우거져 깊은 산속에 와 있는 느낌을 느낄 수 있습니다. 참나무 중심으로 한 잡목류가 대부분인 둘레길 같은 산책로이지만, 숲이 주는 고요함이나 차분함이 있습니다. 잘 정비된 산책로를 따라 길게 잡으면 1시간 짧으면 30분 이내로 걸을 수 있는 봇들 공원은 나름의 생활의 청량함을 주는 활력소입니다. 점심시간이나 쉬는 시간을 활용하여 30~40분 정도 걷는 것은 정신적으로나 육체적으로 매우 좋은 힐링 시간이 되기 때문입니다.

산은 우리에게 차분한 평화를 줍니다. 산길을 걸으며 복잡한 생각은 어울리지 않습니다. 아무 생각을 안 하거나 오감으로 느껴지는 자연의 풍요로움을 느끼며 즐기며, 자연에 동화되는 시간이기 때문입니다. 인공적으로 많이 개발이 되었다 하더라도 우리 삶의 주변에서 산만큼 자연 친화적인 것도 드뭅니다. 새소리 물소리를 들을 수 있고, 가슴으로 들이마시는 시원하고 청량한 공기는 도시 생활을 하는 사람들에게 나름의 안식과 평화를 주는 선물입니다. 지난주에는 세 번 봇들 공원 산책을 하였습니다.

꾸준히 하면 심신에 모두 좋을 것으로 생각되어 실천해 보려고 합니다.

젊어서는 산악회에 속하여 활동을 했었기 때문에 우리나라의 대부분의 산들을 올랐었습니다. 지금도 기억에 남는 것이 설악산이나 지리산의 긴 시간의 야간 산행의 기억이 새롭고, 한라산 등산 후에 기상 관계로 귀경을 못해 월요일 오후에 출근했던 기억도 있습니다.

좀 특별한 기획 산행을 했던 것이 청계산입니다. 가장 가깝고 서울에 사는 분들이 애호하는 산이지만, 경기도에 모두 3개의 청계산이라는 같은 이름을 쓰는 산이 있어서 이 산들을 등산한 것입니다. 서울 서초동과 성남시에 걸쳐 있는 청계산은 많은 사람들에게 잘 알려진 청계산입니다. 옥녀봉과 정상인 매봉(582.5m)이 많이 다니는 코스입니다. 한편 양평에 있는 청계산(658m)은 많이 알려지지 않았지만, 매우 숲이 우거져 있고, 호젓한 분위기를 주는 산입니다. 양평군 양서면 청계리에서 산행을 시작하면 3시간 정도 코스입니다. 많은 사람과 함께 하기보다는 두세 명이 산행하기에 좋은 코스입니다. 또 다른 청계산은 포천군 이동면에 있는 청계산(849m)으로 제법 산세가 우람하고, 조망이 빼어난 곳입니다. 이름이 말해 주듯 맑고 깨끗한 산이라는 것이 공통점입니다.

아이들이 어려서 클 때까지는 매년 1월 1일은 관악산(632m) 산행으로 한 해를 시작했던 적도 있었고, 수리산의 한 봉우리인 수암봉(495m)도 역시 아이들과 수도 없이 다녔던 산입니다. 이렇게 집에서 가까운 산을 아이들과 갈 때는 먹거리나 인근 식당에서 맛있는 식사를 하는 것도 나름 재미있는 시간이었습니다. 자주 가는 산에도 갈 때마다 느낌이 다르고, 산이 주는 포근함과 기쁨이 그 가운데에 있습니다.

오늘의 말씀에는 두 개의 산이 나옵니다. 아브라함이 이삭을 제물로 바쳤던 모리아 산과, 주님 공생활의 정점인 거룩한 변모 즉 당신의 본 모습을 엘리야와 모세와 함께 제자들 앞에 드러내신 다볼산이 그것입니다. 사순절을 지내면서 산은 또 다른 의미 즉 회개와 회심의 장소로 다가옵니다. 산은 우리가 현실의 번잡함에서 떠나, 자기 자신의 한가운데로 걸어 들어가게 합니다. 남의 눈치를 볼 필요도 없고, 자신에게 솔직한 상태를 유지할 수 있으며, 주님께 의지하며 기도할 수 있는 시간이기 때문입니다. 우리의 모든 잘못과 부족함을 알고 계시는 주님께 온전히 우리 자신을 맡겨 드릴 수 있는 좋은 시간입니다. 우리나라처럼 산이 많고 쉽게 걸을 수 있는 둘레 길들이 잘 조성되어 자주 활용하면 우리의 영성 생활에 큰 도움이 될 수 있을 것임을 묵상합니다.

주님 저희가 현실을 떠나 자연의 한가운데에서 주님을 느낄 수 있는 산행을 자주 할 수 있도록 이끌어 주소서. 저희 마음이 숲속의 공기처럼 깨끗해지고 저의 모든 욕심이 새소리 물소리에 흘러내려 가듯 욕심을 내려놓는 저희가 되도록 도와주소서. 아울러 생태계를 보전하고 가꾸는 데 저희도 적극 나설 수 있도록 저희에게 자비를 베풀어 주소서. 주님의 이름으로 기도합니다. 아멘.

내가 나에게 순종하였으니, 세상의 모든 민족들이
너의 후손을 통하여 복을 받을 것이다. **창세 22,18**
In your descendants all the nations of the earth will find blessing,
because you obeyed my commend. **Gn 22,18**

새봄맞이

성찰을 위한 질문: 버릴 것과 챙길 것을 구분하여 신변을 정리하는 것처럼 마음 안에서 버릴 것과 챙길 것은 어떤 것이 있는가?

봄이 오는 소리가 여기저기에서 들립니다. 사람들의 활동량이 늘기도 하고, 아파트에서 이삿짐 나르는 소리도 들립니다. 무엇보다 아침 일찍 도시에 있는 아파트이지만, 새소리들이 많아진 것이 봄이 오고 있음을 실감하게 합니다. 거실에서 보이는 나무에 3개월여 전부터 까치가 집을 지었습니다. 암수 두 마리가 부지런히 나뭇가지들을 물어다가 집을 짓는 모습을 볼 수 있었는데, 다 완성이 되었는지, 조용해졌습니다. 까치의 산란기가 2~5월이라 하니 알을 낳고 품기 시작한 것 같습니다. 아침 출근길에도 여기저기에서 까치 우는소리가 들리는 것을 보니 이들에게 일 년에 한 번 있는 매우 중요한 시기를 지내고 있는 것 같습니다. 한 번에 이루어지는 산란 수는 2~7마리이고, 17~18일 품으면 부화가 되고, 22~27일 만에 둥지를 떠난다 하니 금년 봄은 까치 가족을 엿보는 재미가 있을 것으로 기대하고 있습니다. 작은 망원경을 준비하여 가능하면 그들의 동태를 틈나는 대로 관찰해 보려 합니다. 와이파이로 연결되는 CCTV 카메라를 하나 준비하여, 어디서나 실시간으로 볼 수 있는 환경을 만들어 보려고 준비하고 있습니다. 비둘기 중심의 도심의 조류 환경이 조금씩 바뀌었으면 좋겠다는 생각을 해보았습니다. 요즘 들어 아파트에 여러 종류의 새소리가 들리는 것이 좋아 보입니다. 가까이 한강 밤섬도 있고, 1㎞ 이내에 있는 한강에는 철새들이 많이 서식하는 것을 보며, 그래도 아직은 자연과 가까이 우리가 거주하고 있다는 생각을 하게 됩니다. 가까이에 있는 여의도 LG 트윈타워 옥상에 황조롱이가 둥지를 틀고 새끼를 키우는 모습이 생중계된 적도 있었던 것처럼, 요즘처럼 삭막한 도심에 야생 조류들과 가까이 지낼 수 있음에 감사한 마음이 들었습니다.

그럼에도 불구하고 비둘기들과의 동거는 너무 힘든 상황을 연출하게 됩니다. 베란다 에어컨 실외기 부스에 비둘기들이 드나들면서 급기야는 둥지를 틀고 알을 낳고 새끼를 키웠습니다. 첫해에는 반가운 마음에 오히려 관심을 두고 지켜보았는데, 태어난 새끼들이 자기 고향집을 또 다른 둥지로 알고, 여러 곳에 둥지를 틀면서 온통 베란다가 엉망이 되었습니다. 그래서 쫓아내고 대대적인 청소를 하였지만, 분비물 냄새는 오랫동안 가시지 않았습니다. 다시 날아오지 못하게 여러 처방들을 하였지만, 나름의 지능이 발달하여서 그런지 잘 먹히지 않았습니다. 결국은 전체를 철망으로 막는 큰 공사를 하여 마무리하게 되었습니다. 한동안은 그래도 계속 날아오고 주변을 배회하던 비둘기들이 요즘은 좀 뜸해졌습니다. 사람들과 가장 가까이 공존하는 비둘기들은 예전에 '평화의 상징', '성령의 모습'으로 좋은 이미지를 가졌었는데, 요즘 도심에 사는 비둘기들은 나름 환경에 적응이 되어 사람들과 비슷한 식성으로 길들여지고, 사람들이 다가가도 잘 피하지도 않는 가장 가까이 생존하는 야생 조류가 되었습니다. 개체 수가 너무 많아지고, 예의 베란다처럼 사람들에게 피해를 주게 되어 신비감이나 자연 친화적인 느낌은 비둘기에서 느끼기는 어려워진 상황이라고 생각합니다. 여러 곳에 비둘기 먹이 주지 말라는 팻말들이 있는 것이 그런 현상을 단적으로 볼 수 있는 표징입니다.

또 하나 도시생활의 골칫거리로 등장한 것이 소위 말하는 '길고양이'라고 부르는 고양이들입니다. 아파트 지하 주차장에는 가끔 깜짝 놀라는 것이 고양이 가족들이 이동하는 것을 갑자기 만나 급정거를 해야 하기 때문입니다. 추운 겨울에는 대부분이 먹이는 부족하지만, 덜 추운 지하 주차장을 찾고, 음식물 쓰레기 버리는 곳 주변을 배회하는 고양이들을 쉽게 볼 수 있습니다. 집에서 기르던 고양이를 내버려서 또는 집을 스스로 나가서 길고양이가 되는 과정을 방송에서 본 적이 있습니다. 대체로 개들은 유기견 보호소 같은 곳이 있는데 비해 고양이들은 개만큼 그렇게 잘 챙겨지지 않는 것 같습니다. 또 다른 사회 문제가 될 것으로 예상됩니다.

산수유 꽃이 피고, 한강변에 있는 개나리들도 양지바른 곳에 있는 것들은 꽃을 피우기 시작했습니다. 코로나로 우리의 활동들이 제약을 받고, 제한적인 일상을 보내고 있어서 심적으로 모두 편하지 않은 상황임에도 계절 변화의 큰 수레 바퀴는 어김없이 굴러가고 있습니다. 계절을 논할 때마다 23.5도로 기울어진 지구의 자전축의 오묘한 신비함에 경탄을 금할 수 없게 됩니다. 이 각도로 인해 사계절이 만들어지는 이 오묘함에 절로 창조주께 감사의 기도를 드리게 됩니다. 새봄을 맞이하며 오늘의 주님 말씀처럼 그동안의 우리 안에 녹아 있는 묵은 쓰레기들을 정리하는 우리가 되었으면 합니다. 전례력으로 부활을 준비하는 사순 시기를 보내는 우리에게 그런 마음의 정리를 하기에 더욱 좋은 시기임을 묵상하며, 주변과 마음의 청소를 시작할 것을 결심해 봅니다.

주님 저희가 새봄맞이 마음 대청소를 잘할 수 있도록 이끌어 주소서. 버릴 것과 새로이 할 것을 잘 식별하여, 저희가 주님의 뜻에 맞는 삶을 살도록 저희에게 자비를 베풀어 주소서. 욕심을 내려놓고, 주님과 함께하는 것에 가장 크게 비중을 둘 수 있도록, 거기에 걸림돌이 되는 것은 모두 버리고, 내려놓게 하소서. 주님의 이름으로 기도합니다. 아멘.

보라, 나 이제 새 하늘과 새 땅을 창조하리라. 이사 65,17
See, I am creating new heavens and a new Earth. Is 65,17

세상을 살리는 ESG

성찰을 위한 질문: 성경은 축복과 지혜의 전승을 통해 창조물의 아름다움에서 하느님을 발견하라고 가르친다. 자연 가운데 어디에서 하느님의 현존을 느끼는가?

코로나 팬데믹 상황을 겪으며 훨씬 더 빠르게 진행되는 것이 ESG 경영입니다. ESG는 환경(Environment), 사회(Social) 그리고 지배 구조(Governance)를 나타내는 말로서 기업이 지속 가능한 회사로 남게 되기 위해서는 기존의 재무적인 성과만 잘해서는 안 되고, 기업의 공적인 역할을 잘해야 될 것임을 감안하여 만든 시스템입니다. 결국 기업이라는 형태의 조직들이 재무성과를 창출하면서 환경을 파괴하고, 여러 이해관계자들에게 불이익을 줄 수 있으며, 지배 구조 관련해서도 좀 더 공정하고, 사회적인 책임을 질 수 있는 구조로 가야 함을 각 기업들이 준비해야 한다는 것입니다. 먼저 세계적인 투자가들이 ESG 경영 지표가 낮은 기업에게는 투자하지 않겠다는 것이고, 여러 소비자 측면에서도 같은 맥락으로 조금 더 지불하더라도 ESG 경영을 잘하는 즉 사회적 공동선을 위해서 더 노력하는 기업의 제품을 사겠다는 것이 설문 조사에 의한 요즘 MZ세대들의 다수 의견이기도 합니다.

창조주께서 우리에게 선물로 주신 '대자연의 품 안에서' 살아가는 것이 하느님의 품 안에 사는 것이라고 늘 생각하며 살고 있습니다. 지금은 많이 훼손되기도 하였지만, 우리나라의 산하(山河)는 아름답기 그지없습니다. 산악 지역의 면적이 어려서는 70% 정도 되는 것으로 알고 있었는데, 2018년 정부 통계에 의하면 63.1%라고 합니다. 산업 발전기를 거치며 산악의 면적이 줄었다고 볼 수 있습니다. 반면 땔감으로 산의 나무를 쓰던 시기가 지나고, 꾸준한 조림 사업의 결과 숲이 많이 좋아지고 홍수의 피해도 줄어들었습니다. 물론 수해 예방은 수자원 관리용 다목적 댐들도 역할을 하고 있습니다. 여러 의견들을 가진 사람들 간의 이견이 있어서 아직 이슈이기는 하지만, 댐이나 보를 막아 물을 가두어 두는 것은 수자원이라는 차원에서 좋은 방안일 수 있습니다. 그냥 물을 흘려보내는 것보다는 다양한 용도로 사용할 수 있기 때문입니다. 생태계가 크게 변화를 일으킴으로 어떤 부작용이 있을지 모르지만, 행주대교 밑에 행주 보를 막아 한강에 물이 가득한 것을 보면, 그 이전에 가운데로 작은 수량의 물이 흘러갈 때와는 느낌은 많이 다릅니다. 서해안 밀물 때는 바닷물이 한강에까지 올라온다는 말을 듣고 있습니다. 나름의 변화된 환경에서 좋은 방향으로 생태계가 바뀌었으면 좋겠습니다. 16개의 4대강 보를 만들며, 사람들의 의견이 나뉘어 매우 정치적이고, 나아가 이념적인 다툼이 되는 것과 같은 것은 우리 역사에서 불행한 일입니다. 협상이나 타협을 할 줄 모르는 정치적인 불완전성의 상징물이 되었기 때문입니다. 경인 운하가 만들어지고, 주변의 자전거 길들은 잘 운영되는데 운하 그 자체는 아무 일도 안 하는 것도 이상합니다. 환경도 나쁜 방향이 아니면 그냥 놔두는 것보다 꾸준히 관리하는 것이 중요하다고 봅니다. 거의 모든 산이 민둥산이었던 어린 시절의 기억이 있지만, 지금은 몇십 년 만에 온 나라 산이 울창한 숲을 조성한 것은 관리를 잘한 결과라고 생각합니다.

산소가 모든 생명을 키우는 주 원소이고 그것의 원천이 식물들을 통해서 공급하여 숲이 우리가 사는 이 땅의 허파 역할을 하듯이, 또 다른 생명의 주요한 요소가 물입니다. 창조주의 창조물 중에 으뜸은 그래서 물이라고 생각합니다. 물이 모든 생명의 근원이고, 지금도 물이 없으면 단 한순간도 생명을 유지할 수 없기 때문입니다. 지구의 역사를 보더라도 지구에 물이 있음으로 인해 오늘의 모든 생명이 존재하게 되었기 때문입니다. 생명의 원천 소스인 바다를 살리는 노력들을 많이 하고 있습니다. 무엇보다 해양 오염을 막기 위한 다양한 노력들이 필요하고, 버리는 생활 오수들을 잘 처리하는 것이 중요하다고 생각합니다. 지금까지의 그 어느 시대보다 소비를 많이 하고, 그에 따라 버리는 쓰레기, 오폐수 등으로 인해 우리가 창조주로부터 받은 이 아름다운 자연을 훼손시키는 것은 아무래도 선물 받은 우리가 할 일은 아닐 것입니다. 버리더라도 분리수거를 하는 데 좀 더 시간과 노력을 쓰는 것이 필요합니다. 요즘 분리수거를 몇 번 하다 보니, 병 라벨을 떼거나, 깨끗이 씻어서 버리는 등의 작은 노력들이 재활용률을 높이고, 나름 환경에 도움이 됨을 생각하게 되었습니다. 코로나 때문에 부쩍 늘어난 온라인 주문품 때문에. 포장재들이 문제인데, 업체에 따라 쉽게 분리수거를 할 수 있게 배려한 업체가 있고, 너무 어려워 분리수거를 할 수 없게 하는, 생각 없는 업체도 있습니다. 예의 ESG 경영에 따라 그런 업체들은 소비자들이 외면하는 시대가 곧 올 것입니다.

무엇보다 대자연 앞에 섰을 때 느끼는 상쾌함, 행복감 이런 것들이 창조주께서 우리에게 진실로 주신 선물임을 깨닫고, 바쁘게 사는 중에도 잠시 짬을 내어 대자연과 마주하는 시간을 가져야 함을 깨닫게 됩니다. 일상의 바쁜 시간을 쪼개어 그런 균형 있는 삶을 꾸려 가는 사람들이 더욱 창조주께서 주신 선물의 소중함을 알고, 자연을 보호하고, 훼손시키지 않으려는 노력을 할 것입니다.

학교 다닐 때 부산 태종대 신선 바위 밑에서 듣던 파도가 밀려와서 바위에 부딪히며 내는 웅장한 소리와 설악산 오색약수에서 출발하여 대청봉까지 올라가던 야간 산행 중에 그 조용한 산속에서 들리던 산울림은 오랜 시간이 지났지만 지금도 선명합니다. 이 대자연 앞에 미소한 존재인 우리에게 창조주께서 사랑과 위로의 말씀을 들려주시는 것 같았기 때문입니다. 밤하늘의 별을 보며, 불어오는 바람을 느끼며, 우리의 존재가 미미함과 아울러, 이런 모든 것을 선물로 주실 만큼 우리의 존재가 또한 위대한 자연의 일부임을 깨닫게 되는 오늘입니다.

❧

주님 저희가 대자연의 품 안에서 주님을 느끼고, 또한 저희도 창조주께서 창조하신 대자연의 일부분임을 깨닫게 하소서. 저희들이 잘못하여 이 아름다운 별을 망가뜨리고 있어서 각종 기후변화에 따른 재앙들이 밀려옵니다. 저희가 좀 더 천천히 갈 수 있는 지혜를 가지도록 주님 저희에게 자비를 베풀어 주소서. 주님의 뜻을 우리가 사는 일상에서 깨닫도록 이끌어 주소서. 주님의 이름으로 기도합니다. 아멘.

영원한 생명이란 홀로 참 하느님이신 아버지를 알고 아버지께서 보내신
예수 그리스도를 아는 것입니다. 요한 17,3
This is eternal life, that they should know you, the only true God,
and the one whom you sent, Jesus Christ. Jn 17,3

시간의 매듭

성찰을 위한 질문: 세대교체는 어떤 의미로 다가오는가? 물려받기만 하던 것에서 물려줄 세대가 된 것에 대한 준비와 자세는 잘되어 가는가?

무언가 정신없이 몰두하다 보면 자신도 모르게 많은 진도가 나갔고, 또 시간이 많이 흐른 것을 깨닫게 되는 경험들이 있습니다. 어쩌면 우리가 사는 대부분의 크고 작은 일들이 이루어지는 것이 그와 비슷한 과정을 겪으며 이루어질 것입니다. 그만큼 그렇게 시간이 지나고 나서, 어떤 일들이 진전이 된 것을 뒤늦게 깨닫게 되는 것은 열심히 사는 우리 삶의 주류를 이루는 삶의 방식입니다.

그럼에도 불구하고 요즘 많이 느끼는 것은 인생 전체로 보아 정말 많은 시간이 흘렀고, 어쩌다 보니 여기까지 왔구나 하는 생각을 하게 된다는 것입니다. 그동안 유사한 경험을 짧은 일상에서 만나는 것이었다면, 지금은 삶 전체로 만나기 때문에 더욱 크게 다가오는 것 같습니다. 그것이 나 혼자만의 것이라면 그러려니 하고 넘어갈 수도 있는데, 주변에 계신 비슷한 또래의 사람들이 이구동성으로 비슷한 이야기를 하기 때문에 더욱 실감 나게 다가오는 것 같습니다.

기억력이 감퇴하거나, 몸도 여기저기 조금씩 불편한 것들이 생기기 때문에 감각적으로 그렇게 느끼게 됩니다. 큰 무리 없이 정신적으로나 육체적으로 어느 정도 건강한 상태를 유지할 수 있는 시기를 75세 정도로 보는 것 같습니다. 사람에 따라 조금씩 차이는 있겠지만, 더 건강하신 분들도 80세 정도 되면 어딘가 한곳이라도 불편한 것이 생기게 되고, 그렇게 좀 불편해지면, 자신감도 급격히 저하되며 스스로 위축된다고 합니다. 그래서 사람들이 불안해하는 것이 건강하게 활동할 수 있는 시간이 그렇게 많이 남지 않았다는 데에서 오는 막연한 걱정이 있습니다. 뭔가 하고 싶은 것이 많이 있는데 벌써 시간이 이렇게 가버렸으니 하는 아쉬움과 함께 지금까지 살아오며 겪었던 여러 일들이 주마등처럼 지나가며, 옛날을 회상해 보지만, 앞으로 어떻게 할 것인가는 많이 다른 것임을 알게 됩니다. 지금까지는 어떤 위치에 있어도 나름의 공적인 의미가 있는 일을 해 왔다면, 앞으로는 다분히 개인적인 상황에서 살아내야 할 부분이 많기 때문입니다.

경우에 따라서는 앞으로도 공적인 부분이 아예 없을 수는 없겠지만, 어차피 삶은 나이 들어가면서 자신의 내부로 들어와야 할 부분이 점점 더 커지게 되는 것은 어쩔 수 없는 일입니다. 이런 것을 머리로는 생각을 하며 자연스럽게 받아들여야 함을 인정하지만, 감성적으로 잘 받아들여 소화해내지 못하는 것이 어려움의 근원일 수 있습니다.

우리의 여생에 좀 더 '마음 챙김'이 필요한 이유이기도 합니다. 무엇보다 주변을 돌아보지 않고, 그저 앞만 보며 달려온 것 같은, 우리들의 삶을 잘 마무리하는 것은, 그동안 소홀히 했던 사람들과의 관계를 복원할 수 있으면 복원하는 노력도 해보고, 무엇보다 특정한 고정관념이나 선입관 나아가서 성실한 사람들이 많이 가지고 있다는 강박관념 같은 것들을 내려놓고, 좀 더 열린 자세로 세상을 바라보는 것이 요구되는 때입니다. 무엇보다 우리 모두 그리스도를 머리로 하는 몸의 지체(로마 12,4-5)로 정의하신 바오로 사도의 말씀을 잘 받아들여, 우리 주변의 모든 사람들이 우리와 같은 지체임을 인식하는 것은 매우 큰 전환점이 될 것입니다. 모든 사람들 안에서 활동하시는 주님을 만날 수 있게 될 것이기 때문입니다. 우리 삶 안에서, 주님의 현존을 이웃들 가운데에서 느끼고, 주님과 함께 살아가는 우리가 될 수 있을 것이기 때문입니다. 사람들을 보는 시각이 그동안 수직적으로 또는 계층적으로 보는 것에 익숙해 있었다면, 앞으로는 수평적으로 또는 연민의 감정을 갖고, 쉽게 공감할 수 있는 사람들로 보는 시각이 필요할 것입니다.

지난 3월 이문희 대주교님에 이어 정진석 추기경님께서도 얼마 전에 선종하시어 가슴이 먹먹한 시간들을 지냈습니다. 교회의 어른들께서 돌아가시며, 서운한 마음이 많았습니다. 또 그동안 왕성하게 활동하시는 대표적인 주교님이신 강우일 제주교구 주교님도 은퇴하시고, 춘천교구장이신 김운회 주교님도 은퇴하셨습니다. 세대교체가 이루어지고 있습니다. 최근에 접하는 주교님들의 인사 사항을 보며 교회 내에서도 우리가 겪는 것과 같은 시간적인 매듭을 짓고 또 새로운 매듭을 만들어 가는 느낌이 들어, 우리가 만나고 있는 이런 일련의 변화를 당연하고, 좋은 느낌으로 받아들임의 자세가 필요하다고 생각하게 되었습니다. 1970년 전후로 태어나신 분들이 새롭게 교회를 이끌어 갈 새 주교님으로 탄생하시는 것을 보며, 해마다 맞이하는 파스카 축제인 부활을 지냈지만, 금년은 좀 더 예년과 다르게 나이가 많이 들었다는 느낌으로 다가옵니다. 부활 성야 때 밝힌 불기둥의 모습이, 낮에는 구름 기둥의 모습으로 여생을 이끌고 갈 주님의 표징이며, 그렇게 주님 안에서, 주님과 함께하는 시간이 되기를 주님께 간절한 마음으로 청하고, 주님 안에 머물며, 주님과 함께하는 여생이 되기를 청하는 오늘입니다.

⊹

주님 저희가 주님 안에서 늘 머물 수 있도록 저희의 마음을 열어 주소서. 이웃들 가운데 현존하시는 주님을 늘 대하도록 저희 마음을 열어 주소서. 이웃들 대하는 것을 주님 대하듯 하도록 주님 저희에게 자비를 베풀어 주소서. 모두들 나이 들어가면서 건강 챙기기를 많이 기원하지만, 몸과 마음을 주님의 지체로 잘 작동하도록, 잘 유지 발전할 수 있도록 저희에게 은총 내려 주소서. 주님의 이름으로 기도합니다. 아멘.

나의 때가 가까웠으니 내가 너희 집에서 제자들과 함께
파스카 축제를 지내겠다. 마태 26,18
My appointed time draws near; in your house
I shall celebrate the Passover with my disciples. Mt 26,18

사람들 가운데에서
하느님 만나기

세상 모든 것 안에서
하느님을 발견하기를 권고하지만,
대체로 하느님을 닮은 우리가
사람들 가운데 함께 하시는 주님을 만나게 됩니다.

때로는 잘 아는 사람이 하느님이셨고,
때로는 전혀 모르는 사람이 하느님 당신이었음을
깨닫게 됩니다.

특별히 소외되고 어려운 상황에 있는 분들에게서
더욱 쉽게, 주님 당신을 만나게 됩니다.

당신께서 그런 사람들과 자신을
동격으로 놓으셨기 때문입니다.

긍정의 시각

성찰이 있는 질문: 사람들과의 관계에서 만나 뵙는 하느님은 어떤 분이신가? 어떤 희망적 요소를 볼 수 있는가?

살면서 가까이 좋은 분들이 계심이 얼마나 큰 위로가 되고, 힘이 되는지 모릅니다. 그런 분들이 많지는 않지만 누구나 몇 분들은 계실 것으로 생각합니다. 오히려 바쁘다는 이유로 여러 핑계를 대며, 자주 만나지 못하는 것이 안타깝습니다. 어제는 사회생활 초창기 직속 상사로 모셨던 선배를 만나 뵈었습니다. 그야말로 세상 물정 잘 모르고, 모든 것이 새롭기만 했던 20대 때에 많은 것을 배우며 가르침을 받으며, 큰 힘을 보태주신 분입니다. 어떤 일이든 믿고 맡기는 것이 부담이 되기도 했지만, 세상을 달리 보게 되고, 무엇보다 자신감을 심어주신 분입니다. 매사를 매우 합리적인 사고력을 바탕으로 보는 시각을 배운 것도 젊은 저에게 큰 힘이 되었고, 일생을 통해 크게 영향을 주었다고 생각합니다. 오래 고민하지 않는 빠른 직관력도 그분만의 큰 장점입니다.

오랜만에 만나 뵙고 식사를 하며 옛날이야기부터 오늘을 사는 모습까지 대화를 나누며 정말 좋은 시간을 가졌습니다. 전체적으로 행복한 시간이었습니다. 나누었던 말씀 중에 대학 복학 후에 함께 공부했고, 직장도 같은 직장을 다니며 운동도 함께하며 가까이 지내던 어느 선배 이야기를 하며, 그 선배가 언젠가 다른 친구와 함께 있는 자리에서 "이 친구는 내 심장을 내어 주어야 한다면 줄 수도 있는 가까운 친구"라고 자신을 소개한 적이 있었다고 했습니다. 가깝게 느끼며 지내는 선배이지만, 자신은 그 정도까지는 아니라고 생각했는데 그 선배의 말을 듣고 놀라기도 했고 오히려 더 가까워지는 계기가 되었다고 했습니다. 또 한 사례로 우리도 잘 아는 후배 이야기를 하셨습니다. 요즘도 그분과는 자주 만나며 가깝게 지낸다고 말씀하시며, 얼마 전에 깜짝 놀랄 이야기를 들었다고 하며 털어놓는 이야기가, 그분이 재산이 좀 있는 편인데, 만약 사고를 당하거나 자신에게 무슨 일이 생기면, 모든 것을 이 선배에게 맡기라고 자신의 아내에게 말을 했다는 것입니다. 그 말을 듣고 내심 놀랍기도 하였지만, 자신을 믿고 지지한다는 뜻이라, 나름의 부담도 있었지만, 긍정의 에너지를 얻게 되었다고 하였습니다. 그럴 일이 생기지 않더라도 그런 관계의 깊이를 놓고 더욱 신뢰가 생기고, 자신감도 생겼다는 것입니다.

사람들과의 관계에서 자신도 모르던 것을 남들이 자신을 바라보는 시각으로 알아챈 것을 이야기 할 때, 부정적인 의견이면 매우 크게 상처를 받을 것이고, 그 선배의 예처럼 긍정적인 피드백을 받으면, 크게 위로가 되고, 사는 의미를 새삼 느끼게 됩니다. 우리가 너무 쉽게 저지르는 남에 대한 험담이나 지적들이 얼마나 나쁜지를 새삼 새롭게 느끼게 되는 자리였습니다. 어떤 이유라도 부정적인 피드백은 사람을 절망으로 몰아넣고, 설사 그것으로 인해 더 나아지려고 한다 하더라도 그것은 반발심이나 오기 등의 적대적인 감정을 동반할 가능성이 높기 때문에 이왕이면 긍정의 피드백을 하여야 한다고 생각하게 되었습니다.

그러면서 벌써 수십 년 전에 함께 일했던 저에 대한 이야기를 하시며

'정부 조직 같은 데서 일했으면, 감사원장 같은 일을 하면 잘 했을 거야' 라며 칭찬의 말씀을 해 주셨습니다. 성격이나 태도나 자세를 그렇게 보신 것입니다. 회사 일을 한다고 많이 찌든 상황에 그런 말씀을 들으니 부끄러운 마음이 들기도 했지만, 그런 긍정적인 상큼한 표현의 말씀을 들으니 예전으로 돌아가 나름 제 안에 있는 깨끗하고 청렴한 생각을 다시 원위치로 돌려주시는 것 같은 고마운 마음이 들기도 하였습니다.

  사회가 경제적으로 어느 정도 수준에 올라가면 나름의 삶의 질이 올라가는 것이 순리일 것 같습니다. 대체적으로 국민소득 3만 불이면 어떻게 보더라도 경제적으로는 일정 수준에 도달했다고 볼 수 있습니다. 먹을 것이 없어 생계유지가 어려울 때, 이웃을 바라보는 시각 즉 한정된 것들을 다른 사람이 가져가면 내 것이 줄거나 없어지는 그런 상황(Zero Sum)은 이미 지나갔다고 보아야 할 것입니다. 생존을 위해서 다른 사람을 밟고 올라서는 시기는 아닌 것입니다. 지금은 나눌수록 더 풍요로워지고, 오히려 그런 열린 자세를 가진 사람들에게 더 많은 기회가 오는 시대가 되었습니다. 웅크리고, 폐쇄적이며, 자신만을 지키려는 사람들은 오히려 소외되거나 함께 살아가기가 더 어려워질 것입니다. 우리 사회는 경제적으로 어느 정도 수준에 올라섰지만, 삶의 질을 높이는 데에는 너무 소홀히 생각하는 것 같습니다. 아직도 매사를 경제적인 것 즉 돈 버는 일에만 매진하고 집중하는 것처럼 보입니다. 다른 사람을 깎아 내리기보다는 칭찬하고 인정하여, 스스로 자신감을 회복하고, 자각하는 긍정 에너지의 힘으로, 자신이 가지고 있는 잠재력을 일깨워 좀 더 큰일이나 의미 있는 일을 할 수 있도록 상호 작용하는 그런 사회가 되어야 할 것임을 오랜만에 뵌 선배를 만나보고 느끼게 되었습니다. 오늘의 성찰처럼 사람들 가운데에 계시며, 우리를 돌보시고 증언하시는 하느님께 더 다가가는 우리가 되기를 바라는 묵상을 하게 됩니다.

❧

주님 저희가 다른 사람들을 좋게만 이야기할 수 있도록 저희의 눈을 깨끗하게 하여 주소서. 기존의 선입관이나 고정관념에 사로잡혀 늘 평가하고 판단하려 하는 저희의 마음을 다잡아 주소서. 다른 사람을 판단하기 전에 그 사람 안에 있는 주님 당신을 발견하고, 만날 수 있도록 저희를 이끌어 주소서. 주님의 이름으로 기도합니다. 아멘.

나를 위하여 증언하시는 분이 따로 계시다. 요한 5,32
There's another who testifies on my behalf. Jn 5,32

말과 행위보다 앞선 생각

성찰을 위한 질문: 우리를 힘들게 하는 사람을 위해 기도한 적이 있는가? 우리를 힘들게 하는 본질이 우리 마음 안에 있음을 인정하는가? 자신에게 관대하고 타인에게 엄격한 것은 하느님 앞에 우리가 죄를 짓는 것으로 받아들이는가?

나를 힘들게 하는 것 중에 으뜸은 '다른 사람들이 나를 어떻게 생각할까'에서 기인하는 경우가 많습니다. 상대가 지나가는 말로 한 한마디나 또는 말은 안 했지만 나에게 무관심한 태도를 보인 것이, 혹시 무슨 섭섭한 것 때문은 아닐까 하고 걱정을 하는 것입니다. 사실과 무관하게 다른 이야기를 하다가 무심코 한 말이 신경 쓰이는 경우도 있습니다. 특별히 자신보다 높은 지위에 있는 사람이거나, 또는 도움을 받아야 하는 위치에 있는 사람인 경우 더욱 그렇습니다. 이렇게 타인을 의식하는 삶은 피곤할 수 있고, 힘든 일이지만, 그렇다고 세상 모든 것에 문을 닫고, 현실감이나 상황인지를 못하며 자기중심적으로만 살면 그것도 외톨이가 될 수도 있어서 또 다른 걱정거리가 될 수 있습니다.

자존감이 높은 사람들이 아무래도 남을 의식하는 정도는 좀 낮겠지만, 그렇다고 혼자서만 살 수는 없는 것이 우리의 삶입니다. 문제는 정도입니다. 얼마만큼 균형을 유지할 수 있을 것인지가 문제인 것입니다. 대부분 고통을 느끼는 경우는 너무 많이 주변을 의식하며 산다는 신호입니다. 이런 경우는 일상의 속도를 한 템포 늦게 하고, 자신에게 좀 더 집중하는 것이 좋을 듯합니다. 인간은 원래 이기주의자라서, 자신에게 유리한 방향으로만 생각하기 때문에, 생각만큼 그렇게 남에게 대하여 관심이 없다는 것입니다. 설사 관심이 있더라도 남의 이야기이기 때문에, 우리가 걱정하는 것만큼 심각하지 않다는 것을 깨달으면, 훨씬 편해질 수 있을 것입니다.

또 다른 측면으로 유사하지만 다른 우리를 힘들게 하는 요인은 우리의 말과 행동에 기인하는 것입니다. 경우에 따라서는 불필요한 말을, 또는 오버하여 상대방에게 부담을 주는 말을 한 경우, 또는 기대치와는 다른 행동을 했을 때 뒤 돌아서서 걱정이 되는 경우입니다. 이것 역시 자존감과 관련이 있지만, 그보다는 생각과 말과 행위가 나름의 선을 지키며, 적어도 상대방에게 상처를 주는 것은 삼가야 하는 것이 우선이라고 생각합니다. 나름 돋보이려고, 또는 강조한다는 의미로 과장하거나, 오버하는 경우가 결과적으로 우리를 힘들게 하는 요인으로 작용됩니다.

부끄럽게도 이런 경우 우리의 생각에 대하여서는 너무 태연하고 관대합니다. 겉으로 드러나는 말과 행동에 대하여서는 다른 사람의 시선을 의식하며 나름의 대가를 치르며 살지만, 생각에 대하여서는 너무 자기만의 자유를 누리는 것입니다. 사실 생각의 일부가 말과 행동으로 나오는 것을 감안하면, 생각이 훨씬 더 중요할 것입니다. 그럼에도 부끄러운 생각이나 불순한 생각, 남을 미워하는 생각, 욕심을 바탕으로 한 자기 합리화 등의 다양한 생각을 하면서도, 그것에 대하여서는 남이 알지 못한다는 것 때문에, 아무런 양심의 가책을 느끼지 않습니다. 그런 나쁜 생각을 했다는 것에 대한 대가를 치르지 않기 때문에 아무렇지도 않은 척 살아갑니다.

하느님께서 우리와 늘 함께하신다는 것을 잊고 살기 때문입니다. 주님께서는 이런 우리의 잘못을 정확하게 지적하십니다. 모세의 율법 중에 간음하지 말라는 말을 주님께서는 여자를 보고 음욕을 품는 것만으로 간음한 것이라고 가르치시고 계시기 때문입니다.(마태 5, 28) 주님께서는 겉으로 드러난 말이나 행동에 앞서 우리가 올바른 생각을 가져야 한다고 가르치시는 것입니다. 우리의 생각을 다른 사람들은 알 수 없지만 주님께서는 이미 알고 계시기 때문에, 생각의 방향이나 내용을 주님과 함께 상의하여야 함을 의미하는 것으로 받아들입니다.

전반적으로 사람들을 나쁘게 평하시지 않음에도 유독 율법학자들과 바리사이들을 일관되게 나쁘게 말씀하십니다. 그 한가운데에 그들이 가르치고, 따라 하라는 말과 행위가 본질에 어긋나고, 남을 의식하며, 율법을 잘 지키고 있음을 사람들에게 보여 존경 받기를 원하는 욕심과 이기주의가 있기 때문입니다. 그렇게 겉으로 나타나는 말과 행위 뒤에 있는 그들의 나쁜 생각을 꾸짖으시는 것입니다. 한마디로 그들의 '위선'을 싫어하시는 것입니다.

결국 겉으로 드러나는 우리의 말과 행위보다 더 우선하는 것이 우리의 생각임을 묵상하게 됩니다. 우리를 힘들게 한다고 생각하는 그 대상자인 경우, 본질적으로 우리가 그 사람에 대하여 좋은 생각을 가지고 있지 않기 때문일 것입니다. 우리가 의존적인 그 사람에 대한 우리의 생각이 왜곡되거나 삐뚤어져 있기 때문입니다. 그들이 욕심이 많고, 인색하다고 우리가 생각하기 때문에 겉으로 드러난 말과 행위로 괴로워하고 힘들게 살게 됨을 오늘의 말씀을 통하여 깨닫게 됩니다. 우리를 힘들게 한다는 그 사람들을 위해 기도하고, 무엇보다 그들도 나름의 환경에서 최선을 다해 잘 살아가는 또 다른 형제임을 받아들이는 자세가 좋겠습니다.

주님 저희가 올바른 생각에 좀 더 집중하게 하소서. 생각의 결과로 말과 행위가 이루어지나, 저희는 생각에 대하여 관대하며, 무방비 상태로 살아갑니다. 주님을 닮는 저희가 되도록 생각에 중심을 두고, 주님과 늘 상의하는 저희가 되도록 주님 저희에게 은총을 내려 주소서. 주님과 함께 하는 생각의 결과인 말과 행위가 주님 뜻에 따르는 것이 되기 위하여 꼭 필요한 사안이니 저희에게 자비를 베푸시어, 주님과 늘 함께하도록 이끌어 주소서. 주님의 이름으로 기도합니다. 아멘.

누구든지 자신을 높이는 이는 낮아지고 자신을 낮추는 이는 높아질 것이다. **마태 23,12**
Everyone who exalts himself will be humbled,
and the one who humbles himself will be exalted. Mt 23,12

몰입과 행복감

성찰을 위한 질문: 일상에서 만나는 몰입은 성과를 내고, 행복감을 준다. 중독과 몰입의 차이는 무엇인가?

우리 문화에서 전통적으로 즐기는 것이 많이 있어 왔지만, 요즘에는 환경적으로 많이 변모하였습니다. 바쁘게 돌아가는 도시인들은 함께 음식과 술을 마시는 것이, 긴장을 해소하고, 대화를 나누는 대표적인 놀이 문화가 되었습니다. 요즘과 같은 팬데믹 환경에서는 그것도 용이하지 않아 많이 힘들어하는 편입니다. 컴퓨터나 스마트폰을 활용한 게임하기가 대표적인 시간을 보내며 노는 문화로 자리 잡았습니다. 지하철이나 버스에서 사람이 많아 복잡하지만, 드라마를 보거나, 동영상으로 공부하는 사람도 있지만, 많은 사람들이 게임하는 데 몰입하고 있음을 볼 수 있습니다. 대부분 이어폰으로 소리와 음향을 듣기 때문에, 시각적인 화면의 움직임과 어우러져 몰입하며, 주변 사람들과 몸과 몸이 부딪히면서도, 신경 쓰지 않습니다. 어쩌면 복잡하고 힘든 대중교통을 이용하는 출퇴근 시간을 스마트폰을 활용하여 지루한 느낌 없이 시간을 보내는 수단인 것 같습니다.

또 다른 놀이 문화의 대표적인 것이 운동이나 스포츠인데, 역시 팬데믹 환경 때문에 제한이 많아 활발하게 운영되지 못하고 있습니다. 야구장이나 축구장에도 관중들의 입장이 제한적이라, 대표적인 프로 스포츠 관람이라는 놀이도 활발하지 않습니다.

얼마 전에 만난 고등학교 친구는 은퇴 이후에 새로운 즐거움이 하나 생겼는데, 아침마다 마실 커피를 직접 만든다는 것입니다. 여러 특징을 가진 볶은 원두를 구입하여 직접 손으로 갈아서 드립 하여 커피를 준비할 때, 만드는 과정에서 몸으로 느끼는 활동성의 생동감과 차분함, 집안 가득히 풍기는 커피 향과, 첫 한 모금 마실 때의 쓴맛에서, 마지막 한 방울까지 마실 때의 단맛을 음미하는 것이 매일의 일상에서 즐기는 놀이가 되었다고 합니다. 그 시간이 기대가 되고, 생각만 해도 행복한 느낌이 드는 그런 삶의 메뉴가 되었다고 합니다.

또 다른 한 친구는 개신교 목사로 활동하다가 지금은 쉬고 있는데, 종파에 관계없이 그리스도교 관련한 신학적인 주제를 다룬 책을 읽을 때 책 속으로 빠져들며 몰입을 경험한다고 합니다. 목사로 사목 활동을 하였기 때문에 그 연장선상에서 깊이 있는 신학적 탐구가 쉽게 다가갈 수 있었을 것입니다.

신학교에서 근무하셨던 한 신부님께서는 사제 서품을 받기 전 졸업반 신학생들과 한 달 피정을 지도하셨는데, 일반적으로 생각하기에는 쉽지 않은 여정이지만, 신부님께서는 매년 그 일을 하시다 보니 점점 더 깊이 있게 피정의 본질로 들어가게 되어 나름의 깊은 몰입 상태에서 영성적인 체험을 하게 되는 경험을 하였다고 하였습니다.

주변에 아는 친구들 중에 산에 가거나 걷는 일을 일상화하는 사람들이 많습니다. 일주일에 3~4회, 할 때마다 2~3시간을 걸으면, 대개 1만5천

보에서 2만 보 정도를 걷게 됩니다. 이렇게 몇 년을 운영하다 보면, 역시 이 시간이 기다려지고, 그 과정에 나름의 기쁨을 느끼는 시간이 되었다고 합니다. 오히려 걷지 않으면 불안한 마음이 든다고까지 하였습니다.

몰입에 관한 심리학적인 이론을 정리한 칙센트미하이 박사는 몰입은 쉽지는 않지만 그렇다고 아주 버겁지도 않은 과제를 극복하는데, 한 사람이 자신의 실력을 온통 쏟아 부을 때 나타나는 현상이라고 정의합니다. 그리고 몰입을 경험한 후에는 대부분의 사람들이 행복감을 느낀다고 합니다. 대표적으로 암벽 등반할 때, 수술을 하는 외과 의사에게 나타나며, 일정 수준 이상의 예술가들에게도 나타납니다. 마라톤을 자주 하는 사람들에게도 몰입이 나타나고, 자신이 해낸 것에 대한 성과나 결과에 만족하며 행복해하게 됩니다.

여러 자리를 돌아다니다 이제는 본래의 자기 자리로 돌아왔기 때문에, 나름의 나만의 것들을 만들어 가는 것이 중요하다고 생각합니다. 그것이 커피를 준비하는 것과 같은 것일 수도 있고, 나름의 관심 있는 분야에 깊이 있는 학문적인 탐구가 될 수도 있고, 꾸준히 움직이며 운동을 하거나 생활인의 자세로 돌아가 활동량을 키우는 것 등 여생을 풍요롭게 할 것들이라고 생각합니다.

어떤 것이든 그것을 통하여 흐르는 시간을 낭비하지 않고 음미할 수 있었으면 좋겠고, 그 과정이 차분하면서도, 기쁨과 의미를 느낄 수 있는 그런 것이었으면 좋겠습니다. 자연스럽게 몰입으로 유도되고 몰입의 결과인 행복한 느낌을 느꼈으면 좋겠습니다. 가능하면 세상에 조금이라도 기여할 수 있는 것이었으면 더욱 좋겠고, 그 모든 것들의 결과를 다른 사람들의 평가를 의식하지 않고, 그런 것은 나 자신과 하느님 안에서만 일어 났으면 좋겠습니다.

오늘의 주님 말씀처럼 이스라엘 백성들을 이집트에서 구해 내신 것처럼, 기존의 틀에 박힌 우리 삶에서 구해 주시어, 주님의 뜻이 이루어지는 그런 삶을 살아가기를 주님께 청하게 됩니다.

⁂

주님 저희에게 주어진 시간의 자원을 낭비 없이 잘 사용할 수 있도록 도와주소서. 몰입과 집중으로 나름의 의미와 성과를 이루어 내고, 무엇보다 따뜻한 기쁨을 느낄 수 있는 저희의 일상이 되도록 주님 저희에게 자비를 베풀어 주소서. 저희가 많이 부족하고 죄 중에 있지만, 저희를 사랑하시는 주님의 크나큰 은총 중에 또한 살고 있음을 알고 늘 감사하는 마음으로 살도록 이끌어 주소서. 주님의 이름으로 기도합니다. 아멘.

당신께서 이집트 땅에서 나오실 때처럼
저희에게 놀라운 일들을 보여 주십시오. 미카 7,15
As in the days when you came from the land of Egypt,
show us wonderful signs. Mi 7,15

부자와 하늘나라

성찰을 위한 질문: 부자는 모두 하늘나라에 들어갈 수 없다는 것은, 가난하면 모두 하늘나라에 들어갈 수 있다는 말처럼 들리는 이 말은 우리에게 어떻게 다가오는가? 우리는 기다리는 하느님이 자비의 하느님이시고, 용서하시는 하느님으로 믿고 받아들이는가?

어느 부자 청년의 이야기에서 주님께서는 율법을 잘 지키고 바르게 사는 그 청년에게 재산을 가난한 사람에게 나누어 주고 주님을 따르라는 말씀을 하십니다. 그 청년은 돈이 많기 때문에 그것을 나누어 주기 어려워 떠나가는 모습을 보고 주님께서는 그 유명한 "부자가 하늘나라에 들어가는 것이 낙타가 바늘귀를 통과하는 것보다 더 어렵다"(마태 19,23-30)는 말씀을 하십니다. 이 말씀 때문에 세상의 모든 부자들은 마치 하늘나라에 갈 수 없는 것처럼 여겨지는 논란이 있습니다. 더 어려운 것은 우리가 사는 이 세상에는 성실하게 자신의 삶을 살아가지만 가난하게 사는 사람도 있고, 거기에 걸맞게 부자로 사는 사람도 있습니다. 또 다른 사람들을 잘 이용하거나 또는 공정하지 못한 방법을 통하여 부자로 사는 사람들도 있습니다. 분명한 것은 사랑의 하느님께서는 세상의 모든 사람들에게 자비심을 베풀고, 포기하지 않기 때문에 어느 누구도 단정적으로 누구는 천국에 가고, 누구는 지옥에 간다고 말할 수 없는 것입니다. 악인으로 살면서 부귀와 영화를 누리고 잘 사는 사람이 있다면, 우리 사회가 공정하지 못하고, 도덕적 수준이 낮은 이유 때문입니다. 그리고 그것의 해결 방안은 우리 힘으로 만들어 내어야 할 것입니다. 법을 만들고 집행하며 나라를 다스린다 하지만, 세상의 모든 사람들의 머릿속에 있는 다양함을 성문화하여 법으로 만든다 하는 것은 불가능하기 때문에, 그 사회의 윤리와 도덕의 수준을 높이기 위하여 교육과 좋은 문화를 만드는 활동들을 하게 되는 것입니다. 법 이전에 기본적으로 사람들이 지키고 더불어 살아가는 방법이 더 우선이고 중요하기 때문입니다. 그래서 사회 정의나 공정함은 그 사회에 몸담고 있는 사람들의 몫이라고 보아야 할 것입니다.

아무리 단속을 하고 발각되면 처벌을 하여도, 뇌물이나 급행료 같은 불공정하고 정의롭지 못한 암적인 요소들이 여전히 상존하는 것을 보면, 그대로 우리 사회의 도덕적 수준의 한 면을 볼 수 있습니다. 직접적으로 관여하지 않았다 하여 자유로울 수 없는 것이 그런 불공정한 것들의 결과로 얻는 이익을 공유하는 사람들 모두가 책임이 있다고 보아야 할 것이기 때문입니다. 이제는 많이 정화되어 깨끗해졌다 하지만, 아직도 보이지 않는 손들이 움직이며, 그런 수많은 잘못들이 저질러지고 있는 것이 현실입니다. 그것의 결과로 이익을 챙기고 그 이익은 회사나 자본가의 손으로 넘어가게 됩니다. 기업의 속성상 투하한 자원으로 이익을 내는 것이라고 할 수 있지만, 그 절차나 방법이 결과보다 더 소중함을 이제는 알아야 될 것 같습니다. 그동안 성장기를 지나오면서 과정보다는 결과를 소중하게 생각하며 왔기 때문에, 더 많은 성과를 내었다고 할 수도 있지만, 그 성과들은 보이는 또는 보이지 않는 수많은 사람들의 헌신적인 노력의 대가이고, 불공정하고 편향된 지원의 결과라고 보아야 할 것입니다. 그 과정에는 반칙적인 편법도 많았으며 그 잔재가 아직도 남아 있는 것입니다. 또 헌신 차원도 요즘은 세상이 많이 바뀌어 그렇게 요구할 수도 없고, 그렇게 자발적으로 헌신하는 사람도 드물기 때문에, 결과와 과정을 모두 소중히 하는 그런 시대에 우리가 살고 있습니다.

불의하게 돈을 벌었다고 주장하며 지탄받는 사람들도 있지만, 우리가 생각하는 권선징악의 공정성의 원리는 하느님께는 옳다고 할 수 있고, 아닐 수도 있습니다. 자비의 하느님께서는 사람들이 이 세상에 살아 있는 동안에는 끝까지 사랑의 마음으로 기다리시기 때문입니다. 하느님께서는 악인에게나 선인에게나 당신의 해가 떠오르게 하시고, 의로운 이에게나 불의한 이에게나 비를 내려 주시기 때문입니다.(마태 5,45) 아무리 악한 사람이라 할지라도 살아 있는 동안에는 자비의 시선으로 바라보시며 회개하기를 기다리고 계십니다. 그래서 아무리 억울함을 당하고, 불의한 사람이라 할지라도 우리는 하느님께 그들의 회개를 빌 뿐이지 그들에게 하느님의 벌을 청할 수는 없는 것입니다. 사람들이 만든 법과 규칙에 의해서만 가능한 것이기 때문에 공정과 정의로움은 우리가 만들어야 할 이 세상의 가치인 것입니다. 그럼에도 불구하고 사람의 힘으로 어쩔 수 없는 영역에 대하여 가라지의 비유를 설명하시면서 수확 때까지 둘 다 함께 자라도록 내버려 두라고 하시며, 수확 때에 일꾼들에게, 먼저 가라지를 거두어서 단으로 묶어 태워 버리고, 밀은 곳간으로 모아들이라고 하겠다고 하시며, 이 세상 이후에 주님께서 갚아 주시겠다고 하셨습니다.

그래서 부자이기 때문에 하늘나라에 들어갈 수 없다고 단정하는 것은, 가난한 사람이면 모두 하늘나라에 들어갈 수 있다는 것과 같은 맥락으로 단정적으로 판단할 수 없는 사안입니다. 우리는 늘 깨어있는 자세로 이 세상에 하느님 나라를 구현하기 위하여, 정의롭고 공정한 세상이 되도록 노력하여야 할 것이며, 인간의 범위를 벗어나는 것은 주님께 맡기는 지혜로움이 필요하다고 봅니다. 분명한 것은 오늘의 주님 말씀처럼 하느님과 제물을 동등하게 섬길 수는 없다는 것입니다.

※

주님 저희가 자기중심이 아니라 하느님과 이웃 중심의 삶을 살도록 이끌어 주소서. 불나방처럼 세속의 가치에 몰려다니지 않고 더 중요한 것, 더 본질적인 것에 저희 마음이 머물 수 있도록 주님 저희에게 자비를 베풀어 주소서. 주님의 이름으로 기도합니다. 아멘.

너희는 하느님과 재물을 함께 섬길 수 없다. 마태 6,24
You cannot serve God and mammon. Mt 6,24

신자유주의를 거슬러

성찰을 위한 질문: 성경은 인간의 울부짖음에 세심하게 귀를 기울이는 하느님을 본받으라고 요구한다. 우리는 주변에서 어떤 울부짖음을 듣고 있는가?

우리가 살고 있는 세상은 신자유주의라고 불리는 이데올로기를 가지고 있습니다. 자본의 세계화에 따른 경제적 자유주의 중의 하나로 19세기의 자유방임적인 자유주의의 결함에 대하여 국가에 의한 사회정책의 필요를 인정하면서도, 자본주의 자유 기업의 전통을 지키고, 사회주의에 대항하려는 사상입니다. 아직은 거기에 대항할 다른 어떤 사조가 나오지 않고 있기 때문에 그런대로 흘러가고 있지만, 또 다른 많은 사회적인 부작용을 만들고 있습니다. 기본적으로 자유 경쟁 체제이기 때문에 사람들 간에 또 산업별 속해 있는 동종 업체들 간에 치열한 경쟁이 진행되고 있습니다. 선의의 경쟁은 좋은 면이 많지만, 오래 지속되고 격화되면 도덕적 경계선이 무너지기도 하고, 극심한 피로감에 시달립니다. 아울러 자본을 무기로 하는 극단적인 수단과 방법이 동원되면서 결과적으로 양극화를 조장하게 되었습니다.

개인적인 차원에서는 우수한 인재의 기준으로 출신 대학이 가장 크게 부각되면서 온 사력을 다하여 명문대에 들어가려는 전쟁과 같은 경쟁 구도가 생기게 됩니다. 아주 어려서부터 아이들은 경쟁에 길들여지고 오직 좋은 대학을 가기 위한 지름길을 찾는 것에 사력을 다하며 청소년기를 보내게 됩니다. 인간으로서 가져야 될 기초적인 덕목을 쌓는 훈련이나 수련은 뒷전이고, 학습 성과라는 점수에 모든 것을 걸고, 밝고 좋은 품격을 길러 내어야 할 시기를 그렇게 보냅니다. 재수, 삼수를 해서라도 원하는 학교에 들어가는 것이 더 유리하다고 판단하고, 입학을 한 이후에도 수많은 사람들이 더 좋은 대학 입시에 매달리고 있습니다. 그리고 명문학교에 입학하는 것만으로도 어느 정도 성공 가도를 갈 기회와 확률이 높아지게 됩니다. 이미 사회구조적으로 명문대 출신의 선배들이 적재적소에 영향력을 행사하고 있기 때문입니다. 아울러 사회의 보편적인 인식 가운데에도 그런 분위기가 있기 때문에 많은 사람들이 그 길을 가려고 애를 쓰는 것입니다. 사회에서 성공은 그렇게 좋은 학교에서 출발하여 좋은 직장 그리고 승진급으로 이어지는 일련의 상승 사다리를 만들게 됩니다. 여기에 세속의 가치인 돈, 명예 그리고 권력이 따라오게 되는 것입니다. 아무래도 성공하는 소수보다는 성공하지 못하는 다수 때문에 사회 구조적인 문제가 생기게 됩니다.

우리가 열심히 공부할 때, 너희는 게을렀고, 너희는 우리보다 머리가 좋지 않아서 좋은 대학에 가지 못한 것은 순전히 너의 탓이지 누구를 탓할 수 있겠느냐? 현실적으로는 그 말이 틀리지 않지만 받아들이기 불편하고, 사회 구조적으로 열악하고 어려운 환경에서 일할 수밖에 없는 다수의 성공하지 못한 사람들의 울부짖음이 들려옵니다. 그들의 일터는 위험하고 그럼에도 불구하고 일한 대가는 성공한 사람들에 비하여 형편없이 적기 때문에 피해의식과 아울러 어쩔 수 없이 안고 살아가야 하는 내적인 울부짖음이 있는 것입니다. 산재 처리되는 산업현장에서 숨지는 인

원만 1년에 2천 명을 넘어선 지 오래되었지만 원천적으로 그런 사고를 예방하려는 노력보다는, 경제논리로 대응하는 바람에 수많은 생명을 계속 잃고 있습니다. 그렇게 열악한 근무 환경에서 일할 수밖에 없는 수많은 사람들 특별히 젊은 사람들에 대하여 그들의 울부짖음에 대하여 어떻게든 응답하여야 할 것입니다.

젊어서는 잘 보이지 않았지만, 요즘 잘 보이는 것들이 있습니다. 그것은 사람들 간의 큰 차이가 없다는 것입니다. 기억을 좀 더 잘하고, 질문에 빠르게 응답하는 것 같은 소위 말하는 똑똑한 것은 사실 살아가는 데 크게 도움이 되지 않는 역량이고, 설사 사람들 간의 차이가 있다 하더라도 그렇게 삶의 길이 명확하게 갈라지는 명문 대학의 입학의 기준으로 쓸 만큼의 차이가 있는 것은 아니라는 것입니다. 높은 도덕적 기준과 삶을 진중하게 살아가면서 사회에 기여할 수 있는 우수한 자질을 갖춘 사람들이 아니라 머리만 똑똑한 사람들만을 선발의 기준으로 삼는 것에 이슈가 있다고 생각합니다.

결과적으로 그런 선택과 발탁이 이루어지게 되는 것은, 그 사람 자체의 실력이나 역량보다는 둘러싸고 있는 환경과 여건이 사람을 그렇게 만들 수 있다는 것입니다. 다시 말하면 누구라도 명문 대학에 들어갈 수 있을 환경과 여건이 구비되어 있으면 가능하다는 것입니다. 그것은 본인만의 것도 아니고, 부모를 포함한 주변의 여러 환경 그리고 운도 작용하고 있는 것입니다. 결과적으로 그런 위치에 가 있는 사람들이 자만심을 가질 것이 아니라, 겸손해야 하고, 절대다수의 다른 사람들에게 미안해하며, 빚을 진 것으로 어떻게든 갚으려 노력하는 삶을 살아야 할 것입니다. 사회적 자원의 파이를 많이 가져가기 때문입니다.

나아가 사회적 시스템으로 이런 신자유주의가 가지는 맹점을 보완하여야 할 것입니다. 복지 예산이 계속 늘고 있다고 하지만, 점점 더 벌어지는 양극화를 해소하는 근본적인 구조를 바꾸기 보다는 인기 영합적인 눈앞의 이해관계에 머무는 것이 안타까운 생각이 듭니다.

그러기 때문에 모든 것을 경제논리, 시장논리, 승자독식의 논리로 접근하는 것은 그것이 이념적인 하자가 없다 할지라도 결과적으로 죄악이고 마땅히 바로잡아야 할 제도적인 수정 보완을 고민하여야 한다고 봅니다.

요즘 북한과 미얀마를 위한 저녁 9시 기도를 바치고 있습니다. 예전에 우리도 겪었던 잘못된 길을 여전히 걷고 있는 그들을 위해 기도하며, 아울러 그런 정권에서 탄압받고 있는 사람들의 울부짖음을 기억하고 죽은 사람들의 영면을 위해 기도합니다. 아울러 그 나라 국민들이 도달하고자 하는 목표가 지금 우리가 누리는 신자유주의 체재이겠지만, 모든 인간의 제도가 가지는 부작용을 감안하여 지속적인 조정과 조율을 통해 나름의 극단을 예방하는 길을 함께 모색할 수 있도록 하느님의 은총을 청합니다.

⚜

주님 저희가 가진 것 또는 누리고 있는 것들이 모두 주님께 속한 것임을 깨닫게 하소서. 보이지 않게 울부짖고 있는 소외되고, 어려운 사람들을 찾아내고 그들을 돕는 데 앞장서게 하여 주소서. 무엇보다 사회 구조적인 문제로 어려움을 당하고 있는 보이지 않는 소외된 사람들을 위하여 그들을 좀 더 나은 상태로 만드는데 힘을 모을 수 있도록 저희에게 용기와 힘을 주소서. 주님의 이름으로 기도합니다. 아멘.

너희가 내 이름으로 청하면 내가 다 이루어 주겠다. **요한 14,14**
If you ask anything of me in my name, I will do it. **Jn 14,14**

잘 논다는 것

성찰을 위한 질문: 과거, 현재, 미래 중 가장 중요한 것은 언제인가? 사람들이 살면서 추구하는 가치는 다 다르겠지만, 그 가치가 발휘되는 시점은 시기적으로 언제인가?

설 명절이 되었는데도 불구하고 금년은 예년 같지 않습니다. 5인 이상 가족들이 모일 수가 없기 때문에, 모두 각자의 위치에서 명절을 보내게 되었습니다. 귀향 행렬도 없고 제사도 모여서 가족들이 함께 모시는 것이 아니라, 몇 사람만 모여 제사를 지내게 됩니다. 어려운 때는 어려운 때의 논리로 살아야 함을 우리 민족만큼 잘 아는 민족도 없는 것 같습니다. 그나마 K-방역이 성공하여 지금 정도라도 경제가 돌아가고 제한적이지만 사회생활을 영위할 수 있는 것은 모두 그런 우리 민족성에 기인한다고 봅니다. 물론 그 가운데에서 K-방역은 많은 자영업자들의 희생과 고통을 수반하기 때문에 정부에서도 거기에 걸맞은 적절한 지원대책이 꼭 나와야 될 것으로 믿습니다.

우리 세대는 '논다는 것'에 대한 약간의 이질감이 있습니다. 모름지기 근면 성실하게 일에 임하여 나름의 성과를 내고 잘살게 되어야 된다는 목표만을 위하여 살아왔기 때문입니다. 주 5일 근무제가 되었을 때도 그렇게 많이 쉬면서 언제 일을 하느냐고 논란을 벌였고, 설과 추석 명절이 앞뒤로 하루씩 휴일이 연결되게 되었을 때도, 역시 비슷한 논란을 벌였습니다. 또 금년부터는 연장 근로를 포함하여 주당 52시간을 넘겨서 일할 수 없게 되었습니다. 그럼에도 불구하고, 일을 오래 많이 하여야 일 잘하는 사람으로 평가하는 그런 분위기가 여전히 상존하는 것도 현실입니다.

우리가 살아온 길은 마치 일하기 위하여 태어났고, 일을 위해 살며, 일하지 않으면 죄책감이 들 정도로 일을 했고, 은퇴를 하는 것을 안됐다는 시선으로 바라보는 것이 우리 문화입니다. 이런 환경에서는 유연하기보다는 대단히 권위적이고 수평적인 것보다는 수직적인 위계질서를 추구할 가능성이 높습니다. 실제보다 더 크게 과장하여 위협 요인을 바라보게 되고, 그것에 대비하는 것이 일상이 됩니다. 현재보다는 항상 미래 지향적이고, 아끼고 절약하여 저축하며 거기에서 만족감과 기쁨을 느끼려 합니다. 그러다 보니 현실은 늘 긴장과 스트레스 속에서 살게 되고, 편안함과 즐거움은 미래에 유보하는 그런 삶을 살아왔습니다.

반면에 세계화가 진행이 되고, 선진 문명들이 들어오면서 여러 다양한 삶의 방식들이 기존의 질서와 다투면서 나름의 방향을 만들어 가고 있습니다. 특히 젊은 층에서는 기존 기성세대들이 가지고 있었던 삶의 방향성에 정면으로 도전하고 있습니다. 그것은 미래 지향적인 것보다 현재, 현실 지향적인 삶의 모습입니다. 지금 여기에서 즐겁고 기쁘지 않으면, 다가오는 미래도 역시 마찬가지라고 생각합니다. 순간순간을 중요하게 생각하기 때문에, 과거나 미래보다는 지금이 중요합니다. 그래서 기성세대 눈으로 바라볼 때 그것은 노는 것처럼 보입니다. 일을 할 때도 그렇고, 쉴 때도 마찬가지로 현재 중심이기 때문에 그렇게 느끼는 것입니다. 일을 하기 위해서 태어났다고 생각하는 것과 대비하여, 놀고 즐기기 위해 태어났다고 보는 시각의 차이가 생겨나게 됐습니다. 열심히 일을 하고 돈을 버는 것도, '잘 놀면서 행복한 삶을 살기 위한 것이다'라는 시각에 말문이 막히게 됩니다. '인생은 잘 놀면서 즐겁고 기쁘게 사는 것이다'라는 명제가 틀렸다고 대응하기가 쉽지 않기 때문입니다. 어쩌면 선진국이라고 칭하는 여러 나라들은 이미 그런 모드로 들어갔고, 주 5일제에서 주 4일제로 근무하는 회사들이 독일이나 일본뿐 아니라 우리나라에도 생기기 시작했다는 것은, 지금까지와는 다른 삶의 방향성들이 구체화되고 있다고 봅니다. 그렇게 일하는 시간이 적어지는 일의 현장도 종전의 워커홀릭(workaholic)처럼 일에 중독된 모습으로 일하는 것이 아니라, 집중은 하되, 매우 즐겁게 마치 노는 것처럼 일을 하면서도 성과를 낼 수 있다는 것입니다. 역시 그런 환경에서는 매우 유연하고, 수평적이며 열린 자세로 일을 하기 때문에 스트레스도 줄고 일의 성과도 더욱 많이 나게 되는 선순환에 진입하게 되는 것입니다. 이미 대세는 이런 방향으로 들어섰다고 봅니다. 그럼 일은 누가 하고 언제 하느냐고 항변하는 것은 시대정신을 제대로 읽지 못하고 과거에 머물러 있는 것이며, 과거의 성공 스토리에 매몰된 상태에 있다고 보아야 할 것입니다.

사람의 일이기 때문에 모든 것을 일률적으로 단정 지을 수는 없지만, 큰 방향성은 일하기보다는 노는 것이 더욱 중요한 모드로 넘어간 것 같습니다. 이러한 때에 매니지먼트나 관리가 더욱 어렵고 중요한 시점이라고 생각됩니다. 지금까지 겪어 보지 못했고, 일사불란하게 움직이는 것에 익숙한 매니지먼트 틀로서는 다양한 각 개인들의 요구와 비 정형성을 추구하는 자유분방한 기류를 관리하기가 쉽지 않기 때문입니다. 그렇게 세상은 변화하고, 또 거기에 대응할 수 있는 대응 방안들이 만들어지면서 창의적인 성장과 발전이 있게 될 것입니다. 일하기 위해서 쉰다는 말보다는 잘 쉬고, 잘 놀기 위해서 일한다는 시대에 이미 우리는 살고 있습니다. 관리보다는 코칭이 그 방향성이 되지 않을까 조심스럽게 진단해 봅니다.

오늘의 말씀에서도 인간에게 배우자를 예비하여 주셨듯이 사랑의 하느님께서는 인간들이 행복하고 기쁘게 살기를 원하시기 때문에 우리 인간을 창조하셨음을 생각하며 우리가 주님의 뜻대로 사는 방향성도 역시 기쁘고 즐겁게 잘 사는 것에는 잘 노는 것이 역시 중요함을 요즘의 시대 정신과 연계하여 묵상하게 됩니다.

주님 저희의 삶이 고통과 괴로움의 삶이 아니라 기쁨과 즐거움의 삶이 되도록 이끌어 주소서. 저희는 종종 주객을 혼동하여 사는 경우가 많습니다. 창조주께서 저희에게 내려 주신 은총과 축복의 선물은 기쁨과 즐거움이 충만한 삶이라는 것을 잊지 않게 하소서. 적절히 일하고 쉬며 하느님을 찬미하고, 이웃들에게 사랑의 손길을 펴며, 재미있게 사는 저희가 되도록 자비를 베풀어 주소서. 주님의 이름으로 기도합니다. 아멘.

사람이 혼자 있는 것이 좋지 않으니 그에게 알맞은 협력자를 만들어 주겠다. **창세 2,18**
It is not good for the man to be alone. I will make a helper suited to him. **Gn 2,18**

재산의 사회 환원 활동

성찰을 위한 질문: 자신의 재산을 사회에 환원하는 사람들의 심정을 이해할 수 있는가? 우리 자신은 어떤 모습으로 생각이 아니라 행동으로 그런 활동을 할 수 있는가?

영어 표현에 'seamless'만큼 그 뜻을 잘 전달하는 것도 없는 것 같습니다. 사전적 의미는 옷이나 직물류에 이음새나 솔기가 없이 매끄러운 것을 의미합니다. 대표적으로 스타킹 같은 경우, 예전에는 이음매가 있었으나 요즘에는 한 개의 통으로 이음새 없이 깔끔한 제품으로 나오게 되는 것을 seamless 스타킹이라고 부릅니다. 그런 의미에서 일반화하여 원활한, 일관성 있는, 논리적인 등의 의미로 활용되는 것이 이 단어입니다. 이것이 확대되어 국내에서 발행된 신용카드로, 국경을 넘어 구분 없이 어디서나 사용할 수 있게 된 환경도 역시 국경이라는 매듭을 가로질러 'seamless'한 환경을 만들었다고 말합니다. 신용카드를 필두로 교통카드, 모바일 폰 등의 지불 수단 등이 통합되면서 전 세계적으로, 교통수단을 포함하여 편의점이나 마트, 나아가서 식당들까지 그야말로 나라나 산업의 구분 없이 한 개의 지불수단으로 모든 지불 결제를 할 수 있게 되는 것에 대하여, 여러 IT 업체들은 글로벌 심리스 지불(Global Seamless Payment)이라고 내세우고 있습니다.

아직은 나라마다 디지털 수준이 차이가 있어서 당장 실현하기는 어렵겠지만, 점차 그렇게 가는 것은 시간의 문제이지, 반드시 실현될 것으로 보입니다. 물리적인 카드나 스마트폰 등이 현재는 우세하지만, 생체 인식을 사업으로 하는 업체들은 안면 인식을 가장 유력한 결제 수단으로 보고 있습니다.

사람들은 편리함을 추구하고 한번 길들여지면 쉽게 다른 것으로 바꾸기도 어렵기 때문에, 이런 인간의 속성을 활용하여 많은 상업적인 대안이나 솔루션들이 나오고 있습니다.

이런 지불 수단뿐만 아니라, 택배, 스마트폰 등이 광범위한 빅 데이터(Big Data)를 중심으로 운영되고 있어서, 앞으로의 세상은 이런 다량의 데이터를 중심으로, 예측하고 판단하여, 나름의 삶을 좀 더 편리하게 만들어 가게 될 것입니다. 하루에도 수천만 건의 택배 화물이 움직이면서도, 현재 나의 주문 상품이 어떻게 움직이고 있는지 진행 사항을 스마트폰을 통해서 확인할 수 있는 것처럼, 데이터 시스템은 고유의 하나하나의 데이터를 정교하게 처리하고 있습니다. 이렇게 쌓인 데이터는 어떤 사람이 어떤 유의 제품을 선호하는지를 포함하여, 다음 달에는 어떤 물건을 주문할 것인가를 예측할 수 있는 근거로 사용할 수 있습니다.

오늘날을 디지털 시대, 또는 정보통신기술(ICT: Information & Communication Technology) 시대라고 부르는 것이 우리 삶의 전반을 이런 정보통신기술에 의해서 관리하고 운영하고 있기 때문입니다. 인공지능(AI) 기술이 추가되면서 훨씬 더 정교한 맞춤형 서비스들이 출현할 것으로 예측됩니다.

1990년대 초중반 처음 인터넷이 상용화되기 시작할 때 중대형 컴퓨터 사업을 하는 사업부에서 일했기 때문에, 이런 시대가 올 것이라는 예측을 하였습니다. 그렇지만 '네이버'나 '다음'과 같은 포털사이트가 생기기 시작할 때 이런 환경을 활용하여 새로운 사업거리로 만들겠다는 생각은 못 했었습니다. 누구도 가보지 않은 세상이었기 때문에, 어떻게 전개될 것인지 잘 알지 못하였으며, 나름대로 선각자적인 생각을 가진 사람들만이 그동안 세상에 없었던 새로운 사업을 시작하였습니다. 그리고 이어서 나타나게 되는 디지털 시대에 그들은 상상을 초월한 규모로 커지며, 큰 돈을 벌었으며, 앞으로도 다양한 비즈니스 모델들을 개발하여 계속해서 디지털 시대에 엔진의 역할을 하게 될 것입니다. 그런 선각자 중의 한 명이며, 초기 NHN의 공동대표를 지냈고 현재는 카카오 이사회 의장직으로 있는 김범수 씨가 자신이 가진 재산의 절반을 사회에 기부하겠다고 나섰습니다. 현재 시가로 10조 원이 넘는 자산을 가진 김범수 씨는 5조 원이 넘는 재산을 사회 문제를 해결하기 위해 사람을 찾고 지원해 나가는 방식으로 기부하겠다고 하였습니다. 그 과정이나 배경은 잘 모르지만 결과적으로 돈을 많이 번 사람들이 사회 환원에 대한 좋은 뜻을 보여 주는 것 같아 흐뭇한 마음이 들었습니다.

우리 사회도 점점 선진국형으로 바뀌는 것 같은 계기를 만들어 준 것 같아 뿌듯한 느낌이 들었습니다. 아울러 카카오톡이라는 메신저로 온 국민들이 편리하게 사용하도록 한 김범수 씨에게 진심을 담아 감사의 인사를 드리고 싶습니다.

이 세상에 있는 모든 재화는 살아 있는 동안 임시 주인이기는 하지만, 머지않아 그 주인의 위치를 떠날 것이기 때문에 인류 모두의 공동 자산이라고 볼 수 있습니다. 어느 한 순간에 어느 특정한 사람에게 몰려 있는 재산을 자신의 것만으로 인정하지 않고, 모두의 자산으로 인식하여 이런 기부 활동을 하는 것은, 이 세상에 잠시 와서 빌려 쓰며, 서로 빚을 지고 살아가는 우리 모두에게, 회개와 통회를 할 수 있는 기회를 줍니다. 김범수 씨의 통 큰 기부 계획을 접하며, 오늘의 말씀을 통하여 하느님께서 말씀하신 우리가 흙에서 와서 흙으로 돌아갈 것을 상기하게 됩니다.

❦

주님 저희가 빈손으로 이 세상에 와서 빈손으로 돌아갈 것임을 잊지 않게 하소서. 우리는 마치 영원히 죽지 않을 것처럼 하루하루를 살지만, 언젠가는 이 세상을 떠날 존재임을 기억하게 하소서. 주님의 계명처럼 이웃에게도, 창조주 하느님에게도 사랑하고 사랑받는 저희가 되도록 주님 자비를 베풀어 주소서. 저희가 가진 시간과 노력과 자산을 흔쾌히 이웃들과 나누는 저희가 되도록 이끌어 주소서. 주님의 이름으로 기도합니다. 아멘.

너는 먼지이니 먼지로 돌아가리라. **창세 3,19**
For you are dust, and to dust you shall return. **Gn 3,19**

주님과 함께 하는 우리

성찰을 위한 질문: 우리에게 일어나는 매사의 모든 일에 주님께서 역사하심을 믿는가? 이 세상이 나아가는 방향에 주님의 큰 뜻이 어떻게 이루어지는지 설명할 수 있는가?

지나고 나서 생각하면 참 '잘 판단하여 잘했다'라고 생각되는 일이 있고 '잘못 판단하여 일을 그르쳤다'라고 생각되는 때가 있습니다. 모든 판단과 식별의 주체가 본인임을 알기 때문에 그것들의 결과에 대해서 책임감을 가지고 받아들이게 됩니다. 일생을 두고 볼 때 우리는 이런 일들을 계속해서 반복하며 살고 있다고 볼 수 있습니다. 개인적으로 보아 두뇌 활동이 활발한 젊을 때는 인지 능력을 포함한 신체적인 역량에는 문제가 없으나, 경험이 부족하고 세상 물정을 잘 몰라서 그런 일이 반복적으로 일어납니다. 나이가 들어서는 세상 돌아가는 이치나 경륜은 좋으나, 인지 능력을 중심으로 여러 신체 기능이 제대로 발휘되지 않아 자신감이 없어지며, 역시 같은 규모로 잘하는 일과 그르치는 일들이 반복되는 것을 경험합니다.

다른 사람들의 경우도 보면 인지 능력이 뛰어나고 주변 환경 적응 능력이 우수한 사람이 아무래도 실수나 일을 잘 못하는 경우가 상대적으로 적게 보일 수 있으나, 지극히 개인적인 삶의 영역까지를 포함한 전체적으로 보면, 그런 겉으로 보이는 역량이 부족해 보이는 사람들과 별 차이 없을 것으로 생각하게 됩니다. 자신의 삶에 최선을 다하고 열심히 살기 때문에 상대적으로 다른 사람보다 더 나을 것이라는 긍정적인 마인드로 살아가는 것은 좋으나, 크게 보면 우리 모두는 거의 비슷한 수준으로 살고 있다고 보아야 할 것입니다.

오늘 사순 4주일은 파스카 축제의 기쁨과 즐거움을 기대하는 주일입니다. 대림 3주일과 마찬가지로 사제는 분홍색 제의를 입습니다. 전통적으로는 가라앉은 분위기로 사순절을 지내온 신자들에게 위로와 기쁨의 파스카 축제인 부활절에 대하여 기대감을 가지고 남은 사순절 기간을 잘 보내자는 독려하는 의미이기도 합니다. 특별히 오늘 선포되는 제1독서의 말씀이 마음에 와닿았습니다.

역대기 하 권의 말씀으로 하느님께서는 모든 지도 사제와 백성들이 타락하여 예언자들을 핍박하고 하느님의 집을 불태우고, 성벽을 무너뜨리는 모습에 이스라엘 백성들을 바빌론 유배의 길로 들게 하십니다. 70년의 유배생활을 거친 후 페르시아 임금 키루스는 예루살렘에 성전을 짓도록 하고 유대인들을 해방시킵니다. 여기서 '하느님께서 페르시아 임금 키루스의 마음을 움직이셨다.'(역대기하 36,22)는 구절이 큰 깨달음을 줍니다. 이스라엘 백성의 바빌론 유배와 해방으로 주님의 분노와 자비가 드러나게 되는 오늘의 말씀은, 세상의 모든 일에 하느님께서 함께하심을 단적으로 보여주는 말씀이기 때문입니다. 그렇게 바빌론 유배는 이스라엘 사람들에게 선택된 민족의 하느님에서 온 세상의 하느님으로 눈을 뜨는 시기였습니다. 이방인의 왕인 키루스에 의해 하느님의 뜻이 이루어짐을 체험하면서 유일신은 바빌론뿐 아니라, 온 세상 사람들의 신이기도 하다는 큰 깨달음을 얻은 것입니다.

끊임없이 죄를 저지르며 사는 우리 인간들의 삶의 매 순간에, 하느님께서 우리의 생각에 개입하시어 하느님의 뜻을 전달하고 계심을 깨닫게 됩니다. 우리가 잘나서 어떤 일을 잘 처리했다고 생각하는 그 오만함 뒤에, 우리는 하느님께서 우리를 사랑하시어, 그렇게 활동하셨음을 깨닫지 못하는 경우가 많습니다. 운이나 재수가 없어서, 또는 능력이 부족하여 어떤 일을 그르쳤다고 자책하는 경우가 많지만, 그것이 하느님께서 역사하심의 결과이고, 그것을 통하여 우리가 주님의 뜻을 깨닫고, 올바른 길과 주님의 뜻에 맞는 생각과 말과 행동을 하게 되는 회심의 때임을 알아야 할 것입니다.

우리가 미래를 알 수 없지만, 지나간 시간에 대한 의미와 뜻을 되새기는 것은, 오늘을 어떻게 살 것이며, 특별히 오늘의 판단에 주님과 함께 하고 있음을 깨닫게 되는 중요한 단서를 제공합니다.

주님의 현존을 느끼며, 주님과 함께, 주님 안에서 오늘을 살아갈 때, 주님께서 바라시는, 주님을 닮는 우리가 될 것을 기대하며 기쁨 중에 묵상합니다.

주님 저희가 늘 주님 안에 머물며, 매사를 주님과 함께, 주님의 뜻에 따라 살아가도록 이끌어 주소서. 저희가 잘나서 잘하고, 또 저희가 못나서 못하는 줄 알고 살고 있는 저희이지만, 늘 주님께서 저희의 일상에 함께 하시어, 저희의 일거수일투족에 관여하시고 계심을 깨닫게 하소서. 일생을 주님과 함께 살아, 천국의 일면을 경험하며 살도록, 주님 저희에게 자비를 베풀어 주소서. 주님의 이름으로 기도합니다. 아멘.

사람들은 빛보다 어둠을 더 사랑하였다. 요한 3,19

People preferred darkness to light. Jn 3,19

팽창 시대의 종말

성찰을 위한 질문: 인류가 시작된 이래 처음 맞이하는 인구가 주는 시대에 우리가 추구해야 할 가치의 변화는 무엇이 될 것인가? 성장에서 결핍의 시대로 들어가는 길목에서 우리가 잃지 말아야 할 기존의 가치는 어떤 것이 있을까?

인류는 그동안 팽창 그러니까 계속해서 인구가 증가하는 시대를 살아 왔습니다. 가난하던 시대임에도 자식들을 보통은 4명 이상 두었습니다. 아내의 형제들은 6남매이고, 우리 형제들도 4남매나 되었습니다. 어려서는 급격한 인구 증가가 나라 발전의 걸림돌로 보았는지 출산 제한 정책을 폈습니다. '둘만 낳아 잘 기르자'라는 구호가 있을 정도였습니다. 전쟁 후 소위 말하는 베이비부머 시대를 살면서 인구가 가히 폭발적으로 늘었습니다. 어쩌면 많은 수의 사람들이 산업 발전기의 원동력이 되는 역할을 잘 수행했다고 보아야 할 것입니다. 예전에는 여러 형제들 중에 적어도 한 둘은 성공을 하여, 나름의 집안의 기둥 역할을 하였습니다. 그렇게 모두가 어려웠던 시절에 인재들의 수요가 많이 필요했기 때문에 그럴 가능성이 높았습니다. '개천에서 용이 난다'라는 말처럼 크게 성공은 못했더라도, 어려서 어려웠던 때를 생각하면 나름 크게 성공한 자식들이 나오며, 베이비부머는 자신들의 역할이나 삶의 의미를 거기에서 찾았습니다.

그리고 21세기를 맞이하면서 인구 증가율이 급격히 감소하기 시작하였습니다. 그렇지만 산업의 성장이나 일자리는 자동화, 세계화 등의 이유로 점점 줄게 되고, 경쟁은 점점 더 치열해지게 되어 젊은 층의 삶이 점점 힘들게 되었습니다. 그것의 변곡점이 되었던 것이 1997년 외환 위기라고 보아야 할 것입니다. 이때부터 노동의 유연성이라는 이름으로 비정규직 즉 파견직이라는 고용형태가 만들어지며 노동 현장의 차별화가 시작되었습니다. 정규직이냐 비정규직이냐는 신분에 따라 같은 일을 해도 보상의 차이가 크게 나는 불평등의 시대로 접어든 것입니다.

그러다 보니 낳는 자식의 수가 줄게 되고, 아예 혼인을 하지 않는 풍조까지 생기면서 인구 증가율이 급격하게 줄어들게 되었습니다. 베이비부머 세대 때에는 1년에 백만 명이 넘는 아이들이 태어났었는데, 2019년 현재 새로 태어나는 아이의 수는 30만3천 명 정도입니다. 베이비부머들이 고령화되며 노인들의 수는 급격하게 늘고 있고, 또 건강이 예전보다 좋아졌기 때문에 사망자의 수도 예전 같지 않지만, 예의 2019년 일 년 동안에 돌아가신 분들의 수가 29만5천 명이었고, 2020년부터 순 인구 증가율이 인구가 주는 시대로 돌아서게 되었습니다.

그동안 우리는 팽창의 시대를 살아왔습니다. 예산을 세워도 팽창 예산이고, 사업 계획을 세워도 성장하는 계획을 세웠습니다. 그런 팽창의 결실로 GDP가 계속 늘어났습니다. 생산성은 자동화, 세계화 등으로 점점 더 늘어날 가능성이 예상되어 당분간 GDP는 더 성장할 수 있겠지만, 그런 모든 발전의 기저가 되는 인구의 변화는 팽창보다는 축소 또는 결핍의 시대로 들어섰습니다.

혼자 살게 되고, 삶의 방향이 개인 중심적으로 되며, 명분보다는 실질적인 것을 더 추구하는 변화는, 그동안 있어 왔던 군살을 빼는 효과는 있을 것으로 보이며, 또 나름의 새로운 패러다임을 만들어 갈 것입니다. 그 과정에 기존의 관습에 익숙했던 세대들과 새로운 세대 간의 갈등은 점점 치열해질 것으로 예상됩니다. 특별히 수적으로 많은 베이비부머 세대들이 은퇴하면서 열심히 혼신의 힘을 다해 일하던 문화는 줄게 되고, 나름의 자신의 환경에서 즐기고, 누리는 쪽으로 나아가고 있기 때문에, 거기에서 오는 사회 문화적인 변화가 크게 나타나고 있습니다. 권위적이고, 격식을 중요시하며, 집단이나 단체를 우선하던 것에서 실질적이고, 편하고 자유로우며, 개인들의 만족이나 행복을 더 중요시하는 세대로 이미 넘어가고 있기 때문입니다.

기성세대의 입장에서 보면 이해를 못 할 사안이 많겠지만, 인류의 역사를 보면, 그런 이해 안 되는 과정의 반복이 발전의 동력이 되어 왔기 때문에, 좀 더 열린 자세로 보면 좋은 일이고, 새로움에 대한 기대를 갖고 보는 것도 좋을 것 같습니다. 하느님께서 아브라함에게 약속한 하늘의 별만큼, 바닷가의 모래알만큼 많은 자손을 약속하신 것이나(창 22, 17) 번식하고 번성하라는 천지창조 중에 이르신 말씀(창세 1,22)이나 모두 팽창을 통한 축복의 세계를 열어 주신 것이었지만, 우리는 이미 그 정점을 찍고, 감소와 결핍의 세계로 접어들고 있는 것입니다. 여기에서 또 다른 하느님의 뜻을 찾아야 할 것이라고 묵상하게 됩니다.

주님 저희가 주님께서 저희에게 내려 주신 축복에 감사할 줄 알게 이끌어 주소서. 인류에게 내리신 것부터, 저희 각자에게 내려 주신 은총과 축복을 잘 알아 깨닫고,

그 뜻에 따라 살도록 저희를 일깨워 주소서. 풍요의 삶에 익숙한 저희들이 결핍의 세상에서도 잘 살아갈 수 있도록 주님 저희에게 자비를 베풀어 주소서. 주님의 이름으로 기도합니다. 아멘.

번식하고 번성하여 바닷물을 가득 채워라. **창세 1,22**
Be fertile, multiply, and fill the water of the seas. **Gn 1,22**

회색지대

성찰을 위한 질문: 단정적으로 표현할 수 없는 인간이기 때문에 더욱 단정적으로 구분해 보려는 시도는 우리에게 어떤 메시지를 주는가? 씨뿌리는 사람의 비유처럼 우리 안에 여러 가지 형태의 마음가짐이 있음을 받아들이기 어려운 이유는 무엇인가?

오늘을 사는 우리는 명확한 것을 좋아합니다. 성장하면서 받는 교육의 내용이 우리를 그런 방향으로 만들었습니다. 인과관계나 논리적인 문맥이 통하여야 하고, 계량할 수 있는 것들은 최대한 수치화하여 소통을 하거나, 특별히 주고받는 거래에서는 그렇게 명확히 하여 잡음이 생기거나 오류가 생기지 말아야 한다는 명분 때문입니다.

사람들은 프로젝트를 하거나, 또는 일상의 회계 처리와 같은 것은 그렇게 앞뒤가 맞아 떨어지도록 설계를 하여 놓았기 때문에, 그런 것에 익숙해지게 됩니다. 그렇지만 출근해서 회사의 회계 처리는 명확하게 하지만, 각 개인들의 돈 씀씀이는 그렇게 치밀하게 관리를 하지 않습니다. 규모가 작아서 기억력의 범위 안에서 모두 처리할 수 있다고 판단해서 그럴 수도 있고, 대부분은 귀찮아서 그럴 가능성이 높습니다. 가계부를 쓰며 나름 회계 장부를 꼼꼼히 관리하시는 분들도 계시지만, 많은 경우 기억력에 의존하여 자신의 자산관리를 하고 있습니다. 그렇게 우리는 명확한 것을 좋아하도록 훈련 받은 사람들이지만, 실상은 대충 하는 경우가 더 많습니다.

우리의 머리는 디지털적이지 않고, 아날로그적이라는 말이 맞는 것 같습니다. 명확히 한다는 이유로 옳은지 틀렸는지를 따지지만, 사람의 일에 그렇게 잘 맞아떨어지는 일은 생각보다 많지 않습니다. 흑과 백이 아니라 회색 지대에서 결정된다는 것입니다. 흑과 백은 아주 극단적인 경우에나 만날 수 있는 어쩌면 아주 예외적인 경우입니다. 그럼에도 불구하고 우리의 소통에는 늘 흑과 백만을 가지고, 옳고 그름을 따지며 살고 있습니다. 실제는 백에 가까운 회색인지, 흑에 가까운 회색인지 그것을 판단해야 하는 경우가 대부분입니다.

최근에 코칭을 배우면서 인간형에 대하여 공부하였습니다. 인간의 성격을 파악해보는 DISC 유형에 대하여 배웠습니다. 코칭을 받는 사람의 성격 유형을 먼저 검사하고 거기에 맞게 차별화하여 코칭을 하여야 한다는 것입니다. DISC는 일과 성과 중심인지 아니며 사람과 관계 중심인지를 구분하고, 또 한 축은 일을 처리하는데 속도가 빠른지, 늦는지를 구분하여 네 가지 유형으로 성격을 구분합니다. 속도가 빠르고 일, 성과 중심인 사람을 주도형(D: Dominance), 역시 속도는 빠르지만 사람 관계 중심인 사람을 사교형(I: Influence)이라 부릅니다. 또 속도가 느리며 사람과 관계 중심인 사람을 안정형(S: Steadiness)이라고 칭하고 일, 성과 중심이지만 속도가 느린 사람은 신중형(C: Conscientiousness)이라고 칭합니다. 이 구조에 맞게 설문지를 만들어 고객이 어느 형인지를 파악하게 되면, 거기에 맞는 방법으로 코칭을 전개하는 것입니다. 이런 식의 사람의 성격을 파악하는 툴로 MBTI나 에니어그램 등의 여러 가지가 있으나 잘 보아야 할 것이, 이런 것들이 한 개인의 입장에서 보아도 섞여 있다는 것입니다. 예를 들어 주도형이 좀 강해 보이기는 하지만, 사교형이나 신중형의 성격을 가진 사람도 많다는 것입니다. 역시 사람들은 단정적으로 '저 사람은 무슨 형의 성격이다'라고 쉽게 판단하면 매사가 명확하게 정리가 될 것 같지만, 실상은 사람의 문제이기 때문에 그럴 수 없다는 것입니다. 저 같은 경우는 신중형이지만, 주도형이나 안정형의 성향도 꽤 많이 가진 것으로 파악이 됩니다. 특별히 이런 성격 유형은 가치판단의 기준이 아니고 사람들마다 서로 다름을 파악하는 것인데, 많은 경우 소위 말하는 바람직한 모습의 성격, 예를 들면 기업에서는 주도형이고 사교형의 성격을 좋아하면서, 그런 성격을 더 좋게 평가하려는 경향이 있기도 합니다. 매우 조심스럽게 접근하여야 할 부분이라고 생각합니다.

일반 사람들을 만날 때도 그렇고, 그리스도인으로 신자들과 교류하면서도 우리는 자주 판단을 하려 합니다. 그것이 쉽기 때문이기도 하고, 너무 많은 정보를 접하기 때문에, 어떤 형식이든 정리를 하려고 하는 편의주의적 경향도 한 몫을 하는 것 같습니다. 살아온 날들이 점점 더 많아지면서 생각이 좀 더 두루뭉술하게 바뀌는 것 같습니다.

영적 지도와 상담 시간에 인간에 대한 공부를 하였는데, 철학적, 신학적 그리고 심리학적인 인간학에 대한 검토를 거친 결과 인간은 최종적으로 이상적 자아(Ideal Self)와 현실적 자아(Real Self)로 나누어지는데 신을 닮은 이상적 자아와 동물의 속성을 가진 현실적 자아 간의 끊임없는 '실존적 갈등관계'에 있는 것이 인간이고 인생이라고 정의를 내렸습니다. 교수 수녀님은 이런 시각으로 나를 보고, 사랑하는 사람을 보며 또 다른 사람을 볼 때, 연민이나 공감, 인정 이런 것들을 일부러 하지 않아도, 자연스럽게 생긴다는 것입니다. 오래전에 들은 어느 노 수녀님의 "사람 다 거기서 거기지 뭐 다를 게 있어" 하시던 말씀이 떠오릅니다. 점점 사람들이 모두 비슷하게 느껴지는 것을 보니 저도 나이가 들어간다는 생각을 하게 됩니다.

여생을 얼마만큼 충실하고 주님의 뜻과 거기에 따른 소명을 조금이라도 이루어 낼 수 있을까 걱정도 되지만, 오늘의 말씀처럼 늘 일하시고 계시는 사랑의 주님께서 함께 하시니 두려움 없이 잘 살아낼 것을 믿고 받아들입니다.

주님 저희가 주님의 뜻인 사랑을 저희의 삶으로 살아내도록 이끌어 주소서. 하느님 앞에 모든 사람이 동등하며, 우리가 누구도 평가절하할 수 없는 것이 인간임을 깨닫게 하소서. 특별히 다른 것이 아닌 주님의 말씀을 중심으로 저희가 좀 더 성화되도록 주님 저희를 이끌어 주소서. 주님의 이름으로 기도합니다. 아멘.

내 아버지께서 여태 일하고 계시니 나도 일하는 것이다. 요한 5,17
My father is at work until now, so I am at work. Jn 5,17

열린 마음으로
세상 앞에 서기

살아오면서 편의를 위해 만들어지는
선입관, 프레임, 고정관념 그리고 각기 나름의
개인적인 성공이나 실패 체험, 이런 것들이
사람들과의 소통을 어렵게 합니다.

눈에 보이는 대로 보기가, 들리는 대로 듣기가
그렇게 어렵습니다.

우리의 힘으로는 어쩔 수 없는
나를 비우는 길을 예수님 안에서 찾아봅니다.

권위적인 아버지

성찰을 위한 질문: 사람들이 창조 이래 가장 오래된 큰 죄악이 성차별의 문제라는 것에 동의하는가? 동의한다면 그 내용이 어떤 것인가? 동의하지 않으면 그 이유는 무엇인가?

요즘 의외로 사람들과의 관계에서 아버지에 관한 말을 많이 듣게 됩니다. 가장 가까운 부모와 자식 간의 관계임에도 다양한 형태의 우여곡절이 많다는 것을 알게 됩니다.

요즘의 젊은 아빠들은 친구처럼 아이들과 지내려고 애를 쓰는 것이 일반적입니다. 그렇지만 모두 그런 것은 아니기 때문에, 아직도 젊은 아빠들 중에도 권위적이고 근엄한 가부장적인 사람들도 있을 것입니다. 사회 환경이 바뀌고, 교육의 수준이 올라가면서 예전에 본인들이 어려서 대접받았던 것에서 아쉬움이 있는 부분을 자신들의 삶에서는 만회해보려는 노력이 돋보여 보기 좋습니다. 다 큰 딸아이들과 끌어안고 입맞춤을 하는 등 좀 극성스러운 아빠들도 있지만, 친구처럼 대하고, 서로 배려해 주며, 아끼는 모습은 정말 보기 좋습니다. 하늘이 내려준 관계인 부모 자식 간의 관계는 모두 이랬으면 좋겠다는 생각이 들 정도입니다. 드라마나 시나리오에 의해서가 아니라, 가까이 있는 우리 아이들도 그렇고, 잘 아는 젊은 부부들도 사는 모습이 예전 우리와는 많이 다름을 알게 되며 긍정적인 기분이 들어서 좋습니다.

또 다른 면으로 만나는 중년의 사람들, 그중에서도 여자분들은 아직도 아버지와의 관계가 잘 정리가 안 되어 힘들어하는 사람들을 만나게 됩니다. 세상이 많이 바뀌었고, 특별히 젊은 층의 사람들이 많이 다름에도 불구하고, 전통적인 아버지로서의 권위를 내세우며, 자식들을 마치 소유물처럼 함부로 대하거나, 심지어 때리기까지 하는 사람들이 아직도 있다는 것입니다. 딸인 경우 아들보다 훨씬 더 심하다는 것입니다.

유목이나 농경사회에서 남자의 권위는 힘든 일을 남자들이 주로 하면서 생산에 직접적으로 관여하는 것이 남자들이었기 때문에 자연스럽게 생기게 된 것이고, 그것은 오랜 세월을 지나면서, 왜곡되고 변질되어 인간이 잘못할 수 있는 최대의 잘못인 성차별, 성적 학대와 같은 잘못된 문화를 만들어 왔습니다. 인간이 여러 잘못을 저질러 왔지만, 개인적으로 보기에 가장 큰 죄악 중의 하나가 성차별이라고 생각합니다. 성이 다름으로 인해 반인격적이고, 소나 말처럼 소유물로 생각하여 왔던 문화들이 아직도 남아 있는 것은 하느님 앞에 인간이 저지른 가장 큰 죄악이라고 생각합니다. 전쟁도 계속 있어 와서 여러 부정적인 영향을 끼쳐왔지만, 성차별만큼 부정적인 영향을 그렇게 오랜 기간 동안 끼쳐오지는 않았기 때문입니다. 우리가 선진국으로 아는 미국도 여성들의 참정권이 1920년대에 이루어졌고, 영화 〈맥아더〉를 보면 일본이 2차 세계대전 항복 후에 여성들의 참정권이 처음 도입되는 과정의 여러 이야기들이 나옵니다. 산업혁명을 시작으로 세상이 급격하게 변하였지만, 성차별에 대한 인식은 아직도 의식 수준이 농경사회에 머물러 있는 미성숙한 남자들이 많이 있음을 여러 경우의 사람들의 이야기를 들으며 개탄하게 됩니다.

세상일을 단정적으로만 볼 수 있는 것은 물론 아니지만, 어떤 상황이 되더라도 지켜야 할 선이 있는 것이고, 인간이면 지켜야 할 도리가 있는 것입니다. 원천 원인이 무엇이든지 간에 자식이 이 세상에 태어나는 순간 부모로서의 의무가 발생하지만, 그 의무 때문에 자식을 함부로 해도 된다는 것은 아닌 것입니다. 딸인 경우가 더욱 심하지만, 아들 딸 관계없이 권위적인 환경은 우리가 살아가는 데 큰 어려움을 줍니다.

물론 이런 문제는 문제의 한 중간 토막을 가지고 옳고 그름을 판단할 수 없는 경우도 있을 수 있지만, 이니셔티브는 아버지 즉, 어른에게 있다고 보아야 할 것입니다. 자식들이 반항하는 데에는 그만한 이유가 있을 것이고, 부모와 생각이 다른 것은 너무 당연한 이치이기 때문에, 이런 문제를 감정적으로 해결하려 하는 것이 문제입니다. 그런 아버지들이 어려서는 그 방법이 통했을 수도 있습니다. 우리 사회의 수준이 그랬고, 전체적인 성장기의 초기였기 때문에 과도기적인 시대를 살았기 때문입니다. 우리는 권위적인 아버지한테 또는 학교의 선생님, 선배들로부터 매를 맞는 경우를 경험하며 성장한 세대입니다. 군에서의 구타는 너무 보편적이었습니다. 매를 맞고 죽는 병사들도 많았던 시대를 우리는 살아왔습니다.

요즘은 부모로서 특별히 아버지로서의 좋은 모습은 자식들의 이야기를 잘 들어 주고, 아버지의 의견도 꺼내 놓고, 상의하여 가장 현실적인 안을 조정하여 만들거나, 합의하여 안을 만드는 모습입니다. 그런 경우 자존심을 상한다고 느끼지 않으면, 아버지의 권위에 도움이 되고, 오히려 그런 열린 자세의 아버지가 더 존경 받는 그런 시대에 우리가 이미 살고 있습니다.

세상을 힘의 논리로 보려는 시각이나 자신의 권위가 외부 다른 사람으로부터 온다고 생각하는 전근대적인 생각의 틀에서 벗어나, 하느님 앞에 우리 모두가 평등하며, 어느 누구도 누구를 핍박하거나 상해할 수 없음에 대한 견고한 사회 문화적 뿌리가 내려야 우리가 선진 사회로 갈 수 있고, 보다 더 살기 좋은 세상, 하느님의 뜻이 이루어지는 이 세상에서 하느님 나라를 만들어 가는 것이 될 것임을 묵상합니다.

⁂

주님 세상의 아버지들이 자식들을 정말 사랑하여 하느님의 선물인 자식들과 좋은 관계를 만들어 가도록 이끌어 주소서. 가부장적인 권위의식을 내려놓고, 자식들과의 편하고 열린 자세에서 오는 자유로움과 큰 행복을 누릴 수 있도록 자비를 베풀어 주소서. 그래서 예수, 마리아 그리고 성요셉의 성가정처럼, 마음에서 울어 나오는 존경심이 가족들 상호 간에 있는 행복한 가정이 되도록 도와주소서. 주님의 이름으로 기도합니다. 아멘.

달라는 자에게 주고 꾸려는 자를 물리치지 마라. **마태 5,42**
Give to do one who asks of you, and to not turn your back on
one who wants to borrow. **Mt 5,42**

성경 읽기

성찰을 위한 질문: 본인과 잘 맞는 주해서가 있는가? 성경을 읽고, 주해서를 읽고 다시 성경을 읽는 방법이 성경을 잘 읽는 방법으로 받아들여지는가? 성경을 읽을 때 성령께서 이끄시는 대로 따라가는 느낌을 느낄 수 있는가?

김수환 추기경님 관련 글을 읽다 보면 은퇴하신 후에는 매일 성경 말씀을 읽고 묵상하셨다고 합니다. 다른 많은 영성 관련 책도 있을 수 있고, 본인 관심이 많았던 분야도 있었겠지만, 성경을 중심으로만 독서를 하셨다고 합니다.

거룩한 책은 하느님의 영감으로 기록된 책입니다. 시대적인 배경도 있고, 정경으로 채택되는 과정도 있었던 것을 우리가 알고 있지만 중요한 것은 공식적인 하느님 말씀으로 우리 앞에 놓여 있다는 것입니다. 또 많은 성서학자들이 역사 비평적으로 해설한 내용도 많이 나와 있음을 우리가 알고 있습니다. 어쩌면 어떤 의미에서 그런 해설과 분석은 역사적인 면이 더 강조되는 것 같은 면도 있어 보입니다. 그럼에도 불구하고, 많은 신학자들은 다양한 측면에서 우리가 하느님의 계시를 깨닫도록 이끄는 방향으로 우리를 이끌고 있기 때문에 각기 선호하는 해설서를 한 권 정도는 가까이 가지고 있는 것을 권고하고 있습니다. 4복음서에 관한 몇 권의 해설서를 읽고 느낀 것은 매우 분석적이고, 주님의 강생을 중심으로 다루면서도, 각 복음서들의 청중을 대상으로 그 복음서의 특징을 설명하고 있다는 것입니다. 최초로 쓰인 마르코복음의 청중은 박해 받고 있는 초기 그리스도 신자들이고, 그래서 내용도 인간성을 강조한 그리스도의 십자가를 중심으로 청중들이 받고 있는 박해를 그리스도께서 우리를 위해 먼저 겪으셨고, 십자가를 지신 것을 기억하며 그 어려운 상황을 이겨 나가도록 격려하는 데에 방점을 두고 있다고 합니다. 마태오복음은 유다 전통을 잘 알고 있는 유다인들을 대상으로 모세를 닮은 예수 그리스도, 율법을 없애러 오신 것이 아니라 오히려 완성하러 오신 주님을 강조하는 모습이 그려집니다. 감성을 중심으로 쓴 루카복음이나 직관적인 필체로 쓴 요한복음 등의 복음서들의 특징은 책이 쓰일 당시에 그 책을 읽을 독자나 청중을 고려하여 읽으면, 문맥상 애매하거나, 명확해 보이지 않던 부분들이 이해가 되는 것들이 많습니다. 특별히 복음서가 쓰인 시기가 주님 승천 후 시간이 지난 후라는 것도 시대적인 배경이 중요함을 알게 됩니다. 그런 측면에서 해설서들이 의미가 있고 복음 말씀을 포함한 성경을 공부를 해야 할 의미도 있다고 생각합니다.

그런데 조심하여야 하는 것이, 우리가 학교에서 전공과목 공부할 때처럼 나름대로 구조화하여 어떤 틀을 만들어 성경을 접하게 될 수도 있다는 것입니다. 성경이 쓰일 때 성령의 감도로 쓰이고, 편집되었던 것을 우리가 믿고 있는 것처럼 우리가 성경을 읽을 때도 성령께서 인도하시는 대로 읽어야 할 것이기 때문입니다.

성경을 읽을 때의 상황이 매우 다르다는 것을 인지하여야 할 것입니다. 즉 지금 내가 처한 상황에 따라 같은 성경 내용이라도 다르게 받아들이게 성령께서 인도하시도록 맡기는 자세가 중요한 것입니다. 의도적으로 하는 노력도 의미가 있겠지만, 성령께서 자유롭게 활동하시도록 열린 자세를 유지하는 것이 더욱 중요할 것입니다.

오늘의 씨 뿌리는 비유의 설명 말씀도 어떤 때는 씨앗 그 자체로 크게 다가오는 날이 있을 것입니다. 하느님 말씀을 우리가 접하지 못했더라면 어떻게 되었을까를 중심으로 하느님 안에 일생을 살게 된 그 자체가 크게 다가와서, 감사와 기쁨의 마음을 통하여 주님께 감사의 기도를 드리게 되는 때가 있을 수 있습니다. 또 어떤 날은 마음이 심란하고 어려울 때 이 복음을 접하게 될 때에는, 가시덤불 밑에 뿌리는 내렸지만, 현실에서 직면하고 있는 것처럼, 세속의 여러 가치들에 끌려 다니며 힘들게 사는 우리의 모습을 보고, 답답하고 어려운 상황을 주님께 아뢰며 이런 것에서 벗어날 수 있도록 주님께 청하는 청원의 기도를 드릴 때도 있습니다.

매번 우리는 처한 상황이 변함으로 꾸준하게 우리가 성경을 가까이하면 성령께서 그 상황에 맞는 처방으로 우리를 인도해 주실 것을 믿습니다. 매일 우리가 성경을 통하여 하느님 말씀을 들어야 하는 주된 이유일 것입니다.

여러 방법이 있겠지만, 매일 미사를 중심으로 그날의 복음 말씀을 묵상하는 것도 좋고, 성경 통독을 하면서 나름의 묵상의 시간을 갖는 것도 좋을 것입니다. 교회의 어른들께서는 함께 모여서 성경 통독을 하고, 주요 말씀을 중심으로 경험과 실천을 나누는 것을 추천하고 있습니다. 가족 단위도 좋고, 가까운 사람들끼리 모여서 또는 요즘 같은 팬데믹 상황이면 온라인으로 하여도 좋을 것 같습니다. 하나 분명한 것은 일부러 시간을 내어 성경 읽는 시간을 가져야 한다는 것입니다. 매일 일정한 시간을 정해서 꾸준히 하는 것이 몸을 위하여 매일 운동을 하듯이 우리 영혼의 건강을 위해서 성경을 읽어야 할 것입니다. 아침 이른 시간이나 잠자리에 들기 전이 좋은 듯합니다.

주님 저희가 주님의 말씀인 성경을 늘 가까이할 수 있도록 저희를 이끌어 주소서. 무엇보다 성경을 읽는 동안 성령께서 저희와 함께하시도록 은총 내려 주소서. 성령께서 인도하시는 대로 저희가 삶을 맡겨 드리도록 저희에게 자비를 베풀어 주소서. 주님의 이름으로 기도합니다. 아멘.

안식일을 기억하여 거룩하게 지켜라. **탈출 20,8**
Remember the Sabbath day-keep it holy. **Ex 20,8**

자기만족과 인정받기

성찰을 위한 질문: 우리가 그리는 하느님 나라를 위해 오늘 무엇을 할 수 있는 가? 하느님께서 나를 이 세상에 부르신 이유 즉, 소명은 무엇이라고 생각하는가?

요즘 젊은이들과 이야기하는 자리에서 우리가 젊었을 때와 공통적인 생각이 하나 있다면, '과연 나의 미래가 어떻게 될까에 대한 기대 반 걱정 반의 생각'입니다. 누구도 확실하게 자신의 미래에 대하여 점칠 수 없고, 다른 사람에 대하여서는 더욱 그럴 것입니다. 예정론을 이야기 한 사람 도 있지만 흰 도화지에 그림을 그리 듯 하나씩 만들어 가고, 그려 가는 것이 맞을 것입니다. 그 과정에 우리가 운이라고 부를 수 있는 우연의 것 들이 가미되어 한 사람의 인생이 만들어지는 것 같습니다. 운칠기삼(運七 技三)으로 운의 영역이 더 큼을 강조하는 사람들은 좀 더 인간의 한계를 인식하고, 보이지 않는 힘 그것을 운이라 부르든, 신이라 부르든 그런 영 역이 인간의 삶에서 영향이 더 크다고 보는 견지입니다. 또 어느 정도 탄 력이 붙으면 나름의 가속도가 생길 수 있고 또는 자신의 경지나 위치, 나 아가 브랜드라는 이름으로 불릴 수도 있습니다.

학교 동창의 경우도 모두 같은 출발선에서 출발하지만, 어느 정도 시간 이 지나고 나면, 비교 우위의 개념보다는 다른 길을 가고 있기 때문에 나 중에 보면 모두 다른 위치에 가 있게 되었음을 알게 됩니다. 몇몇 소수의 사람들은 소위 말하는 성공한 모습으로 사회에 위치하게 되지만, 그런 경우는 아주 드물거나 남다른 배경이 있기 때문입니다. 그런 소수의 위치에 가려면 남다른 노력을 하거나, 또는 배경이 좋아야 하기 때문에 그런 경우를 일반화하여 볼 수는 없을 것 같습니다. 대체적으로 학교를 마치고, 사회생활을 시작하면서 나름 자수성가하는 경우는 대부분의 사람들이 비슷한 위치에 있기 때문에, 늘 관심이고 어떻게 하여야 상대적인 우위에 서게 되고, 나름 좋은 위치에 설 것인가가 늘 사람들을 따라다니는 주요 관심사가 됩니다. 스펙 쌓기를 하고 좋은 대학을 지망하는 것도 모두 이 영역에 있는 사람들의 모습입니다.

이런 경우 비슷한 위치에 있기 때문에 역량이나 태도나 자세가 매우 중요하게 작용합니다. 사람이라는 것이 성장하면서 형성된 성격이나 마음가짐들이 쉽게 바뀌는 것이 아니기 때문에, 어쩌면 조금 겪어보면 어느 정도 나름의 판단을 하게 되는 것이 보통입니다. 과거에는 학력이나 스펙들이 주가 되는 경우가 많았고, 지금도 어느 정도 영향을 미치고 있지만, 점점 더 그 부분은 약화되는 것 같습니다. 오히려 좀 더 창의적이거나 상상력과 같은 미래 지향적인 역량이 더욱 돋보이는 세상이 되었습니다. 성실히 열심히 하는 것은 전통적으로 높이 쳐주는 덕목이지만, 지금은 그것만으로는 불충분해 보입니다. 아직도 작은 기업들은 그래도 성실 근면을 더 선호하고, 플랫폼 기업이나 대기업들은 창의력, 상상력 같은 가치를 더욱 높게 평가하는 경향이 있습니다.

상황이 어떻더라도 자신의 미래는 스스로 만들어 가는 것이기 때문에, 목표가 명확하고 그 목표를 향해 매진하며 집중하는 사람들에게 좀 더 기회가 많을 것으로 보입니다. 어디에나 적용된다는 파레토 법칙이 여기에도 적용된다고 보아야 할 것입니다. 즉, 어느 조직이나 20%의 사람들이 나머지 80%의 사람들을 먹여 살리는 것이고, 실제 중요한 일의 80%는 그 20%의 사람들이 처리한다는 것입니다.

늘 깨어 있는 자세로 주위를 둘러보고, 현실에 안주하지 않는 자세로 살아갈 때 그 20% 범위 안에 들게 되는 것이 우리 사회의 한 단면이라고 볼 수 있습니다.

통계적으로 사람들을 평가하고 판단하려는 경향이 있지만, 자신의 삶을 평균적인 범위 안에 놓고 볼 것인지도 중요한 사안이라고 생각합니다. 통계와 개별은 많이 다른 이야기이고, 성장에 대한 바람이나 희망이 너무 평균에 함몰되는 것은 오히려 개인 스스로에게 의지나 열정을 깎아내리게 할 수도 있기 때문입니다.

그리스도인으로서 하느님 앞에 서 있는 자신을 바라보는 것도 역시, 실존의 주체로 인식하고, 자신의 소명 즉 생명의 주인이신 하느님께서 이 땅에 불러 주신 이유를 생각하며, 그것을 삶의 목표로 정하고 그 소명을 위하여 일하며 살아가는 것입니다. 그 안에는 늘 성장과 기여 그리고 사랑의 정신이 녹아 있을 것입니다.

여기와 연결되어 또 다른 이슈는 이 세상을 떠날 때 나의 모습은 어떨까 입니다. 자신의 방법으로 소명을 완수하고 주님께서 불러 주신 역할을 충분히 하였다고 장담할 수는 없겠지만, 어느 정도 살아온 것에 대하여 만족할 줄 알아야 할 것입니다. 소명에 대하여도 주님께서 주신 것을 100% 다하지는 못하겠지만 나름의 최선을 다한 모습에 다른 누구보다 본인의 만족이 따라야 할 것입니다. 결국 여생은 그런 죽는 순간의 내 일생에 대한 만족을 준비하는 시간이 되어야 할 것입니다. 여기서 자기만족은 자만이 아닌 겸손이요, 창조주께서 주신 소명을 다하기 위하여 최선을 다했음을 말하는 것입니다. 스스로 만족하지 못한 삶을 살면서 다른 사람들에게 인정받고 싶은 것은 언어도단이고 주님의 뜻도 아닐 것입니다. 열심히 성실하게 살아오며 순간순간의 하느님 나라 즉 짧지만 주님의 현존을 느끼며 살았던 사람에게만 주님께서 인도해 주시는 영원한 생명을 저희에게 주실 것이기 때문입니다. 우리가 말하는 천국은 하느님과 늘 함께 하는 상태이기 때문입니다.

주님 한 치 앞도 내다볼 수 없는 저희에게 은총을 주시어 오늘 현재를 충실히 살도록 이끌어 주소서. 오늘이 모여 우리의 일생이 되고, 오늘 주님 안에 있음으로 저희가 영원한 생명에 도달할 수 있음을 저희가 깨닫고 살아내도록 도와주소서. 주님의 이름으로 기도합니다. 아멘.

네 자선을 숨겨 두어라. 그러면 숨은 일도 보시는 내 아버지께서
너에게 갚아 주실 것이다. 마태 6,4
Your almsgiving may be secret. And your father
who sees in the secret will repay you. Mt 6,4

중립적인 역사관

성찰을 위한 질문: 오늘에 사는 우리가 일제 치하에 직업 전선에서 일하며 살았던 평범한 서민들을 독립운동을 하지 않았고, 일제에 협력했다고 단죄할 수 있는가? 역사는 얼마만큼이나 중립적이라 할 수 있는가?

역사를 바라보는 시각은 우리의 세계관을 보는 것과 많이 연결되어 있는 것 같습니다. 사람들마다 나름의 자신의 세상을 보는 시각이 있게 마련입니다. 매우 긍정적인 시각으로 보는 사람도 있고, 매우 부정적인 시각으로 보는 사람도 있습니다. 인생은 어차피 태어나는 순간부터 고해이고, 환경을 포함한 모든 것들이 도전뿐이지, 무엇 하나 제대로 스스로 도움을 주는 것이 없다는 시각이 부정적인 시각입니다. 반면 세상은 충분히 살만한 가치가 있고, 어려움도 나름의 의미가 있는 것이라며 매사를 긍정적으로 보는 시각이 있습니다. 사회학자들은 긍정적인 시각을 갖는 사람들은 보통은 기득권 세력인 경우가 많다고 진단하고 있습니다. 상대적으로 가진 것이 많고, 남부러울 것이 없을 때에 세상은 긍정적으로 보이고, 현재에 만족하게 된다는 것입니다. 물론 모든 사람들이 다 그런 것은 아닐 것입니다.

그러나 요즘 세상을 보는 시각에 변화가 필요하다고 생각하게 됩니다. 우리가 살고 있는 시대의 정신을 제대로 볼 수 있었으면 좋겠습니다. 또 당연히 우리는 환경과 역사의 영향을 받을 수밖에 없기 때문에, 옳고 그른 가치 판단을 앞세우기보다는, 있는 그대로 사실 그대로의 역사관을 갖는 것이 무엇보다 중요하다고 생각하게 되었습니다. 아쉽게도 정보의 빠른 유통과 그 양의 대폭적인 확대로 많이 좋아졌다고 하지만, 정확하게 오늘의 시대정신을 실시간으로 파악하기는 어려울 것입니다. 시간이 좀 지나고 나면 나름의 판단을 할 수 있지만, 역시 가치 판단의 기준은 조심스러운 부분이 있게 마련입니다. 히틀러 시대에도 그냥 나치즘을 추종하며 홀로코스트와 같은 끔찍한 일을 일상적으로 해야 할 의무로 받아들이고 묵묵히 일했던 공무원들이 있었던 것처럼, 정치적 영향과 문화적 환경의 지배를 받으며 사는 것이 인간이기 때문입니다.

명백하게 잘못을 저지른 리더들도 있지만, 많은 경우 그냥 시대의 흐름에 추종하거나 또는 그럴 수밖에 없는 대다수의 사람들이 있다는 것입니다. 그들은 그런 영향을 받지만, 그것에 대하여 저항하거나 반대할 힘이 없는 경우가 더 많습니다. 요즘 과거사 관련한 이야기 중에 독립운동을 하신 분들에 관하여 새로운 발견과 뛰어난 업적이 많이 소개되어 좋은 노력이라고 생각하고 있습니다. 그렇지만 반면에 훨씬 더 많은 일반 서민들은 일제 치하에서 그것이 좋지는 않았지만, 어쩔 수 없이, 또는 그 시대에 태어난 후 알게 된 사회구조를 그냥 살아갈 수밖에 없었던 사람들이 나라의 독립을 위해 일했던 사람들보다 훨씬 더 많았음을 생각하게 됩니다. 그들이 일제가 통치하는 대로 따라갔다 하여 매국노라고 말할 수 있을까요? 그 당시에도 먹고 살아야 하는 현실적인 문제 때문에 공무원이나 경찰서 또는 학교 선생으로 일했던 사람들을 우리 사회는 아직도 좋지 않은 시각으로 보려는 경향이 있는 것 같습니다. 당시의 시대정신을 알아야 하는 이유이고, 그런 환경에서 어려운 삶을 살아낸 우리 조상들의 삶에 대한 인정과 연민이 있을 뿐이지 거기에 옳고 그름의 판단의 잣대로 갖다 대며 몰아붙이는 것은 역사를 보는 시각에 판단을 너무 강요하는 것 같습니다. 유명한 역사가 E.H 카는 『역사란 무엇인가』에서 역사란 '과거와 현재의 끊임없는 대화'라는 멋진 명제를 던졌습니다. 역사를 바라보는 시각이 오늘과 연결되어 있다는 것이고, 또 나름의 오늘의 입장에서 역사를 바라볼 수밖에 없음을 시사하고 있습니다. 역사를 사실과 기록이라는 본연의 특성으로만 보려 하지만, 엄밀히 말해서 역사란 승자의 기록이라는 역사학자들의 말이 일정 부분 옳을 수 있기 때문입니다. 또 한 편 모든 시대에 살았던 사람들은 공과 과가 일정 비율로 있을 수밖에 없음을 인정하는 것도 중요한 시각의 문제라고 봅니다.

그때는 그때의 상황이 있고, 당시의 사람들은 또 그들 나름대로 최선을 다하며 살았을 것을 상정하여야 할 것입니다. 시대가 많이 발전하고 여러 학문적, 기술적 배경을 많이 갖춘 오늘의 시각으로 그들을 판단하는 것은 정당한 판단이 아닐 수 있음을 생각하게 합니다. 그래서 오늘날을 보는 시각이나 역사를 보는 시각의 출발점은 중립적인 시각에서 출발하여야 한다고 생각합니다.

그리고 그 어떤 판단을 하더라도 주관적인 부분이 들어가 있을 수밖에 없기 때문에, 그리스도인으로서 최종 판단은 신중하여야 하고, 또 많은 부분은 세상의 것과 하느님의 것을 식별할 수 있도록 노력하여야 할 것으로 봅니다. 특별히 세상의 것을 추종하지는 않을지라도 그것을 무조건 나쁜 것으로 매도하는 것도 하느님의 뜻이 아님을 알아야 할 것입니다. 매우 개인적인 바탕에서 이루어지는 식별의 결과는 나의 삶의 방편으로 사용하자는 것이지, 세상을 보는 판단의 눈과는 다르게 보아야 할 것이기 때문입니다.

그렇게 역사를 보는 시각을 중립적으로 바라볼 때에, 오늘을 사는 방편도 모든 사람들을 인격적으로 대하게 되고, 크고 작은 능력의 차이나 가진 것들의 차이로 사람들을 차별화하여 보려는 시각 즉 판단이 가미된 시각에서, 자유로운 열린 마음의 우리가 될 것입니다. 그것이 주님의 뜻이고 우리가 따라야 할 주님 계명의 본질이라고 생각합니다.

주님 저희가 역사의 인물뿐만 아니라 오늘을 살면서 만나는 사람들을 온전한 인격체로 편견 없이 바라보는 시각을 갖도록 이끌어 주소서. 저희는 편의주의에 입각하여 나름의 판단의 잣대로 사람들을 평가하고 판단하려는 경향이 있습니다. 저희도 다른 사람으로부터 그렇게 평가를 받는 것을 원하지 않는 것처럼 저희도 다른 사람들을 쉽게 판단하지 않도록 저희에게 자비를 베풀어 주소서. 주님의 이름으로 기도합니다. 아멘.

주님께 돌아서기만 하면 그 너울은 치워집니다. **2코린 3,16**

Whenever a person turns to the load the veil is removed. **2Col 3,16**

질문의 힘

성찰을 위한 질문: 강요하거나 폭력적이지 않으면서도 큰 영향력을 주는 '강력한 질문'은 어떤 특성을 지니고 있는가?

요즘 질문에 관한 다양한 생각을 많이 하게 됩니다. 무엇보다 코칭을 시작하면서 질문의 힘이라든지, 잘 질문하는 법 등에 대하여 배우면서 놀라움을 금치 못하고 있습니다. 그도 그럴 것이 질문 한 마디에 의해서 사람들이 쉽게 바뀔 수 있고, 또 질문 하나가 연결되어 다양한 형태의 의식을 확대시키는 역할을 하는 것을 보면, 그간 질문의 중요성에 대하여 소홀히 했던 면이 실감납니다.

어떤 문제나 이슈가 있을 때에 "그것이 당신에게 어떤 의미가 있습니까?"라는 강력한 질문은 자신을 되돌아보고, 우선순위를 판단하며, 중요성과 시급성을 구분할 줄 알게 되는 의식을 일깨우는 질문이 됩니다. 다른 어떤 설명이나 조언보다도 강력하며 객관적입니다.

특별히 자신에 대하여 잘 알고 있다고 생각하는 대부분의 사람들에게 어떤 사안에 대하여 이 질문을 해보면, 본인 스스로 그것에 대하여 알고 있는 것이 중심이 아니고 변두리만 알고 있다는 것을 깨닫게 합니다.

또 많은 경우 개념적으로는 의미를 파악하고 있지만 막상 그것을 구조화하여 현실에 구체화시키는 것을 어려워하는 경우가 많습니다. 아이들과 관계가 원활하지 않은 부모들이 많은데, 특별히 아버지와 자식들과의 관계는 더욱 그런 경향이 있습니다. 그래서 이야기를 나누다가 아이들과 좋은 관계를 갖고 싶다는 이야기를 하는 경우가 많습니다. 이 상황에서 강력한 질문은 "아이들과 좋은 관계를 만들어 간다는 것은 구체적으로 어떤 것을 의미합니까?"라는 질문을 던지면 의식 구조가 확대되면서 구체적인 관계 개선 방안에 대하여 생각하게 되고, 그 방안에 대하여 이야기하라 하면 나름의 구체적인 대안들이 나열이 될 것입니다. 무엇보다도 다른 사람에 의해서 만들어지는 대안이 아니라, 본인과 자식 간의 문제에 관련된 실행의 문제이기 때문에 다른 어느 누구도 대신할 수 없는 고유성이 있는 부분입니다. 그리고 그것은 매우 실천적이고, 구체적인 것이 될 수밖에 없을 것입니다.

우리 사회는 압축 성장을 하면서 지시하고 지시 받는 문화가 고착된 경향이 있습니다. 빠르게 성장하면서 효율을 중요시하고, 무엇보다 스피드 중심으로 일을 하다 보니 정답을 찾는 문제풀이 중심으로 사고력이 커진 경향이 있습니다. 이런 경우 대부분의 문제의 답은 우리 내면에 있지 않고 외부에 있을 가능성이 높습니다. 왜냐하면 대부분 사람들은 열심히 일하려 하는 의지가 있고, 설사 사람에 관련된 문제라 할지라도, 큰 그림에서 무시하거나 시스템적으로 해결하면 문제가 될 것이 없다고 생각하고 믿기 때문입니다.

그렇지만 시대는 바뀌어서 시스템적인 틀 안에서만 문제를 보려 하면 해결할 수 없는 것들이 너무 많게 되었습니다. 다양성과 복잡성이라는 현대의 특성이 순간순간 그 일을 하는 사람이 판단하고, 결정하지 않으면 전체 일을 그르치는 경우가 점점 많아지고 있기 때문입니다. 소위 말하는 창의성과 상상력 같은 기존 세대에서는 선진국 사람들이나 가져야 될 역량이나 가치로 여겼던 것이, 요즘은 그런 것을 갖추지 못하면, 경쟁력을 잃게 되는 상황이 되었기 때문이다.

그러다 보니 만나는 심각한 어려움이 자신의 문제를 구조화하여 표현하거나 다룰 줄을 잘 모른다는 것입니다.

가장 좋은 예로 자신을 표현해 보라 하면 쑥스럽게 생각하거나 어색해하는 사람들이 의외로 많습니다.

"나는 이런 일을 좋아하고, 이런 점에 강점이 있으며, 본인이 추구하는 가치와 앞으로 되고 싶은 모습은 이런 모습입니다." 이렇게 간단한 자기소개를 하는 것을 너무 힘들어합니다. 시대적인 환경도 그렇고, 좀 더 자신의 삶의 주체로서 스스로에게 충실하려면 이런 질문에 답하는 것을 어렵게 여기지 않고, 쉽게 대응할 줄 아는 우리가 되어야 할 것입니다.

요즘 교수님들은 수업 시간을 질문 중심으로 운영하고 있다고 하시는 분들이 많습니다. 아는 어느 교수님은 주제도 자신의 재능 발견, 강점 개발, 이상적인 삶과 비전 발견하기, 충만한 삶 살아가기, 행동과 습관, 문제 해결, 가족 관계 나아가서 사회 공헌 등의 다양한 주제에 대하여 학생들에게 여러 개의 질문을 던지고 스스로 답을 하도록 하고 있었습니다. 사회 과학적인 이야기나 이론을 말하는 것이 아니라, 자신의 이야기를 할 수 있도록 하기 때문에 깊은 성찰과 사고력이 필요하고 또 그런 과정을 통하여 각 개인의 성장이 크게 이루어지게 된다는 것입니다.

그렇게 질문에 답을 하다 보면 연말이면 학생들이 서로 다른 자신만의 책을 한 권씩 쓸 수 있게 된다는 것이 그 교수님의 말씀입니다. 무엇보다 암기식의 지식보다는 이 세상을 살아나갈 본인의 내적인 문제에 집중하는 것이 옳은 길이며, 실질적인 도움이 되는 길이라고 생각합니다. 꾸준하게 질문을 만들어 보고 그 질문에 답하는 형식으로 우리 각자가 자신의 삶을 만들어 가다 보면 훨씬 더 성숙하고 성장한 우리를 만나게 될 것입니다. 통찰력이 뛰어난 사람들이 될 것으로 기대합니다. 아울러 주님 앞에 서 있는 우리로서도 시의적절하게 질문을 계속함으로 우리가 하느님으로부터 멀어지는 사람은 아닌지, 믿음 소망 사랑의 향주 삼덕을 잘 지키며, 성장하고 있는 지를 탐색하는 깨어 있는 자세를 견지하는 우리가 될 것을 믿습니다.

⚜

주님 저희가 우리 자신이 빠진 암기식의 교육과 지식에 의존하는 것보다는, 질문을 통하여 그릇을 키우고 지혜를 나눌 줄 아는 그런 저희가 되도록 이끌어 주소서. 문제의 접근을 외부에서 찾는 것이 아니라 내적인 역량을 키우고 더불어 살아가는 방향으로 가닥을 잡는 우리가 되도록 도와주소서. 주님의 이름으로 기도합니다. 아멘.

나 주님은 말하고 그대로 실천한다. 에제 17,24
As I, LORD, have spoken, so will I do! Ez 17,24

책임과 권한

성찰을 위한 질문: 살아가면서 사람들에게 권위와 힘을 폭력적으로 사용하는 경우가 있는가? 성경은 힘의 올바른 사용을 성찰하는 데 어떤 도움을 주는가?

사람들이 일생을 사는 동안 어떤 형태이든 조직에 소속된 모습으로 살아갑니다. 그것이 군대이든, 또는 회사나 직장이든 나름의 사람들이 모이는 곳에는 조직이 만들어집니다. 사람들은 조직의 구성원으로 출발하지만, 또 많은 경우 조직의 리더로 역할과 경험을 하게 됩니다. 이렇게 계층적인 구조로 조직을 만들기 때문에, 소위 말하는 책임과 권한이라는 조직 구조의 기본 메커니즘이 형성이 됩니다. 리더십이 필요한 것입니다. 모든 조직은 조직 책임자에게 권한과 책임을 주고 성과를 달성하도록 합니다. 자연스럽게 필요한 자원을 배치해 줍니다. 사람을 자원으로 보는 것이 옳지 않다는 생각을 하지만, 실제 현장에서는 자원으로 인식하고 있습니다. 그래서 리더는 조직 구성원들과 함께 주어진 목표를 달성하도록 하는 것입니다. 따라서 각 조직 책임자에게는 그것이 권한이라는 이름으로 나타나는 경우가 많지만, 다른 말로 권력이라고 부를 수도 있는 나름의 힘이 생기게 됩니다. 권력은 종종 폭력을 동반하는 경우가 많습니다. 조직 내의 많은 문제 중의 하나이고, 또 경험적으로 보아도 퇴직하는 직원들과 인터뷰를 해보면, 이직 사유 3개 중의 하나가 상사와의 불화입니다. 달리 말하면 리더가 부여된 힘으로 사람들을 조종하려 하고, 군림하려는 경향이 있기 때문에 나오는 결과입니다.

성공하는 많은 리더들은 조직에서 부여된 권한보다는 자신이 가진 인격과 품격으로 직원들에게 다가갑니다. 조직의 구성원이기 전에 한 사람의 존경받을 만한 선배로서 만나게 되는 리더는 반드시 성공하는 조직 운영자가 된다는 것을 오랜 사회생활을 통해 터득하게 되었습니다. 자신의 품격이 떨어지거나 부족하면 조직에서 주어진 힘에 의존하여 자신의 존재감을 보여주려 하고, 영향력을 행사하게 되기 때문에 문제가 생기는 경우가 많습니다.

우리가 지혜 하면 떠오르는 사람이 솔로몬 왕입니다. 그만큼 성경에서도 솔로몬의 지혜에 대하여 칭송하는 부분이 많습니다. 그렇지만 솔로몬은 성전을 건축하는 등의 군주 정치를 안정화하는 것처럼 보였지만, 말년은 부패하여 결국은 이스라엘의 정체성인 하느님과 맺은 '계약 신앙'을 지켜 나가기보다 왕과 백성 사이의 계약(2사무 5,3)으로 정치적으로 나아가게 됩니다. 아울러 왕은 다른 이 민족들의 왕처럼 부패하게 되어, 결국은 힘을 잃게 되고, 남북으로 나라가 분단되고, 결과적으로는 이 민족들에게 망하는 결과를 초래하게 된 원인을 제공하게 됩니다. 영국의 역사가 로드 액튼(Lord Acton, 1804~1902)은 "권력은 부패하기 쉬우며, 절대 권력은 반드시 부패한다"라는 유명한 말을 했습니다. 그 크기가 다르지만 리더들에게 주어지는 권한보다 자신의 인격과 품격으로 다가가는 팀장, 사장 그리고 대통령이 필요함을 생각하게 합니다.

로드 액튼의 말과 비슷한 내용으로 예수님 말씀 중에 낙타가 바늘귀를 통과하는 것이 부자가 하늘나라에 들어가는 것보다 쉽다(마태 19,24)

는 말씀이 있습니다. 마치 이 말씀은 부자는 절대 하늘나라에 들어가기 불가능한 것처럼 들립니다. 절대 권력은 반드시 부패한다는 것과 맥을 같이 하는 것 같습니다.

그만큼 세속의 가치 중에 제일 높게 치는 돈과 권력 앞에 인간의 숭고함이 쉽게 무너진다는 것을 의미하며, 역사적으로도, 또 오늘의 우리 주변의 다양한 뉴스를 통해서도 공감이 되는 말입니다.

요즘처럼 광명한 세상에서도, 우리의 가정에서 이해하고 받아들이기 어렵지만, 아직도 폭력 가장이 있다는 이야기가 있는 것을 보면, 쉬운 문제는 아닌 것 같습니다. 성경에서 가르치는 타락한 군주들이나 부족장들의 이야기도 있지만, 반대로 가장 이상적인 모습의 가정을 꾸리신 성가정에 관한 가르침도 있습니다. 특별히 요셉 성인은 가장으로서 친교와 일치를 이루어 내신 대표적인 모습으로 성경은 우리에게 가르칩니다. 전승에 의하면 공생활 하시기 전까지 목수 일을 하시며 사셨던 요셉 성인은 자신을 드러내기보다는 하느님의 뜻이 자신의 가정 안에서 이루어지고 있는 거룩함을 지켜 내셨습니다. 삼위일체 하느님께서, 일치와 사랑의 관계를 보여 주신 것처럼, 우리 모든 가정들도 주님을 닮아, 일치와 사랑의 관계 속에서 주님께서 주신 나름의 거룩한 소명을 이루는 삶을 살아야 할 것입니다. 우리가 성가정을 본받아 거룩하게 살아야 할 것임을 묵상합니다. 힘이 아니라 인격과 품격으로 가족들에게 다가가는 것이 필요할 것입니다. 우리 모두에게는 스스로 거룩하게 되고, 거룩한 가정을 만들어야 할 소명이 있기 때문입니다.

주님 저희가 오랫동안 익숙한 수직적인 관계보다, 수평적인 대등한 관계 속에서 상호 작용하도록 이끌어 주소서. 삶의 현장에서 다양하게 만나는 저희가 힘을 가지고 있다고 느낄 때, 저희 자신보다 다른 사람들을 위하여 그 힘을 쓸 수 있도록 인도하여 주소서. 혹시라도 저희가 무의식적으로라도 폭력적인 방식으로 힘을 행사하려 할 때 저희를 지켜 주소서. 주님의 이름으로 기도합니다. 아멘.

내가 너희를 사랑한 것처럼 너희도 서로 사랑하여라. 요한 15,12
Love one another as I love you. Jn 15,12

첫인상과 무의식

성찰을 위한 질문: 우리는 카인의 후예로서 왜 있는 그대로 보지 못하고, 선입관이나 고정관념을 통해 사람들을 평가하고 판단하려 하는가?

　우리는 사람들과의 관계에서 첫인상을 중요하게 생각합니다. 서로 잘 알지 못하며 상호 간에 알고 지낸 시간이 많지 않으면, 처음 만났을 때의 태도나 행동이 매우 중요하게 상대방에 대한 인식에 영향을 미칩니다. 대부분은 그냥 무심코 지나치게 되지만, 상호 작용을 하여야 하는 관계라면 더 유심히 관찰할 것입니다. 또는 그런 관계가 아니더라도 소위 말하는 '호감'이 있으면 자연스럽게 관심을 갖게 되기도 합니다. 그렇지만 많은 경우 첫인상은 잘 맞지 않는 경우가 많은 것 같습니다. 매우 피상적이고, 나의 선입관이나 나의 생각의 틀 안에서 만들어진 것이기 때문입니다. 실제 상대방과의 소통이나 함께 하는 시간을 좀 길게 가져보면, 처음 느꼈던 첫인상은 실제와 많이 다름을 알게 되는 경우가 대부분입니다. 사람이라는 것이 겉모습만을 일견해서 보는 것과 함께 하며 겪어 보며 느끼는 것하고는 많은 차이가 있기 때문입니다.

　그럼에도 불구하고, 우리가 만나는 많은 사람들과 충분히 긴 시간을 함께할 수가 없기 때문에, 많은 경우 짧은 시간에 순간적인 판단을 하는 경우가 많습니다. 그런 판단은 구속력이 있거나, 지속되지도 않는 것이기 때문에, 문제가 되지 않을 것이라고 생각할 수도 있으나, 무의식에는 입력이 되는 것임으로 조금은 더 신중해야 하지 않을까 생각합니다. 예를 들어 그냥 지나가는 길에, 어색하지만 화려하게 성장을 한 여인을 보았는데, 나름 지나치면서 참 어울리지 않네 하며 나름의 판단을 하고 지나쳐서 의식적으로는 잃어버린 사안이었지만, 그런 유사한 상황이 꿈에 나타나서, 이상하게도 어려운 상황이 연출되며, 꿈속에서 힘들어하게 되는 경우들이 종종 있습니다.

그래서 가능하면 판단을 유보하거나 관심 있게 보아야 할 것과 보지 말아야 할 것들을 분별하여야 한다는 생각을 하였습니다. 의외로 나이 때문인지 이런저런 내용의 꿈을 많이 꾸게 되는 것 같습니다. 그런 측면에서 무의식의 세계가 어쩌면 우리가 의식적으로 인지하는 것보다 훨씬 더 많은 자료를 입력하여 가지고 있다는 과학자들의 의견이 떠오르기도 합니다.

또 하나는 어떤 사람을 보았을 때 얼굴에서 풍기는 인상으로 그 사람을 판단하는 경우입니다. 사람에 따라 그런 감각이 많이 발달한 관상을 잘 보는 사람도 있습니다. 앞의 첫 인상이 느낌 중심의 판단이라면, 관상은 나름의 이성적인 생각을 통하여 만들어지는 판단이라고 할 수 있습니다. 이것도 선입관이라고 보아야 할 것입니다. 인간은 경험적인 동물이므로, 오늘의 판단은 과거의 경험에 기인하는 것은 어쩔 수 없는 사안이기는 하지만, 그동안 만났던 사람들의 경험을 통해 이런 인상을 가진 사람은 어떻고, 저런 인상을 가진 사람은 어떻다는 나름의 판단 기준이 자연스럽게 형성되어 있는 것입니다. 이런 사람에 대한 나름의 인지 능력은 매우 개인적이고, 불가침의 사안이라 옳고 그름의 기준으로 판단하기는 어렵지만, 그것을 말로 표현하거나 공론화하기도 어려운 사안입니다.

마지막으로 오랜 시간을 함께 한 사람에 대하여서도 우리는 몇 가지 장단점을 중심으로 사람을 평가하는 기준을 갖게 됩니다. 어떤 것을 잘하고, 어떤 것은 잘 하지 못함의 역량 차원일 수도 있고, 다혈질이니, 순한 스타일이니 하는 성격의 기준일 수도 있습니다. 원하든 원하지 않든, 우리는 그렇게 다른 사람들을 평가하기도 하고, 또 반대로 평가받으며 살게 됩니다.

이해관계가 엮일 때에는 좀 더 긴장되고, 더 냉정하게 보려는 것이 인지상정입니다. 그렇지만 분명한 것은 우리가 서로에 대하여 잘 알지 못한다는 것입니다. 아무리 가까워도 사람들 상호 간에 알 수 있는 것은 겉으로 드러난 소위 말하는 빙산의 일각만이 서로 공유된다는 것입니다. 하물며, 첫인상으로 판단하거나, 또는 관상을 보고 판단하는 것이 얼마나 위험한 것인지 우리가 깨달아야 할 것입니다. 사람이라는 것이 자신도 모르는 무의식의 세계에까지 지평을 넓혀 보면, 더 이상 서로 안다는 말을 못 할 정도로 서로 알기가 불가능에 가까운 매우 포괄적인 존재이기 때문입니다.

오늘의 말씀은 인류 최초의 살인 사건이라고 불리는 카인과 아벨의 이야기입니다. 농업을 하던 카인과 목축업을 했던 아벨이 형제이면서도 하느님으로부터 인정받는 것에 대한 갈등으로 아벨을 죽이는 것으로 되어 있습니다. 성경을 통해 구체적으로 잘 파악되지 않지만, 카인과 아벨은 서로에 대하여 같은 형제이면서도 서로를 충분히 알지 못하였고, 그들 각자의 일에 공감하지 못했거나, 인정받고 싶은 욕망의 충돌이라고 볼 수 있을 것입니다. 당시에는 이동하는 목축 사회에서 정착하는 농경사회로 넘어가는 변화의 시기였을 것으로 보이는데, 거기에 어떤 갈등 요인이 있을 것이라는 성서학자들의 의견이 있습니다. 우리 마음 안에 있는 죄를 지을 수 있는 욕망이 있음을 보여 주려 하는 것 같습니다. 분명한 것은 우리가 서로 판단하거나 평가하기보다는 있는 그 자체를 상호 인정하는 자세로, 세상 사람들을 바라보아야 하지 않을까 하고, 오늘의 말씀을 들으며, 묵상하게 됩니다.

⚜

주님 저희가 다른 사람을 평가하거나 판단하지 않도록 이끌어 주소서. 저희는 너무 쉽게 피아를 구분하려 하고 나름의 판단 기준으로 평가하여 줄을 세우려 합니다. 오직 창조주 하느님만이 사람을 판단하실 수 있음을 알고, 저희는 이웃으로 사랑을 주고받는 관계로 남게 되도록 저희에게 은총 내려 주소서. 주님의 이름으로 기도합니다. 아멘.

내가 옳게 행동하면 얼굴을 들 수 있지 않느냐? **창세 4,7**

If you act rightly, you will be accepted. **Gn 4,7**

코칭, 수평적 인간관계

성찰을 위한 질문: 효율과 생산성에 길들여진 우리가 사람들의 잠재력을 이끌어
내기 위한 방안으로 어떤 접근이 좋은가? 충조평판(충고, 조언, 평가, 판단)하지 않
는 우리의 조직 문화는 어떤 확장을 우리에게 줄 것인가?

요즘 코칭을 접하면서 가치관의 대변환이 일어나고 있습니다. 무엇보다
사람들을 대하는 자세입니다. 그간 살아오면서 길들여진 패러다임에 의
하면 어떤 한 사람을 보면 나름의 그 사람에 대한 평가가 먼저 앞서게 됩
니다. 기억에 남아 있는 어떤 행동이나 태도가 그것을 지켜보던 나의 의
견에 반할 수도 있고, 긍정할 수도 있었다면 바로 그런 것이 떠오르며, 그
사람에 대한 순간적인 평가와 판단을 하는 것입니다. 또한 그 판단과 평
가는 대부분이 그 사람이 맡고 있는 업무나, 또는 직위 직책에 따른 것일
때가 많습니다. 그러면서 나타나는 마음의 반응에는 긍정적인 감정이나
부정적인 감정이 따라오거나, 중립적인 감정 등이 따라오게 됩니다.

예를 들어서 임원을 만날 때와 비슷한 나이 또래의 평직원을 만날 때
나름의 생각의 틀은 그들을 차별화하여 대하도록 지시를 합니다. 요즘은
같이 입사한 동기 중에 한 사람은 임원이 되고, 다른 친구는 평사원으로
있는 경우도 많습니다. 후배가 조직 책임자로 역할을 하는 경우도 흔하
게 마주합니다. 물론 역량이 사람마다 모두 같지는 않기 때문에, 나름의

평가 시스템에 의하여 좋게 평가를 받고, 승진의 사다리를 타고 올라간 사람도 있고, 그렇지 못한 사람도 있습니다. 우리가 역량을 지식과 스킬 그리고 태도라고 정의할 때 정말 그 두 사람 간의 역량의 차이가 그 정도로 난다고 생각하는 것이 기존의 사고방식이었습니다.

코칭에서 사람들을 보는 접근 방식은 그렇지 않습니다. 소위 말하는 성공의 차이는 역량의 차이보다는 맘이 잘 맞는 스타일의 상사를 만났거나, 우연히 상사의 맘에 드는 일을 처리하다 잘 보이게 되어 승진까지 올라갈 가능성이 높다는 것입니다. 꼭 역량만으로 해결할 수 없는 사람들과의 관계에서 있을 수 있는 운과 같은 것이 그렇게 차이가 나게 되는데, 더 결정적인 원인이라고 보는 것입니다. 그 말은 누구나 나름의 잠재력을 가지고 있고, 그것을 발휘할 수 있도록 코치해주면, 직면하고 있는 문제의 해결은 물론이고, 더 의미 있는 큰일을 모두 할 수 있다는 가정에서 출발합니다. 어느 직원이 지금 맡고 있는 특정 업무를 조직 내에서 그 업무의 구조적인 비중으로 그 사람을 판단해서는 안 된다는 것입니다. 단지 현재의 맡고 있는 직무가 그 업무이지, 그가 가진 잠재력은 더 큰 비중 있는 일을 담당하고 있는 다른 사람들과 같은 정도로 충분히 크다고 보는 것입니다.

지금까지 살아온 것에 대한 회의가 들 정도로 대전환이 일어나고 있습니다. 코치는 코칭 받는 사람의 문제를 직접 해결해 주는 사람이 아닙니다. 그 문제를 가지고 그 사람이 이미 내적으로 가지고 있는 해결 능력이 발동하도록 지원하고 도와주는 역할을 하는 것입니다. 그 사람을 독립된 한 인격을 갖춘 인격체로 보아 줄 때, 그 사람 안에서 문제를 해결하거나 더 큰 역량을 발굴할 잠재력이 드러나게 된다는 것입니다.

누구나 있을 수 있는 자신의 생각이나 선입견, 또는 고정관념과 같은 프레임에 사로잡혀 있을 수는 있지만, 그 문제를 해결하거나 견디어 낼 수 있는 능력은 충분히 가지고 있다고 보는 것입니다. 매우 열린 자세이고 개방형의 사고의 틀입니다. 단지 코치는 그런 그 내용이 어떤 것이라도, 기존에 가지고 있는 생각의 틀에서 벗어나도록 다양한 방법을 통해, 긍정적인 접근 방식으로 도와주는 역할을 하는 것입니다.

좋은 코치가 되기 위해서는 이렇게 사람들을 보는 시각을 올바르게 갖추는 것이 무엇보다 먼저 선결되어야 할 것이라고 생각합니다. 여러 스킬이나 방법론을 배우지만, 어떤 시각으로 사람을 보느냐가 더욱 중요하기 때문입니다. 왜냐하면 오랜 사회생활의 결과로 효율을 중시하고, 나름의 권위적인 문화 아래서 우리는 많은 부분 그렇게 쉽게 다른 사람을 판단하는데 길들여져 왔기 때문입니다.

하나의 팁이 있는데 바로 호기심입니다. 기존에 우리가 알던 어떤 판단 내용보다 훨씬 더 큰 잠재력이나 역량이 있을 것이므로 그런 것을 알아가는 데 호기심이 크게 작용합니다. 미처 생각하지 못했던 지식이나 스킬 또는 태도를 경험할 때 우리는 큰 기쁨과 보람을 느끼게 될 것입니다. 그간 우리는 빙산의 일각만으로 어떤 사람을 평가하고 판단했다면, 물밑에 있는 진짜 그 사람의 본질을 만나게 되는 엄청난 기쁨의 순간을 만나게 하는 것이 코치들이 하여야 할 일이기 때문입니다.

이렇게 모든 사람을 온전한 인격체로 대우하며, 충분한 잠재력을 갖춘 존재로 대우하려는 코칭의 패러다임이야 말로 앞으로 선진국으로 나아가는 데 꼭 필요한 역량이라고 생각합니다.

아울러 생명의 주인이신 주님께서 보시는 우리 인간들에 대한 지평도 다르지 않을 것 같습니다. 누구나 독립적으로 나름의 소명을 가지고 이 땅에 부르셨기 때문입니다. 누구도 함부로 할 수 없는 고귀한 인격적 실존의 주체임을 우리가 깨달아야 할 것입니다. 모든 사람들이 오늘의 주님 말씀처럼 주님의 사랑의 범위 안에 모두 있기 때문임을 묵상하는 오늘입니다.

⁎

주님 저희가 사람들을 온전한 인격체로 볼 수 있도록 저희를 이끌어 주소서. 선입견이나 고정관념에서 벗어나 있는 그대로의 주님께서 사랑하시는 아들딸로 바라볼 수 있도록 저희의 안목을 바꾸어 주소서. 기존의 생각의 틀을 부수고, 온전히 주님의 뜻인 열린 자세로 세상을 보도록 저희에게 자비를 베풀어 주소서. 주님의 이름으로 기도합니다. 아멘.

너희 가운데 아들이 빵을 청하는데 돌을 줄 사람이 어디 있겠느냐? 마태 7,9
Which one of you would hands his son a stone
when he asks for a loaf of bread. Mt 7,9

통합과 치유

성찰을 위한 질문: 우리가 살아가면서 만나는 집착의 뿌리는 어디인가? 성과를 위한 지나친 경쟁은 수단을 정당화하는 것이 하느님의 뜻에 맞는 처사인가?

역사적인 위대한 인물들의 일생을 보면 나름 천재적인 성향을 가지고 태어난 면도 있겠지만, 많은 학자들은 그들의 몰입에 대하여 말합니다. 그것이 인문 분야이든, 자연과학 분야이든, 나름의 성과를 얻기까지 그들의 관심 주제에 비상한 집중 및 몰입은 그들에게 그동안 발견하지 못했던 새로운 세상을 보여 줄 수 있게 되는 것입니다. 몰입에 대하여 체계적으로 정리한 칙센트미하이 박사는 그런 몰입은 나름의 상승작용이 있어서 즉 몰입할수록 성과도 나오지만 우리의 신체 반응도 쾌감 속으로 빠져들기 때문에, 나름의 중독 현상이 있다고 말합니다. 우리 몸의 내분비계통의 작용이라고 설명합니다. 그 과정이 어느 정도까지는 힘이 들지만, 그것을 넘으면 그 당사자는 나름의 기쁨의 과정 속으로 빠져드는 경험을 할 수 있기 때문입니다.

우리의 생각의 틀이나 이념도 마찬가지입니다. 한 가지에 매몰되어 집중하게 되면 점점 더 그쪽으로 빠져들게 되고, 나름의 고착화된 극단주의로 갈 가능성이 있습니다. 그것이 진보이든 보수이든 또는 어떤 사상이나 종교이든 근본주의나 극단주의로 가는 것은 우리를 황폐하게 할 가능성이 높다고 봅니다. 무엇보다 극단은 자신만 보이고, 다른 극단을 적대감으로 보기 때문에, 자신 이외의 어떤 의견도 들리지 않고, 들으려 하지도 않게 됩니다. 명확한 편 가르기가 되고, 전선을 형성하는 쪽으로 연결되기 때문에, 평화나 협력이 없고, 살아가면서 필요한 공감 같은 것과도 거리가 멀어지게 됩니다.

어쩌면 그 결과로 나오는 편 가르기 같은 것은 우리나라가 심하다고 했지만, 미국이나 유럽 등의 거의 모든 나라에서 공통적으로 나타나는 현상이라고 생각합니다.

어제는 미국의 46대 바이든 대통령의 취임식이 있었습니다. 약 22분간 진행된 취임식 영상을 보면서 얼마나 갈라진 국민들의 마음을 의식해서인지 미국의 통합에 대하여 여러 번 이야기하며 자신은 민주당 출신이지만, 미국민 전체의 대통령임을 강조하였습니다. 아주 치열하고 도발적인 상황이 많이 연출되면서 미국민을 분열시킨 트럼프 전 대통령에 대한 치유자로서의 역할을 하겠다고 자처하였습니다. 무엇보다 우리나라와 같은 동맹들에게 힘이 아닌 모범을 보이는 대통령이 되겠다고 했습니다.

불평등을 기반으로 만들어진 편 가르기의 현상은 우리를 힘들게 하는 주원인으로 작동하고 있습니다. 바이든 대통령이 통합을 많이 말하였지만, 결코 쉽지 않은 것이 미국을 비롯한 우리나라, 세계 도처에 그런 편 가르기 식의 극단적인 의견들을 가진 사람들끼리 집단을 이루어 힘을 과시하고 있기 때문입니다. 그리고 상대를 만들어 대적하는 모습을 띠고 있습니다. 말이 그렇지 사실 어떤 때 보면 사생결단을 하겠다는 결의로 전쟁을 방불케 하는 경우도 많은 것이 현실입니다. 여러 원인을 이야기할 수 있겠지만 신자본주의를 바탕으로 경제적인 성장의 열매들이 고루 분배되지 못하고, 한쪽으로 쏠리며, 경제적인 양극화가 만들어진 것이 가장 큰 원인이라고 볼 수 있을 것 같습니다. 최근에 발간된 마이클 샌델의『공정하다는 착각』을 읽었는데 그 책에서도 역시 같은 내용을 다루고 있습니다. 저자는 세계에 만연한 능력주의에서 그 모든 문제의 뿌리를 찾고 있습니다. 우리나라도 그렇듯이 능력주의 뒤에는 갖은 수단과 방법을 동원하여 능력을 만드는 여러 편법이나 지름길을 만드는 것들이 또 저마다의 비즈니스의 탈을 쓰고 치열하게 벌어지고 있기 때문입니다. 그래서 '능력주의는 모두에게 같은 기회를 제공하는가'라는 부제를 달고 있습니다.

우리가 사는 이 세상에서 그 기준이 될 수 있는 도덕적, 윤리적 기반은 그 뿌리를 하늘에 두고 있어야 한다고 봅니다. 사람으로서 지켜야 할 도리나, 마땅히 짊어져야 할 의무도 모두 인간으로서 인간들 앞에, 나아가서 하느님 앞에 얼마나 떳떳하게 설 수 있는지가 우리의 도덕률이며 마땅히 지켜야 할 인간의 길입니다. 그런 배경으로 오늘의 말씀처럼 통합과 치유의 하느님께서는 우리 죄를 용서하시고, 부족한 우리를 끝까지 포기하지 않으시며, 우리를 사랑하시고, 우리에게 자비를 베풀고 계심을 묵상하게 됩니다.

주님 저희가 극단적으로 편향된 이념이나 생각의 틀에 빠지지 않도록 이끌어 주소서. 저희는 열심히 한다는 미명 아래 너무 쉽게 특정 사안에 빠지게 됩니다. 잘못

빠지면 수렁에 빠지는 것을 미쳐 깨닫지 못하는 경우도 많기 때문에, 주님 저희가 주님의 뜻 안에서만 움직일 수 있도록 주님 저희에게 자비를 베풀어 주소서. 주님의 이름으로 기도합니다. 아멘.

나는 그들의 불의를 너그럽게 보아주고,
그들의 죄를 더 이상 기억하지 않으리라. **히브 8,12**
I will forgive their evildoing and remember their sins no more. **Heb 8,12**

제4장

향기 나는
그리스도인으로
살아가기

바오로 사도는
우리는 그리스도의 향기라고 하였습니다.

세상 사람들에게 그리스도의 향기를 선사하고,
나아가서 우리 스스로도
그리스도의 향기가 묻어나는
사람이 될 것을 지향합니다.

오로지 그리스도 안에서,
그리스도와 함께 살 때에만
그리스도의 향기가 나게 됨을 깨닫게 됩니다.

세상 한가운데에서 살지만,
그리스도인답게 살아갈 수 있게
저희가 주님께 간절히 청합니다.

그리스도 안에서 '나다움'이란

성찰을 위한 질문: 성령께서 우리 마음 안에서 활발하게 그리고 자유롭게 활동 하시도록 하기 위해 우리가 가져야 할 마음가짐은 무엇인가? 선입관이나 고정관 념을 주님 안에서 해소하려면 무엇을 하여야 하는가?

성장하면서 스스로 깨닫게 되는 것 중에 하나가 '나다움'에 대한 것입 니다. 자의식이 생기면서, 다른 사람들과 다른 나는 어떤 사람이 되어야 하는지에 대한, 깨달음이라고 할 수도 있습니다. 위인들의 전기를 읽고, 학교에서 바람직한 모습의 사람이 가져야 할 품성들에 대하여 배우면서, 자신만의 모습을 그려보기도 하며, 나름의 관심 있는 방향성이 결정이 되면, 거기에 대하여 생각도 많이 하게 되고, 관련된 선각자들의 생각을 파악하기 위하여 특정 사조나 특정 인물에 대한 책을 찾아 읽기도 합니 다. 내용과 형식은 조금씩 다르더라도 사람들은 그런 과정을 통하여 자 신만의 생각의 틀이나 이념이나 신념 또는 가치관들이 형성됩니다. 그 강 도에 따라 어떤 사람은 자존감이 매우 강하여 다른 사람에게 위세가 느 껴질 정도의 사람도 있고, 또 어떤 사람은 자존감이 약하거나, 또는 나름 의 강한 내적 힘을 가지고 있더라도, 겉으로는 잘 드러내지 않는 사람도 있습니다. 그런 외유내강이라고 부르는 성격 유형의 사람들이 사회적으 로 성공하는 경우가 많다고 합니다. 그들은 매우 신중하고, 다른 사람들에게 겸손하며, 자신을 겉으로 잘 표현하지 않는 사람들인 경우가 많습니다.

그러나 나이가 들어가면서 다양한 경험을 통하여, 대부분의 사람들은 자신들의 내적으로 형성된 자신만의 '나다움'으로 표현되는 내적인 것들이 고착화되는 경험을 합니다. 자신의 경험으로 확인한 내용들에 대하여서는 그것이 마치 어떤 상황에서도 변하지 않는 진리인 것처럼 생각하게 될 가능성이 높습니다. 그것이 특정한 사람에게 주어진 조건과 환경에서 만들어진 경험치이기 때문에, 다른 사람에게, 다른 환경이라면 그 경험에 의해서 만들어진 것이 똑같을 수 없음을 인정하여야 할 것입니다.

소위 말하는 '꼰대'라 함은 나이가 들어가면서 그들의 시대에 있었던 '시대정신'과 그들만이 경험할 수 있었던 경험치에 대한 강한 신념과 자존감 때문에 다른 시대정신을 가지고 살아가는 세대들과 의견의 충돌이 생기면서 젊은 층의 사람들이 나이 든 사람들을 지칭하는 그들의 답답함과 소통이 불통임을 칭하는 은어로 사용되던 것이 요즘은 많은 사람들이 사용하는 속어가 되었습니다. 특이한 사항은 요즘은 나이 든 사람들이 꼰대라고 불리지 않기 위하여 노력하고 있다는 것입니다. 『90년대 생이 온다』라는 책을 읽거나 'MZ세대'에 대한 다양한 강연, 세미나 등을 참석하는 사람이 모두 꼰대라 불리지 않기 위한 노력의 일환이라고 보입니다. 주요 소비자층이 될 것이고, 직장에서 일하는 직원들의 중심이 그 세대가 되고 있기 때문에 세대 간의 이해의 폭을 넓히기 위한 노력은 아무리 강조해도 부족하지 않을 것 같습니다. 그 이전 어느 세대보다 이런 노력들이 활발한 것은 우리 사회의 발전을 위해서도 바람직하고, 개인들의 유연한 사고의 폭을 갖게 하는 것도 또 다른 우리 사회의 수준을 높이는 것이라고 생각합니다. 어쩌면 대부분의 가정에서 가장의 권위적인 태도나 자세 때문에 삶이 너무 힘들고 어려웠던 경험에 비추어 보면, 가부장적인 권위보다는 가족들과 함께 누리는 행복감이 더 큰 가치로 여기는 것이 지금의 가장들의 변화되는 모습입니다.

그리스도인으로서 이런 내적인 자의식의 성장과 함께 고려할 사안이 우리 믿음의 수준입니다. 서양처럼 교회에 충실하게 출석하는 것과 관계없이 그들의 문화가 그리스도교를 배경으로 하기 때문에, 그런 내적인 각자의 '나다움'에는 주님의 가르침이 녹아 있는 반면에, 우리는 산업 발전기를 빠르게 지나면서, 경쟁과 사회적인 성공과 같은 것들이 의식의 중심에 들어오고, 어려서부터 신앙을 가졌다 하더라도, 믿음이 액세서리처럼 여겨진 것이 사실입니다. 어떤 사람들은 살아가면서 필요한 스펙 정도로 생각하는 사람도 있어서 많이 놀랐던 적도 있습니다.

삶을 뒤돌아보고 나름의 여생을 준비하는 이 시점에 그리스도를 마음 안에 가장 높은 자리에 두게 되고, 나머지 세상의 여러 가치들에 대한 깊은 애착이나 생각의 비중을 낮게 두다 보니, 얼마나 평화로운지 모릅니다. 그런 일은 우리 마음 안에서 성령께서 주관하시기 때문에, 성령의 활동이 잘 이루어지도록 열린 자세를 견지하고, 주님께 내어 맡기는 기도 생활이 꼭 필요함을 깨닫게 합니다. 이미 어려서부터 머리로는 알고 있었지만, 그 중심에 들어가지 못했던 주님께 온전히 가슴으로 의탁하는 믿음이 정말 소중함을 깨닫게 됩니다.

주님 저희가 고정관념과 선입관에서 벗어나 열린 자세로 살아 성령께서 저희 안에서 활동하도록 이끌어 주소서. 성령의 활동을 통하여 예수 그리스도를 닮는 삶을 살며 그리스도를 저희의 모든 가치 중에 최상위에 두고 살아갈 수 있도록 저희에게 자비를 베풀어 주소서. 주님의 이름으로 기도합니다. 아멘.

네 믿음이 너를 구원하였다. 가거라. 여기에서 벗어나 건강해져라. **마르 5,34**
Your faith has saved you, go in peace and be cured over your affliction. **Mk 5,34**

그리스도의 지체들

성찰을 위한 질문: 바오로가 그리스도 공동체를 그리스도의 몸으로 이해한 것이 우리가 교회를 이해하는 데 어떤 영향을 미치는가? 오늘을 사는 우리는 그리스도 공동체로서 머물지 않고, 세상의 약자들과 연대하는 확장된 공동체와 지체로서 역할을 위해 우리는 무엇을 하여야 하는가?

요즘 MZ세대에 관련한 다양한 형태의 강연이나 세미나, 교육 등이 진행되고 있습니다. 물론 대상은 그 이전 세대입니다. 밀레니얼세대를 80년대 출생한 사람부터 보기 때문에 대체적으로 40대 이후의 사람들이 MZ세대의 다양한 특성과 다르게 일어나는 현상을 배워서, 사업적으로, 또 일상을 살면서 더불어 살아가는 법에 대한 통찰력을 키우기 위해서입니다. 여러 가지 특징이 있지만 개인주의 성향이 강하고, 팀워크를 이루어 일하는 것에 대한 거부반응도 있지만, 태생 디지털 세대이기 때문에, 생각과 뜻이 비슷한 사람끼리 연대하여 개인 혼자 힘으로는 할 수 없는 일들을 도모하고, 나름의 힘을 만드는 것이 또 그들의 특징입니다. 그전 어느 세대보다 안정적으로 성장하고 공부했으며, 부모 세대들이 이룬 다양한 성과를 누렸지만, 부모 세대보다 가난한 세대가 될 것이라고 합니다. 그들이 추구하는 가치 중에 공정성이 가장 크게 다가옵니다. 무엇보다 환경보호나 공공선을 우선하기 때문에, 이런 것에 문제가 되는 기업에 대해서는, 불매 운동을 하거나 공개적으로 폭로하는 활동들을 적극적으로 하고 있기 때문입니다. 대부분의 강사들은 잘 이해를 못 하는 청중들에게 세대 간의 문제이기 때문에 이해하기 어렵지만, 이해하여야 한다고 말합니다. 요즘에 20~30대를 이루는 MZ세대가 소비의 중심이고, 가장 왕성하게 일할 수 있는 위치에 있기 때문입니다. 그들을 무시하거나 간과해서는 사업도, 성장도, 나아가서 가정 공동체도 유지 발전하기가 어려울 것이라고 합니다. 개인적으로 생각하기에 MZ세대가 우리 사회의 중심 역할을 하게 될 쯤이면, 경제적인 선진국을 넘어 명실공히 선진국의 가치를 실현해 내는 그런 사회가 될 것으로 믿고 또 기대가 됩니다.

바오로 사도는 그리스도교 모든 공동체 구성원을 그리스도를 머리로 하는 각 지체로 정의하였습니다. 사람은 태생적으로 자기중심적입니다. 각 개인의 욕구와 욕망을 잘 활용하면 개인뿐 아니라 공공의 발전을 위하여 크게 기여할 수 있지만, 많은 경우 개인을 중심으로 치우치게 되면, 공공선을 해치게 되고, 이웃에게 피해를 주게 되는 것이 고금을 통하여 우리가 배우고 알게 된 것입니다. 바오로 사도도 그런 측면에서 각 지체로서의 역할을 충실히 하면, 지체의 성장과 발전뿐만 아니라 그리스도를 머리로 하는 전체 공동체의 이익과 공공선을 이루어 가게 될 것이라고 선언하고 있습니다. 그래서 '개인 그리스도인'보다 '공동체로서의 그리스도인'이 더 큰일을 할 수 있고, 각 지체로서의 개인들도 발전을 이루어 낼 수 있다는 것이 바오로 사도의 사상입니다.

예전과 다르게 본당 공동체의 구성원들도 다양한 분야의 전문직에 종사하시는 분도 많고, 나름의 리더십을 발휘하여 사회 전체에 기여하시는 분들도 많기 때문에 과거에 비해 사목 활동이 어렵다고 말씀하시는 분들도 계시지만, 역시 기성세대가 MZ세대를 보는 것처럼 고정관념 때문이고, 그리스도를 머리로 하여 다양한 경험과 역량을 갖춘 지체로서의 각 구성원을 바라보면, 과거 어느 때보다 다양하고 복잡한 현재 환경에 훨씬 더 풍성하게 교회 내에서 역할을 할 수 있을 것으로 봅니다. 한 지체가 고통을 받으면 다른 지체도 고통을 받고, 한 지체가 영광을 받으면 다른 지체도 영광을 받는 것처럼(1코린 12,26) 각 지체들은 긴밀하게 연결되어 있고 상호작용하기 때문에 주님의 뜻을 이 세상에 펼치는데 함께 역할을 하게 됩니다. 손이 발를 돌보고, 발이 손을 위하여 수고하는 것이 우리 교회 공동체에서 이루어내야 할 덕목이며, 그것이 곧 우리의 삶의 모습이 될 것입니다. MZ세대가 생각과 뜻이 같은 사람들끼리 쉽게 연대하는 것처럼 그리스도를 머리로 하는 우리 공동체에서도 이미 이루어진 연대를 우리만의 이익이 아니라, 사회 전체적으로, 나아가 인류 전체를 위한 생태 및 환경, 미얀마 사태와 같은 이슈에 공동 대응하는 것처럼 인격의 존중과 보호를 위한 활동 등의 공공선을 이루는데, 개인의 힘으로는 어쩔 수 없는 것들을 공동체의 모습으로, 나아가 사회 각 계층과의 연대하는 모습으로 일을 도모하며 실천하여야 할 것입니다. 그것이 곧 주님의 뜻이고 사도 바오로가 그의 공동체들에게 전한 메시지이며, 아울러 오늘의 우리에게 주는 메시지이기 때문입니다.

❦

주님 저희가 그리스도를 머리로 하는 한 지체임을 깨닫고 전체 가운데에서 부분을, 부분이 또 전체에 영향을 주어 나름의 공공선을 이루는데 참여하도록 이끌어 주소서.

저희는 너무 쉽게 개인 이기주의로 가고 있지만, 저희가 그리스도 안에 있고 또한 그리스도를 머리로 하는 한 지체임을 잊지 않도록 도와주소서. 주님 안에서 우리 사회와 인류를 위하여 작은 것부터 실천하며 뜻이 같은 사람들끼리 연대하여 나름의 공공선을 이루는데 참여하도록 저희에게 자비를 베풀어 주소서. 주님의 이름으로 기도합니다. 아멘.

지혜를 통하여 진전을 이루었으니 기회를 주신 분께 영광을 드리리라. **집회 51,17**
Since in this way I have profited I will give my teacher grateful praise. **Sir 51,17**

긍정적인 질문

성찰을 위한 질문: 충고하고, 조언하고 평가하며 그리고 판단하는 것보다 문제가 해결되었을 때의 모습이 어떤 것인지, 또 그때의 느낌이 어떨지를 질문해 보는 것이 더 큰 효과가 있지 않을까요?

매사를 긍정적으로만 본다는 말을 많이 들었습니다. 주어진 환경을 바라보는 시각이나 특별히 어떤 한 개인에 관련된 상황에 접했을 때, 가능하면 긍정적인 면을 먼저 보려고 하는 의도 때문입니다. 그럼에도 불구하고 우리의 문화 환경에서 평가하여, 지적하고 충고하며 조언을 하려고 하는 경향이 있습니다. 나 자신도 그런 것에서 자유롭지 못하기 때문에, 의견이나 입장을 듣기보다는 먼저 잘못된 것을 지적하고 답을 내어 잘못을 고치려 하는 나쁜 경향이 있습니다. 이런 이유로 조언을 청하거나, 자신의 부족한 것을 지적해 주기를 부탁하는 것이 마치 아랫사람이 윗사람에게 윗사람 대접을 제대로 하는 것처럼 생각하는 경우도 있습니다. 이렇게 상하 관계의 수직적 문화가 오랫동안 있어 왔기 때문에, 쉽게 바로잡기가 어렵습니다. 특별히 우리나라에서는 많은 사람들이 군대를 다녀오기 때문에, 젊은 시절, 그러니까 가장 영향을 많이 받는 민감한 젊은 시기에 매우 경직되고 수직적 조직문화의 대표 격인 군 경험을 하게 되어, 좀 더 개방적이고 수평적인 문화 정착에 시간이 더 걸릴 것 같습니다.

산업 발전기를 지나오면서 더 일하고 더 빨리 성취하고자 하는 활동들이 정착되면서 만들어진 것 중에 '빨리빨리'와 같은 것도 있지만, 이룬 성과나 결과에 대하여 만족하지 않으려는 문화가 형성되었습니다. 매사를 적극적으로 보기보다는 보수적으로 보려 하고, 어떤 위협 요인이 나타나면 그것이 전체를 망가뜨릴 것처럼 분위기를 만들어, 경각심을 가져야 한다고 보는 것입니다. 일반 회사에서는 새로운 사업 계획을 80~90% 달성하여 나름 의미 있는 결과를 냈음에도 불구하고, 사업 계획을 100% 달성하지 못한 것에 초점을 맞추어, 직원들을 독려하고 밀어붙이려는 분위기를 만듭니다. 올림픽 양궁 단체전에서 우승을 한 선수가 개인전을 앞두고 "아직도 배가 고픕니다"라는 말을 한 것이 승리에 대한 목표의식이 강한 것으로 회자되기도 하였습니다. 동양적인 문화나 또는 그리스도교적인 문화에서도 겸손이 강조되는 것은 사실입니다. 그럼에도 불구하고 매사를 만족하지 못하는 시각 즉 현실이나 현상에 만족하지 못하고, 긍정적으로 바라보지 못하는 현상은 우리의 삶을 위축시키고 오히려 자신감을 낮추는 효과를 낼 것입니다. 시장 점유율 차원에서 1위와의 차이가 별로 나지 않는 2위를 하여 의미 있는 나름의 성과를 내면서도 목표를 달성하지 못한 것 때문에, 마치 사업에 실패하여 곧 회사가 어떻게 될 것처럼 하는 분위기를 연출하여 직원들에게 전투 의욕을 키우게 하는 때도 있었습니다.

요즘처럼 매사가 빠르게 진행되는 세상에서는 예전처럼 역량을 분석하여 약점을 보완하는 식의 전략은 맞지 않아 보입니다. 그것보다는 강점을 더 강화하여 명백하게 간극을 벌릴 수 있는 포인트에 집중하는 것이 더 일반적입니다. 약점을 보완하여 어느 수준에 오르기까지는 시간과 노력이 많이 들기 때문에, 경쟁력이라는 차원에서 효율이 떨어지기 때문입니다. 강점을 더욱 강화하는 데는 현재의 강점에 강한 긍정적인 마인드가 필요하고, 또한 자신감이 필요하게 됩니다. 매사를 보수적으로 보려는 시각은 사업이든, 개인적인 삶이든 신중함을 이끌어 내어 사람들이 쉽게 저지르는 실수나 자만감을 줄여주는 효과는 있겠지만, 큰일을 도모하기가 어렵고, 그 가운데 있는 사람들의 마음이 불안하게 할 가능성이 높습니다. 행복한 느낌과는 거리가 있어 보입니다.

희망은 우리에게 살아야 할 명분과 의욕을 심어줍니다. 희망은 현재에 기반을 둔 미래의 것입니다. 그런 의미에서 매사에 문제를 지적하고 문제를 해결하는 중심의 삶의 모습은 현실을 부정적으로 볼 수밖에 없게 합니다. 다른 사람의 문제를 지적하지 않았다 해서 그 문제가 없어지는 것도 아니고, 지적을 하며 부정적인 메시지를 남길 때, 그 문제를 해결해야 할 주체에게 희망을 주고, 동기 부여를 하기보다는 부담과 걱정만을 안겨주게 됩니다. 그래서 문제의 지적보다는 문제를 해결했을 때의 모습을 상상해 보도록 질문해 보는 것이 오히려 긍정적인 에너지와 동기 부여를 할 수 있을 것 같습니다. 늘 죄악과 함께 살고 있는 우리가 좀 더 긍정적인 생각과 희망을 갖기 위하여, 이렇게 저렇게 잘못을 찾아내어 지적하는 것보다 스스로 문제를 찾아내어 해결했을 때 느낌이나 의미가 어떨지 질문해 보는 것이, 오늘 주님의 말씀처럼 주님께 자비를 청하는 나약하지만, 주님을 따르는 긍정적인 생각과 자세의 우리들의 모습임을 묵상합니다.

주님 저희가 긍정적인 마인드를 견지하며 살도록 이끌어 주소서. 사랑으로 우리를 이 끄시는 주님의 뜻을 본받는 저희가 되도록, 주님 저희를 이끌어 주소서. 잘못을 지적하기 보다 사랑으로 감싸주는 저희가 되도록 자비를 베풀어 주소서. 주님의 이름으로 기도합니다. 아멘.

오 하느님! 이 죄인을 불쌍히 여겨 주십시오. **루카 18,13**
Oh God, be merciful to me a sinner. **Lk 18,13**

내 마음에 뿌려진 씨앗

성찰이 있는 질문: 하느님 말씀이 전해진 나의 마음의 밭은 어떤 것인가? 성장하거나 변하지는 않는가?

이 험한 세상에 그리스도인으로 산다는 것이 얼마나 어려운지 모릅니다. 우리 스스로가 불완전하고 욕심과 정념의 노예처럼 사는 것도 그렇고, 또 다른 사람들과의 관계도 모두가 내 맘 같지 않으니, 매사가 상대방의 감정에 상처를 내고, 남을 배려하기보다는 모두 자신의 입장에서만 보려 하는 경향이 있기 때문입니다. 그러려니 하고 체념하며 받아들이면 좋겠지만, 실제 그것도 쉽지 않은 것이, 나름의 위치에서 지켜야 할 것이 있고, 우리 마음 안에 주님의 기운이 있어서 매사를 모른 척하거나 무관심하게 지나가면 될 것이지만, 그것도 역시 쉽지는 않습니다. 그래서 믿음이 부족함을 탓하거나, 마음이 편치 않은 경우가 많은데 오늘 복음 말씀인 '씨 뿌리는 사람의 비유'를 통하여 나름 대안을 만들어 보았으면 좋겠습니다.

씨 뿌리는 사람의 비유(마르 4,1-20)로 우리 가운데 심어진 복음의 씨를 우리가 어떻게 하고 있는지 진단하는 경우가 많습니다. 나는 길바닥에 떨어진 씨앗의 주인인가? 아니면 바위 위에, 또는 가시덤불 가운데 떨어진 씨앗일까? 정말 주님께서 그렇게 되라고 가르치신 대로, 나는 30배,

60배 나아가 100배의 수확을 내는 그런 씨앗의 주인인가를 생각해 봅니다. 그런데 일견해서 보듯이 사람의 속성을 길 같은 마음, 바위 같은 마음, 가시덤불과 같은 마음과 좋은 마음으로 구분하여 볼 때, 각 사람을 이렇게 4가지 중의 하나로 분류하는 것은 무리가 있다고 보입니다. 그렇게 나누어 보면 저같은 경우는 세상 걱정과 재물에 대한 유혹과 그 밖의 여러 욕심 때문에 믿음의 싹은 텄지만, 열매를 못 맺는 그런 사람이 될 것입니다. 어쩌면 평생을 그것을 벗어 버리지 못하게 될 수도 있을 것 같습니다. 너무 단편적인 판단이 될 것으로 보여 2가지 방안으로 보면 좋겠습니다. 그 첫째는 성장의 관점입니다. 한 개인의 입장에서 보았을 때 씨앗이 뿌려진 후에 몸과 마음이 성장하듯이 신앙도 성장한다고 보는 것입니다. 처음에는 길 위에서는 뿌리도 못 내릴 정도로 믿음이 작았지만, 바위 수준에 와서는 뿌리만 내리는 단계를 지나, 가시덤불에 와서는 잎이 자라지만, 열매를 맺지 못하게 되지만, 급기야 좋은 땅에 가서는 소출을 내는 믿음으로 성장하는 것으로 볼 수 있을 것 같습니다. 성장이라는 관점에서 점점 우리의 믿음이 깊고 커지는 모습으로 보는 것입니다. 각 단계가 가지고 있는 속성이 점점 개선되는 모습이기 때문에 상징적으로 생각해 본 것입니다. 그리고 두 번째는 이 네 가지 마음이 동시에 적절한 부분으로 나뉘어 공존하는 것으로 보는 것입니다. 그것은 상황과 경우에 따라서 수시로 변하고 있다고 보는 관점입니다. 예의 저 같은 경우 가시덤불로 보는 것은 가시덤불 영역이 제일 많다고 보는 것입니다. 전체적으로 보아서 그렇지, 살다 보면 좋은 땅의 역할 즉 소외되고 어려운 이웃을 돕는 경우도 있고, 남들을 위해 봉사하는 경우도 있습니다. 또 긴장된 대립관계를 만들어 긴장이 높아지고, 추호의 양보도 없이 단단한 바위와 같은 마음도 있어서 주님의 말씀을 떠올리기는 하지만, 뿌리를 내릴 공간도 여유가 없는 때나 경우를 만나게 됩니다. 이해관계 때문에 싸움을 하거나 험한 말을 주고받는 경우가 아마도 이런 경우에 해당될 것입니다. 우리가 가끔은 전혀 그리스도인답지 않은 생각을 하거나, 행동을 하는 경우도 있습니다. 일부러 거짓말을 하여 자신에게 유리하게 하는 경우나, 어려운 처지에 있는 사람들을 못 본 척하거나 회피하는 경우 같은 것이 길 위에 떨어진 경우입니다. 그럼에도 불구하고 세상의 걱정, 돈의 유혹 등의 세속에 대한 욕심을 떨쳐 버리지 못하고 연연해 하는 부분이 제일 많은 것 같습니다.

이에 대한 대책으로 먼저 첫 번째의 경우 성장이라는 관점에서 보면 길바닥을 지나 바위를 거쳐서 지금 가시덤불까지 왔으니, 좀 더 주님의 뜻을 깨닫고 실천하려 노력하여야 할 것입니다. 다행히 퇴임을 하고 사회적으로 만나는 사람들의 수가 줄게 되고, 좋은 마음으로 상호 공감과 도움을 주는 사람들 중심으로 만나게 될 가능성이 높아 빨리 가시덤불을 졸업하고 주님께서 이끄시는 하느님 나라를 향한 여정으로 갈아타야 할 것입니다. 두 번째인 영역으로 볼 때도 인간의 불완전성 때문에 완전히 떨쳐 버릴 수는 없겠지만, 아무래도 앞으로는 좋은 땅의 영역을 점점 더 넓혀 가야 할 것으로 기대합니다. 주님의 뜻은 매사에 편안하게 안주하는 것이 아니라, 세상 속에서, 사람들 가운데에 계시는 주님을 만날 수 있는 생각과 행위를 하여야 함을 말하는 것입니다. 무엇보다 주님의 창조 사업을 계속 이어가기 위하여 이 세상 마칠 때까지 꾸준히 성장하는 것을 말합니다. 젊었을 때의 강도나 내용과는 차이가 있겠지만 생명에 대한 경외심은 역시 역동적인 삶의 모습에서만 찾을 수 있다는 생각을 가지고 있습니다.

세속의 일을 회피하는 것이 아니라, 당당히 맞서고, 선택하고 결정할 때에는 거기에 하느님의 뜻에 맞는 방향으로 결정하는 것이 바람직할 것으로 봅니다. 세속의 눈으로 보면 바보 같은 것일 수 있으나, 하느님의 뜻으로 보면 하늘에 보화를 쌓는 일이요, 경쟁 이상의 가치를 추구하는 공정의 길이 될 수 있기 때문입니다. 그렇게 살아서 이 땅에 작게나마 하느님 나라를 건설하는 일에 기여하는 것이 주님께서 우리에게 주신 소명임을 깨닫게 됩니다.

⚜

말씀이신 주님, 저희에게 주어진 말씀의 씨앗을 잘 가꾸어 내는 좋은 밭이 되도록 주님 저희를 도와주소서. 세상의 걱정과 두려움에 정작 저희는 안식의 시간보다 불안의 시간을 더 많이 보내며 살고 있습니다. 부디 좀 더 주님 안에 머무는 시간과 노력을 하도록 이끌어 주시고, 그것을 통해 세상 사람들에게 도움을 주는 길과 방법을 찾도록 이끌어 주소서. 주님의 이름으로 기도합니다. 아멘.

나는 그들의 마음에 내 법을 넣어 주고 그들의 생각에 그 법을 새겨 주리라. **히브 10,16**
I will put my laws in their hearts and
I will write them upon their minds. **Heb 10,16**

배려와 용서

성찰을 위한 질문: 우리가 3만불이 넘는 국민소득의 국가이지만 아직 선진국이라고 자신있게 말할 수 없는 이유는 무엇이라고 생각하는가? 키우고 가꾸어야할 정신적인 덕목은 어떤 것들이 있는가?

우리가 매일 바치는 '주의 기도'에는 7가지의 청원의 기도가 포함되어 있습니다. 그중에 다른 청원의 기도와 달리 조건이 포함된 청원의 기도가 용서를 청하는 기도입니다. 우리에게 잘못한 사람을 우리가 용서할 것이니 그것을 보아서라도 우리의 잘못을 용서해 달라는 간절함이 담긴 청원의 기도입니다. 주님께서 주신 기도문이지만, 그냥 죄의 용서를 청하는 것보다, 우리에게 부담이 되는 기도문이기도 합니다. 늘 주님께 우리의 용서를 쉽게 청하기는 하는데. 정작 기도문의 내용처럼 우리에게 잘못한 사람을 우리가 우선적으로 용서하는지에 대하여 자신이 없기 때문입니다.

우리에게 잘못하는 이들의 내용이 치명적이거나, 중대한 잘못을 저지르기보다는 대부분이 예의에 어긋나거나, 자존심을 상하게 하는 것 등의 소소한 잘못이 대부분입니다. 물론 여러 이유로 큰 고통을 주거나, 마음의 상처를 주는 등의 일들이 있을 수 있지만, 평범한 사람들에게는 일생을 두고 그런 경우는 그렇게 많지는 않습니다.

우리나라도 이제는 많이 좋아져서 남들에게 폐를 끼치는 일에 대하여 신중하게 대하는 것이 어느 정도 자리를 잡았다고 생각합니다. 어려서 어려웠던 때에는 다른 사람을 함부로 대하는 사람들이 꽤 많았는데 요즘은 그런 경우는 거의 없는 것 같습니다. 가끔 이상한 행동을 하는 사람이 없지 않지만, 사회 보편적으로 받아들여지지 않는 분위기가 형성되어 있기 때문에, 문제시 되지는 않는다고 생각합니다.

다만 아쉬움이 있다면, 남에게 해를 끼치지 않는 것과 배려심이 있는 것과는 약간의 작은 차이가 있는 것처럼 보이지만, 그 차이는 매우 크다고 생각합니다. 이제는 어디를 가든 번호표를 뽑는다든가, 줄을 서서 기다리는 것이 자연스러워졌지만, 정작 어려운 상황에 처한 사람에게 우선적으로 배려할 수 있느냐는 것입니다. 미국에서 본 것인데, 길게 줄을 서서 기다리는데 목발을 짚은 분이 왔을 때, 서로 나서서 맨 앞으로 양보하는 것이 보기 좋았던 기억이 있습니다. 지하철에 앉았을 때도 발을 가지런히 모아서 옆 사람에게 불편을 주지 않으려는 자세와 발을 넓게 벌려서 않는 정도의 차이인데 그 차이를 극복하기에는 그렇게 쉬워 보이지 않습니다. 경제 수준이 올라가는 것이 중요하기는 하지만, 잘 살게 되었다고 꼭 그런 사회문화적인 수준이 함께 올라가는 것 같지는 않습니다.

요즘은 경제적 가치, 즉 돈에 대한 것이 매사에 앞장서서 나오고, 매년 경제성장을 얼마 이상 하여야 하고, 수출이나 소비 관련 지수, 주가의 변동 및 금리, 환율 등 매사가 경제적인 수치 중심으로 사람들의 관심이 집중되는 시대에 살고 있습니다. 물론 사람이 살면서 먹고 사는 문제, 즉 경제도 매우 중요한 사안이기는 하지만, 먹고 사는 생존에 관한 것 말고도 사람들이 누리거나 추구하여야 할 가치가 많이 있는데도 너무 경제 중심적으로만 가는 것 같습니다. 돈이 인생을 잘 살기 위한 수단이지 목적이 될 수는 없는데 말입니다. 그럼에도 우리는 그것을 잊고, 돈이 삶의 목적인 듯 살고 있습니다.

무엇보다 사회적인 관계에서 배려하고 돕는 일들이 우선하는 분위기가 절실히 필요합니다. 모든 것을 나라가 할 수 없기 때문에, 이웃들이 주변의 사람을 돕고, 함께 살아가는 환경을 만들어야 할 것입니다. 어려울 때는 도움을 받을 수도 있고, 또 기회가 되면 이웃을 도울 수 있는 그런 사회가 선진국이 되는 길이라고 생각합니다.

사업을 하던 아내의 친구가 돈을 빌려 갔는데, 상황이 어려워져서 갚지 못하게 된 경우가 있었습니다. 물론 우리도 힘들었지만, 그 친구가 처한 상황을 고려하여, 돌아가신 어머니의 말씀이 아직도 기억에 남아 있습니다. "그렇게 어려운데 얼마나 힘들겠니, 그냥 도와준 것으로 치자" 하셨습니다. 아쉬운 것은 그렇게 가까웠던 고향 친구였는데 연락이 끊겼다는 것입니다. 이제 많은 시간이 흘렀으니, 수소문이라도 해보자고 권해 보고 싶습니다.

무엇보다 마음의 여유가 필요한 대목입니다. 돈이 어느 정도 있어야 그런 여유가 생긴다는 말을 하는 사람도 있습니다. 그렇지만, 그 돈의 정도라는 것이 가지면 가질수록 더 배고프고, 목마른 속성을 가지고 있기 때문에, 자족할 줄 알고, 나름의 여유를 가지는 것이 무엇보다 필요하다고 생각합니다. 돈이 좀 없어도 행복할 수 있다는 신념이 필요하기도 하고, 돈과 매사를 연결해서 보는 안목도 벗어나는 것이 필요하다고 봅니다.

인간을 초월적인 존재로 보는 이유는 다른 동물들처럼 자신과 종족의 보전뿐 아니라, 자신을 넘어선 가치를 추구하며, 그것을 위해 흔쾌히 자신을 희생할 수도 있기 때문이라고 합니다.

정말 어려운 분들도 계시지만, 예전처럼 밥을 못 먹는 시대는 아니기 때문에, 상대적인 빈곤이나 박탈감을 극복하기 위해 먼저 배려하고 용서하는 것이 우리의 행복 수준을 높이고, 선진국으로 가는 데 꼭 필요한 사안이라고 생각하게 됩니다.

그리스도인들은 기도하기 전에 용서할 이웃에게 사죄하거나 화해한 후에 제단에 예물을 바치고 기도하라고 배웁니다.(마태 5,23-24) 작게나마 배려하고, 이웃을 돕는 행위를 실천으로 살아 내어야 참 그리스도인이 되는 것임을 묵상하게 됩니다.

저희가 이웃 사랑을 실천으로 살아 내도록 저희를 이끌어 주소서. 사소한 것 같은 이웃들에 대한 배려와 도움을 주는 것을 생활화하도록 저희에게 은총을 내려 주소서. 주님을 닮는 삶을 살아 이 세상에 하느님 나라를 이루어 가는 데 작지만 기여하도록 도와주소서. 무엇보다 매 순간을 만족할 줄 아는 우리가 되도록 주님 저희에게 자비를 베풀어 주소서. 주님의 이름으로 기도합니다. 아멘.

너희가 저마다 자기 형제를 마음으로부터 용서하지 않으면,
하늘에 내 아버지께서도 너희에게 그와 같이 하실 것이다. 마태 18,36
So will my heavenly father do to you.
Unless each of you forgives his brother from his heart. Mt 18,35

우르비 에트 오르비(Urbi et Orbi)

성찰을 위한 질문: 어려운 때나 위기의 순간에 나는 어른으로서의 역할을 제대로 한 적이 있었는가? 수평적인 관계를 유지하다가도 긴급한 상황에서는 수직적인 관계를 만들 수 있는가?

처음 코로나가 전 세계를 강타했던 지난해 3월 28일 교황께서는 전 세계 사람들을 위한 특별 기도와 강복 즉, 우르비 에트 오르비(Urbi et Orbi: 로마와 온 세계에)를 거행하셨습니다. 특별 기도를 주례하시기 위해 비에 젖은 텅 빈 성 베드로 광장을 홀로 걸어가시는 교황의 모습을 TV 화면을 통해서 보면서 이렇게 어려운 때에 어른의 모습을 볼 수 있었습니다. 저녁이 온 것 같다고 시작하시며, 칠흑 같은 어둠이 우리의 광장들과 우리의 거리, 우리의 도시들 위로 몰려들었고 우리의 생명을 빼앗아 가면서, 쥐 죽은 듯한 정적과 괴로운 공허감으로 모든 것을 채우고 있다고 우리의 현실을 표현해 주셨습니다. 그리고 두렵고 어려운 우리의 입장을 오늘의 복음에 나오는 예상치 못한 험난한 폭풍에 힘들어하던 제자들의 모습과 연계하여 주님께서 말씀하신 '두려워하지 마라 그리고 용기를 내어라'라는 말씀을 우리에게 전달해 주셨습니다. 우리가 지구촌이라는 말을 쓰듯이, 한순간에 전 세계가 팬데믹으로 연결된 것처럼, 이 지구촌에 사는 모두는 한배를 타고 있다고 교황께서는 지적하셨습니다. 약하고 혼란에 있는 우리에게 필요한 것은 모두가 함께 노를 저어야 한다는 것이며, 각자가 다른 사람을 위로해 줘야 한다는 연대의 중요성을 말씀해 주셨습니다. 어려움을 극복하기 위해 힘을 모으고 한 방향으로 나아갈 것을 주문하셨습니다. 그리고 주님께 계속 믿음이 약하고 두려움에 차 있는 우리가 두려워하지 말고 용기를 가질 수 있도록 은총과 축복 그리고 건강을 주십사 하고 간절히 하느님께 청하는 그 어른의 모습이 지난 일 년의 시간을 지나오면서 우리 머릿속에 큰 위로와 용기를 잃지 않게 하는 버팀목이 되었습니다.

우리나라의 산업 발전기를 살아온 우리 세대는 학생 운동, 민주화 운동 등의 한가운데에 있었기 때문에, 데모도 많았고 이런저런 법률 위반으로 많은 사람이 구속되기도 하고 탄압을 받았던 시대를 살았습니다. 민주화와 산업 개발이 공존할 수 없었던 시대였기 때문에 상대적으로 피해를 보거나 희생을 강요당한 사람들이 있었고 그 결과로 시위와 데모들이 자주 있었습니다.

그 과정에 공권력과의 대치나 충돌로 인해 많은 사람이 잡혀가거나 투옥되거나 목숨을 잃기도 하였습니다. 이런 혼란의 시대에 돌아가신 김수환 스테파노 추기경님이 함께하셨습니다. 정치권력이나 돈 있는 사람들을 향하여 바른 말, 쓴소리를 하신 분으로, 소외되고 어려운 분들을 대변하는 것을 자처하셨습니다. 당시 우리 모두는 김 추기경님을 우리들의 어른으로 생각하고 존경하였습니다.

이미 둘이나 세상을 떠났지만 우리 4남매의 정신적인 기둥은 돌아가신 어머니였습니다. 각자가 가지고 있는 개인적인 어려움을 늘 어머니와 먼저 상의하고, 어머니의 조언이나 결심을 따르며 성장하였기 때문입니다.

특별히 집안이 어려울 때는 어느 누구보다 침착하셨습니다. 공부를 많이 하신 것은 아니지만 세상 이치에 밝았고, 무엇보다 깊은 신앙의 힘으로 삶의 어려운 여정을 이겨 나가시는 모습을 통해 우리 집안에 어른으로 우리 형제들은 기억하고 있습니다.

요즘은 직장이나 가정에서 모두 권위적인 분위기가 사라지고 있는 경향이 있기 때문에, 과거의 우리의 직장에서 또는 가정에서의 어른들의 모습은 요즘 쉽게 볼 수 없게 되었습니다. 직장에서는 수평적인 분위기가 만들어지고 있고, 아이들과 친구처럼 지내는 부모들의 모습도 점차 정착되고 있기 때문에, 과거의 개념에서의 어른이라는 의미는 더 이상 통하지 않고, 그 존재감마저 없어지고 있습니다. 그럼에도 불구하고 어느 조직이나 어느 가정이나 어려움과 위기의 순간은 있기 마련이고, 그런 상황에서는 수평보다는 수직적인 단호함과 방향 결정이 필요할 수 있고, 친구 같은 부모 자식 간의 관계보다는 때에 따라서는 가혹하고 단호한 냉정함이 필요한 덕목이 될 것입니다. 우리가 말하는 기존의 어른과 같은 덕목이 필요할 때가 있는 것입니다.

평소에는 수평적인 소통과 친밀함이 묻어나는 관계를 만들어 가면서도, 직장에서의 리더나, 가정에서의 부모들은 그런 이중적인 대응을 염두에 두고 있어야 할 것입니다. 그 자리에 있는 것 자체로서의 어른 즉 '존재로서의 어른'보다는 '역할로서의 어른'이 필요한 시기에 우리가 살고 있다고 보아야겠습니다. 많이 하는 이야기 중에 '아버지가 되기는 쉬우나 아버지 역할을 하기는 어렵다'라는 말과 맥을 같이 하는 것 같습니다.

풍랑 가운데에서 제자들에게 두려워하지 말며, 용기를 내라고 말씀하시는 우리 인류의 진정한 어른이신 예수 그리스도를 믿고 따름을 자랑스럽게 생각하며, 주어진 상황에서 거기에 맞는 어른의 역할을 잘하는 주님을 닮는 우리가 되어야 할 것을 묵상하는 오늘입니다.

⁂

주님 저희가 주어지는 것보다는 상황에 맞는 역할을 잘 하는 저희가 되도록 이끌어 주소서. 어른의 역할은 책임이며, 헌신이며 희생임을 저희가 잊지 않게 하소서. 유연하고 열린 자세로 세상을 바라볼 줄 알고, 상황에 맞는 리더십을 사용할 수 있도록 저희가 단단한 믿음 위에 설 수 있도록 주님 저희에게 자비를 베풀어 주소서. 주님의 이름으로 기도합니다. 아멘.

예수님께서 호수 위를 걸으시는 것을 보고
유령인 줄로 생각하여 비명을 질렀다. 마르 6,49
When they saw him walking on the sea,
they thought it was a Ghost and cried out. Mk 6,49

자신의 마음 읽기

성찰을 위한 질문: 우리는 우리의 마음을 제대로 읽을 수 있는가? 나 자신의 마음의 상태를 표현해 봄으로 타인의 마음도 얻을 수 있지 않을까? 잘 들어 준다는 것은 자신을 내려놓는 것이라는 것에 동의하는가?

사람들이 소통의 수단이 여러 가지가 있지만, 말만큼 크게 영향을 주는 것도 없는 것 같습니다. 매우 직접적인 소통의 수단이고, 빠르게 의사 전달이나 상호 작용을 하기 때문에 어쩌면 인류가 발전해 오는 원동력이 곧 말이었다고 해도 과언이 아닐 정도로 말은 우리의 삶에 매우 밀접하게 연결되어 있다고 보아야 할 것입니다. 그래서 성장하면서 말을 배울 때부터, 바르게 말하는 법, 또는 소통하는 법들을 가르치고, 학교에서도 읽고, 쓰고, 말하기를 가장 중요하게 가르치고 있는 것입니다. 그렇게 사람이 사회를 이루어 살아가는데 절대적인 수단이 말이지만, 다른 한편으로 이 말 때문에 사람들과의 불화나, 다툼 등의 원인이 되어, 인간사의 많은 일들에서 역작용을 하기도 하는 것이 또한 말입니다.

결국 그것은 우리가 하는 말 중에 "열 길 물속은 알아도 한 길 사람의 마음은 모른다"는 말처럼 우리가 말을 하는 상대방의 마음을 알지 못하는 데에서 기인합니다. 혼인하여 함께 살며 자식 낳고 오랜 세월을 살아온 부부에게도 가끔은 이혼과 같은 깜짝 놀랄만한 일들이 벌어지는 것은 상대방의 마음을 내 맘처럼 인식하고 알기가 불가능하기 때문입니다. 가까이 지내는 사람도 그런데 일시적으로 만나거나 일회성으로 만나는 사람들은 상대방을 알기가 아예 불가능하다고 보아야 합니다. 미루어 짐작하거나. 상대방을 무시하고 내 방식으로 대하였다가는 일을 망칠 수도 있고, 제대로 좋은 관계를 만들어가기가 불가능해질 것입니다.

이러한 사람들의 속성을 감안하여 어려서부터 많은 훈련이 필요하다고 봅니다. 토론하고, 토의하는 일들을 많이 하여, 사람들의 마음을 읽어 내거나, 조정하고 조율하면서 상호 이해의 폭을 키우는 것이 매우 중요한 사안이라고 생각합니다. 짧은 시간에 이루어지기 어려운 능력이기 때문에, 어려서부터 키워야 할 살아가면서 매우 중요한 역량이라고 봅니다.

이러한 상대의 마음을 읽는 데에는 물론 말이 가장 중요하다고 할 수 있지만, 또 다른 인간의 속성상 사람의 속마음을 드러내기 위해서는 필요한 전제 조건이 있음을 알아야 할 것입니다. 사람이란 자신을 이해하려 하고 또 공감해 주는 사람에게 끌림을 느끼게 되고, 이해 받고 있다는, 공감 받고 있다는 안정적인 느낌이 들 때에야 자신의 속마음을 들어낼 것이기 때문입니다.

또 마음을 읽는 데에는 말뿐만이 아니라 표정이나 제스처, 기타 행동이나 자세들에 대하여서도 유심하게 관찰하여야 할 사안입니다. 꼭 구체적인 말은 하지 않더라도 자신을 표현하는 방법이 그런 언어 이외의 것으로도 표출되기 때문입니다.

겉으로 보아서는 분명 문제가 있고, 무슨 문제가 있느냐고 물으면, 아무런 문제가 없다고 대답하는 경험을 누구나 해 보았을 것입니다. 그런 경우 물어보는 사람이 이 문제를 해결할 수 없는 사안이기 때문일 수도 있고, 또는 문제의 당사자가 상대방에게 감정적인 앙금이 남아 있어서일 수도 있습니다. 마음이 열릴 조건이 안 되었기 때문입니다.

이렇게 우리 인간들은 사람들 간의 다양한 이해관계와 감정 상태로 인해서 보이지 않는 경계선들이 만들어지고, 결국은 합심하여 좋은 결과를 만들지 못하든지 반목하고, 대립하는 등의 갈등들이 만들어집니다.

우리가 원하는 바람직한 방향은 상대방의 의중을 파악하도록 하는 방안 즉 상대방의 입장이나 감정들을 잘 공감할 수 있어서, 스스로 마음을 열수 있도록 하는 대인관계를 만들어 가야 할 것입니다. 이런 때에 중요한 것이 다른 사람을 조정한다는 느낌을 주지 않도록 진정성이 바탕에 깔려 있어야 합니다. '오해와 이해의 차이는 종이 한 장 차이다'라는 말이 있습니다. 좋은 매너와 태도가 그 차이를 결정할 수도 있습니다.

잘 관찰하고 있는 그대로 느낌을 표현하며, 그 느낌 뒤에 있는 자신의 욕구를 표출하여 부탁하거나 피드백하는 일련의 프로세스가 세계적으로 유명한 마셜 로젠버그의 비폭력대화(NVC)의 원리입니다. 여러 인간 사회에서 일어나는 구체적인 문제가 발생하는 현장의 사례들을 이 네 가지 프로세스를 통해 해결해 나가는 좋은 스킬이라고 생각됩니다. 기회가 되면 책으로만이 아니라 가까운 교육 센터에서 교육을 받아 보려고 생각합니다. 살아가면서 이보다 더 중요한 스킬이 있을까 하고 생각들 정도로 꼭 필요한 역량이라고 생각 들었습니다.

대표적인 이웃 사랑의 방법으로 남들과 좋은 소통을 할 수 있는 기본 역량을 갖추는 것이 주님께서 말씀하시는 이웃 사랑의 기본이라고 생각합니다. 그것이 곧 오늘의 주님의 말씀처럼 우리가 영원한 생명에 들어가는 길이 될 것입니다.

주님 저희가 하는 말이 다른 사람들에게 폭력적으로 다가가지 않도록 이끌어 주소서. 사람들과 원만한 대화를 통하여 소통이 잘되어 각자의 입장에서 상호 이기는 (win-win) 그런 상태를 만들어 가도록 저희에게 자비를 베풀어 주소서. 경우에 따라서는 말보다 더 중요한 침묵이 더 절실한 해답이 될 수도 있음을 저희가 식별할 수 있도록 은총 내려 주소서. 이 모든 기도 주님의 이름으로 기도합니다. 아멘.

이분께서 참 하느님이시며 영원한 생명이십니다. 1요한 5,20
He is the true God and eternal life. 1Jn 5,20

자유의 길

성찰을 위한 질문: 바오로 사도의 말처럼 우리는 모세의 율법으로부터 주님을 통하여 자유로워졌다고 하는데, 우리가 경험하는 세상에서 무엇으로부터, 무엇을 위한 자유를 경험하는가?

바오로의 신학에서 '성령 안에서의 삶'은 그리스도인들이 어떻게 살아야 하는지를 대변합니다. 그리스도 예수님 안에서 생명을 주시는 성령의 법이 우리를 죄와 죽음의 법에서 해방시켜 주신다는 것이 핵심입니다.(로마 8,2) 사람들을 다시 두려움에 빠뜨리는 종살이의 영을 받은 것이 아니라, 우리를 자녀로 삼도록 해 주시는 사랑의 영을 받는 것입니다. 이 성령의 힘으로 우리가 하느님을 '아빠 아버지'라고 부르게 된 것입니다.(로마 8,15) 성령은 그래서 우리의 희망의 원천입니다.(로마 5,5) 우리의 자유의 기원인 것입니다.(갈라 3,1-3) 바오로는 그리스도인들에게 성령 안에서 걸으라고 하느님의 영에 맞추어 살라고 권고합니다.(갈라 5,25-26) 모세의 율법은 그 자체로 문제가 있는 것이 아니라, 사람들에 의하여 율법에 종속되는 율법의 형식론만을 따르려는 율법의 종살이로 변모되었기 때문입니다. 그리스도의 믿음이 오기 전까지는 율법이 우리를 감시하였지만, 믿음이 온 뒤로는 더 이상 우리가 감시자 아래 있지 않다고 사도는 힘주어 말합니다.(갈라 1,23-26)

그리스도인으로서 이 세상을 살면서 세속에서 중요하게 여기는 여러 가치로부터 자유로울 수 있음은 우리가 주님으로부터 받는 큰 축복이며 은총입니다. 매사를 금전적인 잣대로 평가하는 세상에서, 자발적인 가난을 실천하며, 어떡해서든 정상까지 올려놓으려고 하는 권력과 명예의 덫에서 벗어나, 겸손하고 낮은 자리에 서는 것을 즐겨 하며, 남 앞에 서는 것보다 보이지 않는 곳에서 묵묵히 나름의 역할을 하는 그런 우리는, 진정한 자유를 누리며 살게 되는 것입니다. 물질적으로나 정신적으로 가진 것들을 흔쾌히 내려놓고 필요한 사람들에게 나눌 줄 아는 사람이야말로 자유로운 삶을 사는 것이라고 말할 수 있을 것입니다.

많은 사람들을 만나고 또 그 가운데에서 나름의 역할을 함에 따라 사람들에게 인정받거나 좋은 평판을 얻는 것이야말로, 또 다른 의미의 구속이며 그리스도를 따르며 믿는 길에서 멀어질 가능성이 높습니다. 우리가 주님을 닮고 따르는 것은 주님의 뜻을 이 세상에 펼치며 하느님 나라를 만들어 가는 것인데, 주님의 뜻이 아니라 나의 뜻, 인간의 뜻이 앞서게 되면 매사가 세속의 가치 중심으로 옮겨가고 주님을 떠나 살게 될 가능성이 높아지기 때문입니다.

그래서 주님을 따르는 자유의 길은 험난하고 멀기만 합니다. 그럼에도 불구하고 우리는 그 자유를 추구하며 자신의 주변을 면밀히 살피어, 기존의 틀에 얽매여 사는지, 개인적인 이해관계에 얽매여 자유롭지 못한 점이 있는지, 알게 모르게 편협 된 생각을 가지고 있으며 그것이 선입관이 되어 다른 사람들에게 답답함과 불편을 만들어 주고, 궁극적으로 그들에게 피해를 주고 있는 것은 아닌지 살펴보아야 할 것입니다.

우리는 지켜야 될 것을 지키지 못했거나, 하지 말아야 될 것을 한 경우,

또는 할 의무가 있는 것들을 하지 않았을 경우 걱정과 두려움이 앞서게 됩니다. 바오로 사도는 우리가 얽매여 사는 율법에서 벗어나 자유로운 사람으로 새로 태어나는 때에 우리가 두려움에서 벗어나게 된다고 하였습니다. 우리가 주님을 믿고 마음으로 받아들임으로 인해 세상 다른 어떤 두려움으로부터도 해방된 삶을 살게 되는 것임을 오늘 성찰을 통해 묵상하게 됩니다. 그것은 주님 안에, 주님과 함께하는 삶을 통해, 늘 주님께 응답하는 우리의 일상을 통해, 깨어있는 모습으로 사는 것을 말합니다. 많은 것을 가지지 않아도 풍요로운 느낌으로, 기쁨과 거룩하게 살게 되는 마음가짐을 실천으로 살아낼 것을 결심하는 오늘입니다.

주님 저희에게 주님 안에 머물며 늘 기쁨과 행복 속에 살아갈 수 있도록 이끌어 주소서. 저희가 가진 것들을 기꺼이 나누고 소외되고 힘든 사람들과 함께하는 노력을 하여, 주님을 떠나지 않고 주님 안에 머물도록 도와주소서. 주님의 이름으로 기도합니다. 아멘.

나는 하늘과 땅의 모든 권한을 받았다. 마태 28,18
All power in heaven and on Earth has been given to me. Mt 28,18

종말론

성찰을 위한 질문: 종말론적 세계관을 받아들이는 데 어떤 위험 요인들이 현상적으로 나타나는가? 묵시록의 메시지가 어떤 면에서 좋은 영향을 끼치고, 또 어떤 나쁜 영향을 끼치는가?

기원전 2세기부터 기원후 2세기까지 약 400여 년간 많이 유행한 문학 양식이 묵시문학(默示文學)입니다. 묵시(默示 apocalypsis 아포칼립스)는 초기 그리스도교에서 하느님이 선택한 예언자에게 내려주는 '비밀의 폭로' 또는 그것을 기록한 것을 말합니다. 묵시를 기록한 책의 문학 유형을 묵시문학이라고 합니다. 묵시문학에서는 천지창조 이래 현대를 거쳐 종말의 시기까지의 시대 구분과 선과 악의 대비, 악이 지배하는 현대, 종말의 시대에 악의 종식과 죽은 자의 부활 및 최후의 심판 그리고 천국과 지옥과 같은 교의들이 여기에서 나옵니다. 구약 성경에서 에제키엘서, 다니엘서도 묵시문학이며, 그 당시 발행된 수많은 묵시문학 책이 당시의 시대상을 반영하고 있습니다. 신약에서는 요한의 묵시록만이 정경으로 남아 있습니다. 묵시문학에서 대표적으로 다루는 주제가 종말론(終末論 eschatology 에스커털러지)입니다. 종말론은 인류의 역사에서 최종적으로 일어날 사건이나 우주의 마지막에 대한 신학적 이론이라고 할 수 있습니다. 그리스도교의 종말론은 부활 승천하신 예수 그리스도께서 마지막 날에 다시 재림하는 것이 종말론의 중심입니다. 부활은 "마지막 날에"(요한 6,39-40.44.54; 11,24) "세상 끝 날에"[가톨릭 교리서 578] 결정적으로 이루어질 것입니다. 죽은 이들의 부활은 그리스도의 재림과 밀접한 관계를 맺고 있기 때문입니다.[가톨릭 교리서 1001]

이런 묵시론적 세계관은 명확하게 구분하고, 나누려는 경향이 있습니다. 즉, 현세를 무시하거나 피해야 할 대상으로 보고 모름지기 종말론적인 세상의 마지막만을 기대하며 외골수로 살아가는 방법입니다. 묵시문학에 나와 있는 여러 표징이나 상징들을 자의적으로 해석하여, 미래를 예측하고 사람들을 그 방향으로 몰아 공포 분위기를 연출하여, 재산을 헌납하게 하는 등의 사회문제를 일으키는 사이비 종교에서 많이 나타나는 현상이 그 하나입니다. 그리스도교 전통 교리는 부활하신 주님께서 세상 마지막 날에 재림하신다고 한 약속을 믿으며, 그날과 그때는 아무도 모르는 것처럼(마태 24,36) 언제 올 줄 모르는 그 재림의 날을 늘 깨어 있는 자세로, 신랑을 기다리는 준비한 신부처럼 살아갈 것을 가르치고 있습니다.(루카 10, 38-42) 따라서 지금 이 순간이 세상의 마지막 날인 것처럼 잘 준비하고 충실하게 살아야 한다는 개념으로 확장하여 가르치고 있습니다.

요한 묵시록도 수많은 사이비 종교에 의하여 지금 이 순간에도 여러 세상의 종말에 관한 담론들이 쏟아져 나오는데 주 역할을 합니다. 2032년 화성 충돌설, 2060년 뉴턴의 예언설, 2100년 해수면이 올라와 지구가 물에 잠겨 종말한다는 등의 과학적, 신앙적 배경을 앞세워 세상의 종말을 예언하고 있습니다. 이러한 것은 사람들에게 매우 선동적이며, 현실에 정진하지 못하도록 유도하게 됩니다. 주님께서 깨어있는 자세로 지금 이 순간이 세상의 마지막인 것처럼 살라고 말씀하신 것은 이런 선동하는 사람들을 조심하고, 지금 이 순간을 위하여 최선을 다하며 살 것을 말하는 것입니다. 우리가 이 말씀에 잘못 오해가 있을 수 있는 것이 긴장을 늦추지 말라는 말로 들리기 때문입니다. 말 그대로 설명하면 그 말이 맞지만, 바른 생각을 가지고, 주님을 바라보며, 하느님 사랑과 이웃 사랑을 성실히 이행하며 기쁘게 사는 주님의 말씀을 잘 따르라는 말로 받아들여야 할 것입니다. 깨어 기도하는 자세는 주님을 떠나지 않고, 늘 우리를 부르시고 계시는 주님께 응답하는 것이기 때문입니다. 그런 자세는 역시 또다른 의미로 요한 묵시록에서 제시하는 거룩한 천상 도성의 낙원을 그리는 길이 될 것입니다. 주님께서 약속하신 영원한 생명을 누리는 것이 주님과 함께하는 상태임을 묵시록은 그렇게 표현하고 있기 때문입니다.

주님 저희가 주님의 뜻을 따라 늘 깨어 있는 자세로 현실에 충실하며, 주님의 뜻을 이 세상에 펼치는 데 보다 더 적극적으로 살도록 이끌어 주소서. 선동적이거나 긴급하게 우리를 두려움으로 몰아세우는 세상의 여러 이상한 담론에 저희가 현혹되지 않도록 주님 저희와 함께하여 주소서. 주님의 이름으로 기도합니다. 아멘.

너희는 어찌하여 나를 시험 하느냐? 마르 12,15
why are you testing me? Mk 12,15

죽어야 사는 역설

성찰을 위한 질문: 약해지는 것이 강해지는 것이고, 죽어야 산다는 복음적 역설은 우리의 삶에 어떤 의미를 주는가?

그리스도교 신앙의 본질은 부활입니다. 그 부활이 죽음의 희생을 통해 얻어지는 고귀한 사랑의 열매임을, 주님의 수난과 죽음 그리고 부활을 통해 깨닫게 됩니다. 즉, 주님께서 당신의 희생을 통한 예비하신 영원한 생명의 길을 우리에게 선물로 주셨음을 믿는 것이 우리 신앙입니다. 13세기에 거리에서 설교하고, 가난하고 소외된 사람들을 돕기 위한 탁발 수도회를 창설한 성 프란치스코의 '평화의 기도'의 마지막 부분에 "자기를 버리고 죽음으로써 영생을 얻기 때문입니다"가 있습니다. 이처럼 우리 신앙의 본질은 이 역설에 있습니다. 마태오 복음서의 중심은 가르침입니다. 특별히 제자들을, 유대인들을 나아가 이방인들을 가르치는 것이 중심입니다. 그 한가운데에 "행복하여라. 마음이 가난한 사람들"로 시작하는 산상수훈(마태 5,1-7,29)이 있습니다. 산상수훈은 기존의 율법을 뛰어넘고, 인간의 상식, 시장 논리들과 비교하면 모두 역설입니다. 높은 사람이 되려면 낮은 자리에 앉아야 하고, 원수를 사랑하고, 박해하는 자들을 위해 기도하라고 가르치십니다. 이 모든 그리스도의 가르침의 중심에는 지는 것이 이기는 것이요, 좋은 일을 할 때도 남이 모르게 하라고 하는 '이타심'이 있습니다. 하늘에 계신 아버지께서 그 모든 것을 아시고 계시기 때문에, 궁극적으로 나그네 같은 이 지상에서의 성공보다는 영원한 생명을 추구하며 살 것을 주문하십니다.

요즘 '영적지도와 상담'을 배우면서 사람들의 욕구에 대하여 배우며 많은 것을 깨닫게 됩니다. 사람들은 누구나 욕구를 가지고 있는데 불교에서는 오욕이라 하여 재욕(財欲)·색욕(色欲)·탐욕(貪欲)·명욕(名欲)·수면욕(睡眠欲)이라 하여 조심하고 관리하지만, 심리학적인 발달을 통해서 가톨릭에서는 21가지의 욕구로 상담과 영적 지도에 활용하고 있습니다. 그중에서도 과시욕, 공격욕, 애정의존욕, 성적 만족욕, 자기비하욕, 비난이나 실패를 회피하려는 욕구, 그리고 신체적 상해를 피하려는 욕구 등이 '나' 중심으로 강하게 우리를 부추기는 관리하여야 하는 주요 7가지 욕구입니다. 그럼에도 불구하고 욕구의 내용을 들여다보면, 모두 내 이야기를 하는 것과 같은 생각이 들 정도로 건강한 사람이면 누구나 가지고 있는 것들입니다. 오히려 잘만 사용하면, 그런 욕구는 사회 발전과 성장을 위해서도 중요한 역할을 한다고 보아야 할 것입니다. 그래서 욕구는 윤리적으로 중립입니다. 이것이 지나쳐 행동으로 옮겨져 다른 사람이나 자신에게 피해를 입힐 때, 죄도 되고, 악이 되는 것입니다. 문제는 누구나 가지고 있는 이 욕구가 좀 더 강하게 작동하는 사람들이 있을 수 있다는 것입니다. 그것을 '자기 성찰'을 통해 파악하고, 잘 다스리기만 하면 욕구는 오히려 우리 삶의 에너지가 되고, 성장할 수 있는 동기부여의 원천이 된다는 것입니다.

오늘 우리가 성찰하는 그리스도교의 역설도 같은 면이 있다고 보아야 할 것입니다. 여러 형태의 딜이 일어나고, 악착같이 챙기는 사람이 잘 사는 것처럼 보이는 세속의 삶에서, 자신의 욕구를 잘 다스려서 내적으로 생기는 욕구와 상황이나 정황을 파악하여 나름의 손해를 보는 쪽을 선택할 수 있게 하는 것이 결국 우리 신앙의 힘이요, 그리스도의 가르침의 힘이라고 할 수 있을 것입니다. 그럼에도 불구하고, 인간이기 때문에 손해 본 것과 같은 느낌을 받을 수 있지만, 그것도 내적으로 잘 다스려서 좋은 방향으로, 즉 하늘에 보화를 쌓는 모습으로 승화시키는 것이 늘 우리를 부르시는 주님의 부르심에 응답하는 것이 될 것입니다.

손해를 보는 것이 또 다른 욕구의 원인인 피해의식으로 넘어가지 않도록 잘 관리하는 것이고, 주님에 대한 믿음의 힘으로 다스려야 할 부분입니다. 그렇지만 너무 유약한 우리들이기 때문에 우리 힘만으로는 이겨낼 수 없습니다. 기도로 주님께 청하여야 할 것입니다. 그리스도인으로 사는 것은 그런 믿음의 발로로 꾸준하게 기도하며, 주님의 뜻을 우리 마음 안에 지속적으로 녹여 내어야 함을 의미하기도 합니다.

사람들마다 지나치지 않고, 부족하지도 않는 나름의 자기 자신의 선(線)을 만들어 가는 것이 삶이라고 생각합니다. 그런 선은 성장하면서 또 살아가면서 수많은 시행착오를 겪으며 만들어지는 것입니다. 소위 말하는 높은 가치를 추구하는 이성적 자아와 현실적인 이해관계나 자신의 에고를 중심으로 하는 현실 자아의 그 중간의 어떤 선이 될 것입니다. 누구나, 어떤 상황에 맞는 나름의 어떤 선이 있겠지만, 우리는 성장을 추구하며 삽니다.

그중에서 영적인 성장을 도모하며 사는 그리스도인들은 그 선을 좀 더 가치를 향한 이성적 자아 쪽으로, 즉 주님의 뜻이 이루어지는 쪽으로 움직이는 활동성이 더욱 중요할 것으로 생각합니다. 가난하고 소외된 사람들과 함께 하신 주님의 가르침을 우리는 따르며, 죽어야 사는 그분 파스카를 닮는 삶을 살아야 하기 때문입니다.

⚜

주님 저희가 주님을 따라 가난하고, 손해 보는 삶을 살 수 있도록 이끌어 주소서. 우리의 환경은 이전투구의 전쟁터 같은 곳이지만, 지는 것이 곧 이기는 것이요, 손해 보는 것이 이익을 얻는 주님의 역설을 우리의 삶을 통해 실현해 나가는 저희가 되도록 도와 주소서. 저희들 혼자의 힘으로는 어려운 일입니다. 늘 저희를 부르시는 주님께 응답하며, 주님 안에 머물 때만 가능함을 믿습니다. 주님의 이름으로 기도합니다. 아멘.

세상 창조 이전부터 아버지께서 저를 사랑하시어 저에게 주신 영광을
그들도 보게 되기를 바랍니다. 요한 17,24
I wish that they may see my glory that you gave me, because you loved me before
foundation of the world. Jn 17,24

험한 세상 그리스도인으로 살아가기

성찰이 있는 질문: 그리스도인으로 이 부패한 세상을 살아가기 위하여 하여야 할 일과 하지 말아야 할 일은 무엇인가?

직원들과 개인적인 이야기를 나누다 보면 돈에 관한 이야기로 귀착되는 경우가 많습니다. 씀씀이는 많고, 수입은 정해져 있으니 늘 쪼들리고 힘들게 살고 있는 것을 말하는 것입니다. 쉽게 남의 이야기라고 씀씀이를 수입에 맞춰야 된다는 등의 이야기는 그들에게 아무런 감흥도 주지 못합니다. 오히려 반발심이나 불신감을 일으켜 모처럼 사적인 이야기들을 나누며 상호 신뢰를 쌓아 가는 자리가 무너지고 말 것입니다. 그들에게 바라는 바를 이야기하라 하면, 지금보다는 수입이 좀 더 많아져서 가족들과 풍족하게는 아니더라도 하고 싶은 것들을 하며 살 수 있을 만큼 되었으면 좋겠다고 합니다. 그만큼 우리 시대에는 돈이 차지하는 비중이 큰 시대에 살고 있습니다. 과거 어렵게 살던 때보다는 많이 개선되었지만 사람들이 느끼는 상대적인 것에서 오는 감성적인 지수는 오히려 더 박탈감을 주는 것 같습니다. 모두가 다 어렵고 가난할 때는 상대적인 빈곤감 때문에 힘들지는 않았었기 때문입니다. 그러다 보니 부지불식간에 '돈이 있어야 행복하다'라는 생각의 틀이 사람들에게 만들어지고 있는 것 같습니다.

꽤 오래 전에 읽은 기사에 의하면 미국 봉급생활자들은 연봉 7만 불이 넘어가면 급여에 대한 예민한 감각이 둔감해진다고 합니다. 평균적인 일상의 생활에 불편함을 느끼지 않는 수준이라고 말하며, 그때까지는 돈을 버는 것이 각 개인의 행복에 영향을 주었지만, 그 이후부터는 돈과 행복과의 상관관계가 떨어지게 된다는 것입니다. 돈 이외의 봉사 활동, 사회 기여, 기타 품위 있는 활동들이 행복 지수와 상관관계를 만들어 준다고 합니다.

미국과는 환경이 다르기 때문에 얼마 정도의 수입이 우리나라에는 그런 기준이 되는지는 모르지만, 일정 수준 이상의 수입이 되기까지는 돈과 행복과의 상관관계는 있다고 보는 것이 옳은 것 같습니다. 그런 의미에서 직원들에게 충분한 급여를 지급하지 못하면서, 직원들의 행복을 이야기하는 것은 부끄러운 일이라는 생각이 듭니다. 늘 금전적으로 쪼들리며 사는 직원들에게 행복이라는 말이 현실적으로 다가오지 않을 것이기 때문입니다.

반면 다른 한편으로 오늘날 우리는 모든 것을 해결하는 수단으로 돈을 사용하는 시대에 살고 있습니다. 윤리 도덕적인 잘못에 대하여도 벌금으로 해결하고, 죄를 지어도 큰돈을 들여 역량 있는 변호사를 쓰면, 무죄가 되거나 형을 감량 시킬 수 있습니다. 그야말로 유전무죄, 무전 유죄입니다. 사과의 뜻으로 선물을 하게 됩니다. 정성과 성의를 담았다는 이름으로 급행료, 뇌물들이 오가며 사람들과의 관계가 형성되고 유지되고 있습니다. 또 한편으로 옳고 그름의 판단이 실종된 그런 현장에는 오로지 목적을 위해 수단을 가리지 않는 자기중심적인 괴물이 우리 사회를 지배하고 있기도 합니다.

아주 오래전에 읽은 한양대 한정화 교수가 쓴 〈부패한 사회에서 그리스도인으로 살아가기〉라는 칼럼이 있었습니다. 이와 유사한 제목으로 책을 써 보고 싶은 바람이 있습니다. 그리스도인들의 믿음과 신념인 사랑, 정의를 추구하면서 어떻게 이 험한 세상을 그리스도인으로서 살아갈 것인가라는 명제에 대하여 늘 고민하며 살고 있기 때문입니다. "윤리적으로 행동하다가 나만 손해 보면 어떻게 합니까?" "부정직하고 술수가 뛰어난 사람들은 잘 사는데, 왜 나만 이렇게 힘들게 살아야 합니까?"라는 학생들의 물음에 대한 한정화 교수의 대답은 "그것은 너의 신념과 용기의 문제다. 옳다고 믿으면 손해를 보더라도 행동해야 한다. 양심의 평화는 값싸게 얻어지는 것이 아니다. 아무것도 희생하지 않으면서 양심의 평안을 얻고자 하는 자체가 비윤리적이다"라고 하면서도 학생들의 "나만 손해 보면…"이라는 말을 완전히 끊어 내지는 못합니다. 구조적 비리와 부정이 만연한 상태에서, 그리스도인 각 개인들은 어떤 스탠스를 취하고, 지배 구조의 강력한 개혁을 위하여 어떤 활동과 행동을 하여야 할지, 한마디로 '그리스도인으로서 험한 이 세상 살아가기'의 주제는 일생의 과제이며 앞으로 여생의 삶의 주제가 될 것으로 생각합니다. 안락함과 소유에 대한 유혹이 우리를 힘들게 하고, 불의와 타협하는 것이 인생을 잘사는 것이라는 생각이 팽배한 악한 영의 활동이 우세한 이 세상에서 하느님의 자녀요, 그리스도를 통하여 구원의 길을 가는 우리의 자기인식은 그리스도인들의 삶에서 기초가 되는 매우 소중한 것입니다. 이런 흔들리지 않는 믿음 위에서 정의롭고 공정한 세상을 만들어 가는데 기여함은 또 다른 그리스도인들의 책무라고 생각합니다. 세상의 불의와 비리에 동조하지 않는 것뿐만 아니라, 그런 구조적인 문제를 해결하는 것도 그리스도인들이 이 세상을 살아가면서 이루어야 할 소명이기 때문입니다. 거룩한 영의 활동이 우리 사회 전반에서 이루어지는 하느님 나라를 그려봅니다.

⁕

주님 저희가 '예' 할 것은 '예' 하고, '아니요' 할 것은 '아니요' 하는 저희가 되도록 이끌어 주소서. 저희는 너무 자주 세상의 불의와 쉽게 타협하고 안락함과 소유의 유혹에 넘어집니다. 주님께서 저희에게 주신 소명을 다시 점검하고 이 세상에 빛과 소금이 되라 가르치신 그 말씀을 저희 삶으로 살아 내도록 은총 내려 주소서. 주님의 이름으로 기도합니다. 아멘.

주님, 저는 주님을 제 지붕 아래로 모실 자격이 없습니다. 마태 8,8
Lord I am not worthy to have you enter under my roof. Mt 8,8

지적 그리고
인간적 겸손

그리스도의 가르침에서 핵심은 겸손입니다.

낮은 자들에게 구원이 있지,
스스로 높게 되려는 사람에게 구원이 없음을
일관되게 가르치고 계십니다.

이미 받을 것을 다 받았기 때문입니다.

그런데도 우리는 내려놓지 못하고
무겁게 짊어지고 살아갑니다.

주님보다 사람들에게 더 잘 보이고 싶고,
인정받기를 원하기 때문입니다.

주님 안에, 더 낮은 곳에 머물기를 지향합니다.

가까운 이웃 만들기

성찰을 위한 질문: 우리의 이웃은 누구인가 생각해 보았는가? 가까이하는 이웃의 수가 얼마나 되는가? 좀 더 많은 이웃을 가지려면 어떻게 살아야 되는가? 이웃으로 대접 받아 본 경험은 언제였는가?

요즘은 아파트의 같은 라인이라 할지라도 인사 정도는 하지만, 그 이상의 교류는 쉽지 않습니다. 서로 형편이 비슷하여 차 마시러 왕래한다는 분도 계시지만 대부분은 물리적으로는 가깝지만 그냥 그렇게 지냅니다. 무엇이 그렇게 이웃사촌들을 멀리하게 하는지 생각해 보면, 저마다 모두 너무 바쁘게 사는 것이 주원인인 것 같습니다. 주변을 둘러볼 여유도 없고, 심신이 피곤하기 때문에 집에 오면, 밖으로 나가서 하려 하는 것이 별로 없습니다. 그나마 집에 머무는 전업주부들이나 어르신들은 엘리베이터에서 만나면 이런저런 인사말을 주고받지만 그것이 모두입니다. 또 대부분이 살고 있는 아파트의 구조상 출입문이 하나이기 때문에, 이 문이 열리면 나쁜 마음을 먹고 있는 사람들, 예를 들면 도둑을 생각하면 매우 치명적이기 때문에, 항상 잠겨 있어야 한다는 것도, 집과 집을 분리시키고 격리하는 큰 벽의 역할을 하고 있습니다.

지금 생각해도 가난하고 어려웠지만 어려서는 이웃들과 정말 가까이 지냈습니다. 저녁 식사 후에 평상에 같이 나와 이런저런 이야기를 나누거나, 라디오 드라마를 함께 듣기도 하고, 어쩌다 있는 복싱 중계 같은 것도 함께 들으며 지냈습니다. 가끔 부침 등의 별식을 하게 되면 반드시 이웃집 것까지 양을 더하여 나누어 먹었고, 그 집의 여러 가정사들도 거의 우리 집 일처럼 모두 알고 있었습니다. 어려운 일이 있으면 함께 발 벗고 나서서, 내 일처럼 함께했던 것들이 아직도 기억에 생생합니다. 모두 가난하고 어려운 때였기에, 동병상련(同病相憐)이라고 서로 믿고 의지하며 살았습니다.

지금은 아이들을 많이 낳는 시대가 아니지만, 우리 세대만 해도 보통 서너 명은 기본이고 많이 있는 집은 대여섯 명의 형제자매들이 있었습니다. 이 형제들이 자랄 때는 대부분이 비슷한 환경에서 자라기 때문에 별문제가 없습니다. 그렇지만 성장하여 하나둘씩 외지로 나가 나름의 터를 잡고, 경제적으로 독립하게 되며, 형제들 간에 생활 형편에 차이가 생기게 되면 문제가 발생합니다. 자라면서 어려운 환경에서 살 때는 네 것, 내 것에 대한 구분도 명확하지 않고, 우리라는 이름으로 묶여 살다가, 하나씩 독립을 하고 특별히 혼인을 하여 새로운 가족을 맞이하게 되면, 어려서의 우리라는 연대는 훨씬 느슨해지고, 각기 독립된 각자의 보금자리에 나름의 새로운 우리라는 울타리가 만들어지게 됩니다. 문제는 형제들 중에 형편이 어려운 형제가 별것도 아닌 것을 빗대어 자신보다 좀 더 잘사는 형제들에게 서운한 감정을 갖게 된다는 것입니다. 어려서의 한 가족으로서 단단했던 연대를 그대로 유지될 것이라고 생각하고, 무언가 기대하거나, 아니면 형제들보다 더 어려운 자기 입장의 답답함을 그렇게 풀려 하기 때문입니다. 그런 연유로 많은 형제들이 있는 집안의 경우 형제들 간에 좋은 우애 관계가 유지되기가 쉽지 않습니다.

짧은 기간에 압축 성장을 한 우리나라의 경우, 눈치 있게 세태의 흐름을 잘 탄 사람들은 나름의 성공의 가도를 걸었고, 그렇지 못했던 사람들은 그럭저럭 살게 되어 나름의 빈부격차 더 나아가서 양극화를 이루게 되었습니다. 그러다 보니 만나는 사람들이 매우 한정적이 되고, 대부분이 경제 활동 중심의 사람들을 만나게 됩니다. 경제활동은 사람들을 더 바쁘게 만들고, 자기중심적인 생각을 많이 하게 되어, 아무래도 사람들과 유대관계를 만들고 인간적인 좋은 관계를 형성하기가 쉽지 않습니다.

여기서 우리가 주목해야 할 것은 경제 활동이 갖는 폐쇄적이고 이해관계 중심적이며, 특별히 내부 또는 외부 사람들끼리 지속적인 경쟁 관계에 있게 되는 것 때문에 우리의 영혼이 피폐해지고, 마음 둘 곳 없어질 가능성이 높다는 것입니다. 특히 우리 그리스도인들은 그런 상황을 하느님과의 소통을 통해 해소하거나 극복해 간다고 하지만, 주님의 가르침은 그것에 앞서 가까이 있는 이웃들과의 소통을 더 중요하게 말씀하십니다. 하느님께 올리는 제단에 제물을 바치기 전에, 불목하거나 어려운 관계에 있는 형제들에게 먼저 용서를 청하고 화해하기를 원하십니다.(마태 5,23-24) 우리 주변에 가까운 이웃들을 만드는 것이야말로, 어쩌면 하느님의 사랑을 실천으로 응답하는 첫 발걸음이 될 것입니다. 멀어진 형제들이 있으면 다시 관계를 복원하고, 가족이 아닌 가까이 지내는 이웃 몇 명은 꼭 만들어 가는 것이 좋겠습니다. 그런 이웃 사랑을 통하여 그리스도의 사랑이 무엇인지를 상호간에 보여줄 수 있고, 오늘의 말씀처럼 우리가 이웃들의 영혼을 구원할 역시 첫 발걸음이기 때문입니다.

주님 저희가 가까이 지내는 이웃들을 헤아려보고 그들에게 좀 더 다가가도록 이끌어 주소서. 이런저런 이유로 저희 중심으로만 살지 이웃들과의 끈끈한 연대는 쉽게 이루지 못하면 살고 있습니다. 좀 더 마음을 열고, 저희 자신의 구원뿐만 아니라 이웃들의 구원을 위하여 저희의 시간과 노력을 사용할 수 있도록 저희에게 은총 내려 주소서. 주님의 계명을 잘 지키는 것이 곧 구원의 길임을 저희는 잊고 살아갑니다. 하느님 사랑과 이웃 사랑의 주님의 뜻을 저희가 온전히 살아 내도록 저희에게 자비를 베풀어 주소서. 주님의 이름으로 기도합니다. 아멘.

나를 따라오너라. 내가 너희를 사람 낚는 어부가 되게 하겠다. **마르 1,17**
Come after me and I will make you Fishers of Men. **Mt 1,17**

각기 다른 부르심

성찰을 위한 질문: 우리가 모퉁이의 머릿돌이 되기 위해서 포기하지 말아야 할 가치는 어떤 것이 있는가?

세상에는 자신을 드러내거나 부각시키지 않으며 묵묵히 자신의 일을 하는 사람들이 자신을 부각시키려 애를 쓰는 사람들보다 훨씬 더 많습니다. 기회만 되면 유명해지기를 바라며, 그럴 가능성에 많은 사람들이 도전을 하고 있습니다. 정치, 연예계, 스포츠계, 나아가서 일반 회사에서는 임원이나 고위 공직자가 되기를 바라는 많은 사람들이 모두 그런 위치에 올라갈 것을 추구하며 살고 있는 것입니다. 그것이 잘못되었다고 판단할 것은 아니지만, 그런 위치는 누리는 것만큼이나 많은 책임이 있는 자리이기 때문에, 아예 그런 것을 엄두를 내지 못하는 사람들도 많다는 것입니다. 한 사회가 이루어지고 잘 돌아가기 위해서는 각기 다른 지체로서의 역할을 하여야 하기 때문에, 꼭 그런 드러나는 자리가 아니더라도 할 수 있는 일이나 나름 사회에 기여하고 그것을 통해 책임을 다할 수 있는 것이 많이 있기 때문입니다. 많은 경우 여건이나 능력이 부족하여 도전하지 않는다고 할 수도 있지만, 더 많은 사람들이 그런 지위나 책임을 부담스러워 하거나 싫어하는 경우가 더 많을 것으로 봅니다.

문화영성대학원이 개강이 되었습니다. 늦깎이 공부라 부담도 되지만,

나름의 설렘도 있고 학생들이 많지는 않지만, 나름의 하느님의 뜻을 추구하는 모습으로 함께 하는 모습이 보기 좋습니다. 교수 신부님, 수녀님 그리고 학생 신부님, 수녀님들이 함께 하는 흔하지 공동체의 모습이지만, 여기서는 또 다른 좋아 보이는 모습이기도 합니다. 하느님 안에서 배움과 성장이라는 뜻으로 모인 곳이기 때문에 모두 열심이고, 나름의 소명을 다하고 있다고 보았습니다. 특별히 강의하시는 교수님들의 열정이나 나름의 소명감들이 눈에 들어와 다른 사람들 앞에 나서기를 원하지 않으면서도, 나름의 소임을 다하시는 모습이 깊은 감동으로 다가왔습니다. 온라인 강의가 많은 것이 아쉬움이기는 합니다.

현대에 들어와서 신앙에 대한 인식이 많이 약화되고, 신자들의 수가 늘지 않고, 기존 신자들도 여러 도전을 받으며 어려움을 겪고 있다고 하지만, 아직은 더 긍정적인 면이 많음을 볼 수 있어서 좋습니다.

2019년 말 통계로 보면 우리나라 사제의 수는 추기경 2분을 포함한 주교 42분을 포함하여 사제 수가 5,522명이고, 남녀 수도회 합하여 169개 수도회에 11,753명의 수도자들이 있다고 합니다. 교회를 이루는 590만 명이 넘는 일반 신자들의 모범이 되고, 나름의 교회의 주요 위치에서 역할을 하시는 이런 분들의 영향이 아직 단단함을 느끼게 됩니다. 오랜 전통 아래에서 흔들리지 않는 이런 분들의 믿음과 헌신 위에, 오늘의 가톨릭교회가 유지 발전하고 있는 것입니다.

사제직이나 수도자 모두 가지고 있는 지켜야 할 덕목 중에 '순명'이 있습니다. 어쩌면 지나 2천 년 동안 교회 내의 질서를 지켜 온 보이지 않는 힘이 이 순명일 수 있습니다. 운영 차원에서 장상의 명을 철저히 지키고 따르는 것은 각자의 위치에서 자유로이 자신의 역할을 다하는 것과는 다른 나름의 질서 체계이기 때문입니다. 우리가 창조주 하느님께 오롯이 순명하여야 하는 모습의 일면이라고 볼 수 있습니다. 한 교수 신부님은 본인이 원했던 것과는 다르게 교수로 발령이 난 것에 대하여 놀람이 있었지만, 내적으로 이것이 '주님의 뜻'이라고 받아들이는 과정을 설명하며, 학생의 신분으로 와 있는 우리들에게도 또 다른 의미의 신학생이라고 하셨습니다. 즉 사제가 되는 것은 아니지만, 하느님을 좀 더 잘 알고자 모인 것이기 때문에 그렇게 부를 수 있다고 하며, 나름의 소명과 순명의 모습으로 우리에게 가르침을 주셨습니다.

돌아가신 김수환 추기경님이 자신을 일컬어 '바보'라고 하셨습니다. 이 세상의 눈으로 보아 분명히 '바보' 같지만, 주님의 뜻으로 보면 하늘에 보화를 쌓는 일을 하며 살아야 한다는 가르침이십니다. 그렇게 사는 우리의 모습을 사람들이 어떻게 생각하든, 무엇이라 부르든 상관할 필요는 없습니다. 주님께서 우리를 늘 마주하고 사랑하시고 계시기 때문입니다. 세상의 눈으로 보면 세상에서 실패한 사람들이 '피해의식'으로 그렇게 하느님께 매달리는 것으로 본다는 의견도 들었지만 결코 차원이 다른 이야기를 하고 있는 것입니다.

오늘의 말씀은 세상 사람들이 쓸모없다고 버린 돌이 하느님 나라에서는 가장 중요한 머릿돌이 될 수 있음을 가르치고 계십니다. 우리가 세상을 살면서 세상의 가치를 무시하며 살아서도 안 되겠지만, 거기에 매달려 종속되지 말아야 함을 오늘의 말씀을 통하여 묵상하게 됩니다.

주님 저희가 이 세상을 살며 추구하는 것이, 주님의 뜻에 맞 들이는 것이 되게 하소서. 이 세상의 눈으로 보면 무가치하거나, 바보 같을지라도 그것이 주님의 뜻인 사랑을 실천하는 것이면 흔쾌히 바보가 되도록 저희에게 용기를 주소서. 그렇게 주님 안에 살면서 기쁘게 사는 저희가 되도록 저희에게 자비를 베풀어 주소서. 주님의 이름으로 기도합니다. 아멘.

집 짓는 이들이 내버린 돌, 그 돌이 모퉁이의 머릿돌이 되었네. 마태 21,42
The stone that the builders rejected has become the Cornerstone. Mt 21,42

기억의 오류

성찰을 위한 질문: 누구나 기억에 오류가 있음을 알면서도 기억에 의한 차이로 야기되는 불필요한 언쟁을 예방하기 위해 필요한 덕목은 무엇인가? 상대방이 아니라 내 기억이 틀릴 수 있음을 인정하기가 어려운 이유는 무엇인가?

일상의 대화에서 흔히 만나게 되는 일들이 기억의 오류입니다. 우리의 기억은 일정한 시간이 지나면 흐려지게 되고, 유사한 경험들을 겪으면서 나름대로 각인된 기억을 가질 수도 있지만, 다양한 환경에서 겪은 특정한 주제에 관한 기억이라면, 실제와 다르게 오류로 기억하고 있을 수도 있습니다. 자신에게 강한 이미지를 남긴 내용으로 기억에 남아 있을 수 있기 때문에, 실제 사실에 기반하지 않은 나름의 주관적인 것으로 남아 있을 수 있어서 엉뚱하게 의견 충돌이 생기거나, 결과적으로 마음에 상처를 주고받을 수 있는 일이 생각보다 자주 일어납니다. 우리는 종종 우리가 생각하고 기억하는 것이 마치 우리 자신인 것처럼 착각하여, 서로 다른 의견으로 맞설 때, 그것도 기억에 의존하는 경우에 마음에 상처를 입는 경우가 자주 있습니다.

여기서 분명한 것은 우리가 경험하거나 기억하는 일이 잘못될 수 있음과 우리 자신의 인격이나 사람 됨됨이 하고는 분명 차이가 있는 다른 사안이라는 것입니다. 아무리 고매한 인격을 소지하신 분이라 할지라도 종종 기억을 못 할 수도 있고, 잘못 기억할 수도 있는 것인데, 우리는 종종 그런 잘못 기억하는 것과 자신의 인격이나 품격을 동일시하거나, 잘못 기억하고 있었던 일들로 인해 마음의 부담을 갖게 되는 경우가 많습니다. 특별히 어려운 사람이나 상사 앞에서 잘못 기억하고 있는 사안을 말하고, 그것이 다른 사람에 의해 잘못되었음을 지적당할 때 자신도 모르게 가슴에 부담이 생기게 됩니다.

문제는 어느 누구나 일정 부분 그런 건망증이나 인지능력장애가 있을 수 있다는 것입니다. 우리 뇌에서 기억을 담당하는 기관을 해마라고 하는데, 대뇌변연계(Limbic System)를 구성하는 요소로, 측두엽 안에 자리하고 있습니다. 해마는 새로운 사실을 학습하고 기억하는 기능을 하는 곳으로 알츠하이머 같은 질환에 걸리면 이 해마가 급격하게 제 기능을 못하여 기억력이 저하됩니다. 기억의 메커니즘은 이 해마에 의해서 이루어지는데, 우리 감각 기관을 통하여 들어온 여러 정보들이 서로 조합되어 하나의 기억이 만들어집니다. 이 만들어진 기억은 해마에 의해 관리되는데, 해마는 단기간 저장하고 이를 대뇌피질로 보내 장기간 보관하거나 폐기하게 됩니다. 기억을 형성하는 정보의 이동은 주로 밤에 이루어지기 때문에, 일찍 잠자리 들어서 숙면이 뇌의 건강과 기억력에도 매우 중요하다고 합니다.

뒤돌아보면 그렇게 잘못 기억하고 있거나 착각한 내용을 가지고 언쟁이 생겼을 때는, 기억 그 자체의 문제보다는 언성을 높이거나 잘못 기억하고 있는 것을 지적하며 따지거나 하는 등의 소통의 태도나 자세 때문에 상호 간에 상처를 입게 되는 경우가 더 많았습니다. 결국 우리가 바로잡아야 할 부분은 우리나 상대방이나 모두 잘못 기억하거나 착각할 수 있다는 가정하에, 그런 상황이 있을 수 있음을 인정하고, 포용하는 자세나 태도가 선행되어야 할 것입니다. 나의 얘기를 주장하기보다는 상대방의 이야기를 중심으로 이끌어 갈 때, 소통은 원만해지고, 끝나고 나서도 앙금이 남거나 속상한 기분이 없게 될 것입니다.

이렇게 우리들 사이에 소통을 방해하는 것들은 소통의 내용이나 알맹이가 문제가 아니라, 소통을 이루는 형식이나 그릇이 잘못되는 경우가 대부분입니다. 보이지 않게 강요하거나, 일방적으로 자신의 의견만을 주장하려 하면, 원만한 소통이라고 말할 수 없을 것입니다. 소통을 하다 보면 많은 내용이 기억력과 관계가 있지만, 그 기억하는 것 또는 제대로 기억하지 못하는 것들의 그 자체는 소통의 걸림돌이라고 말하기가 어렵습니다.

그럼에도 불구하고 나이 들어감에 따른 기억력의 감퇴는 점점 더 심해질 수 있음으로 많은 전문가들은 몇 가지 조언을 합니다. 그중에도 뇌도 근육처럼 자주 사용하면 발달하는 것이기 때문에 이런저런 주제나 문제로 머리를 자주 쓰는 것이 최우선이라고 합니다. 스마트폰이나 TV 앞에 앉지 말고, 나름의 삶의 주체로서 생각할 수 있는 시간을 자주 가져 보는 것이 좋을 것 같습니다. 또 해마에 많은 영양과 산소를 공급하는 일인데, 고혈압이나 심혈관 질환을 치료하며 극복하여야 하고, 꾸준하게 운동하며, 읽고 쓰기 활동을 포함하여 새로운 시각으로 세상을 보는 호기심들을 키워야 한다고 전문가들은 조언합니다. 오른손잡이처럼 익숙하고 오래된 삶의 습관을 왼손잡이로 바꾸어 보는 것도 우리 뇌의 노화를 방지할 수 있는 좋은 접근이라고 합니다. 예를 들어서 밥을 먹거나 양치질하는 것을 오른손에서 왼손으로 바꾸어 해보는 것만 해도, 뇌에는 신

선한 충격으로 나타난다고 합니다. 여러 활동이나 변화에도 불구하고, 충분한 수면을 통한 건강한 몸을 유지하는 것이 가장 중요하다고 역시 강하게 권고합니다.

이렇게 우리의 몸이 100세가 되더라도, 우리의 뇌는 그 이상으로 계속해서 성장할 수 있다는 확신을 갖고 꾸준히 잘 쓰고 활용하는 것이 무엇보다 중요하다고, 오늘의 말씀처럼 주님 말씀에 대한 확신을 다짐하며 주님께 나아가듯이, 확신을 가지고 건강한 마음과 실천으로 뇌의 건강을 지켜야 됨을 깨닫게 합니다.

주님 저희가 일상의 소통에서 늘 잘못 기억할 수 있음을 깨닫고 겸손하게 사람들과 소통하게 하소서. 약간의 차이가 있겠지만, 사람들과 크게 다르지 않는 저희 기억력에 대하여 겸손하고 낮은 자세를 취하며 살게 하소서. 또한 사용할수록 좋아지는 근육과 같이 머리를 쓰는 일을 꾸준히 만들어, 건강 그중에서도 뇌의 건강에 장애가 없도록 스스로 관리를 잘하게 이끌어 주소서. 주님의 이름으로 기도합니다. 아멘.

확신을 가지고 은총의 어좌로 나아갑시다. **히브 4,16**
Let us confidently approach the throne of grace. **Heb 4,16**

사랑의 이중 계명

성찰을 위한 질문: 예수 그리스도께서 자신의 목숨을 바치신 하느님 사랑을 오늘의 우리는 주님의 뜻인 사랑을 우리의 어떤 희생으로 펼칠 수 있는가?

복음에서 주님께서 사랑의 이중 계명을 선포하십니다. 마음을 다하고, 목숨을 다하여, 정신을 다하고 그리고 힘을 다하여 우리의 하느님을 사랑하여야 한다는 것이 첫째 계명입니다. 둘째는 우리 이웃을 우리 자신처럼 사랑하여야 한다는 것으로 첫째 계명만큼 중요하다고 말씀하십니다(마르 12, 30-31). 이것이 예수님의 사랑의 가르치심을 한마디로 요약해 놓은 것입니다.

우리는 신앙 때문에, 하느님을 믿는다는 이유만으로 목숨을 잃은 신앙의 선조들을 모시고 있습니다. 첫째 계명을 접할 때마다 순교하신 신앙의 선조들이 떠오릅니다. 너무 쉬운 '배교하겠다'는 말 한마디이면 목숨을 살릴 수 있었는데 '나는 천주교인이다'라는 말로서 자신의 정체성을 들어내며 형장의 이슬로 가신 분들이 이 첫째 계명을 지키는 것에 목숨을 걸었기 때문입니다. 지금과 같은 시대에는 그런 피의 순교는 없는 때이지만, 우리가 첫째 계명을 지키기 위하여 무엇을 할 것인가는 늘 우리에게 과제로 따라다니는 명제입니다. 신앙 그 자체 때문에 손해를 보거나 피해를 보는 일은 없지만, 신앙의 정신, 하느님의 뜻을 이 세상에 펼치기 위해서는 부득불 내적인 또는 외적인 충돌과 마찰이 있을 수밖에 없습니다. 우리가 사는 세상이 그렇게 정의롭지도 않고, 공의로운 세상이 아니기 때문입니다. 힘 있는 사람에게 약하고, 힘없는 사람에게 강한 것이 보통입니다. 힘 있는 사람은 힘없는 사람을 종 부리듯 하려 합니다. 세속의 힘인 돈, 권력, 명예를 대부분의 사람들이 추구하며 살아가기 때문에 그렇게 되는 것입니다. 첫째 계명을 지키는 것은 깨어 있는 자세라고 생각합니다. 정의롭지 못한 것에 저항할 줄 아는 것이며, 대안을 가지고, 조금이라도 주님의 뜻이 실현되는 방향으로 움직이는 것이라고 생각합니다. 학교 다닐 때는 데모에도 참여하고, 나름의 사회 정의에 대한 고민이나 활동에 대하여 적극적이었지만, 사회생활을 하고, 가정을 꾸리며 어느 때부터인가는 무감각하게 되었습니다. 그냥 사회가 돌아가는 큰 수레바퀴의 한 개의 톱니의 역할을 하게 된 것입니다.

이제 현업에서 한발 물러나 세상을 좀 더 넓게 보게 된 이때에 시민단체이든 또는 환경보호 단체이든 뜻을 함께 하는 단체에 가입할 것을 적극 검토해 보려 합니다. 그런 동참을 통해 미력이나마 정의로운 사회, 사람이 사람답게 대접받는 사회를 만드는 데 참여하는 것이 좋겠습니다. 기후 위기 때문에 몸살을 하는 것을 보며 그쪽으로도 관심이 갑니다.

두 번째 계명인 이웃 사랑은 어쩌면 보이지 않는 하느님을 사랑하는 것보다 더 쉬울 것 같지만, 훨씬 더 어려운 것 같습니다. 기본적으로 가지는 인간의 속성인 욕심 때문입니다. 욕심을 채우기 위하여 갖은 수단과 방법을 동원하기 때문에, 조용한 날이 없고, 그 많은 사건 사고 가운데에 살고 있으며, 우리 자신도 마음 편할 날이 없는 이유입니다. 주님의 말씀에 따르면 이웃 사랑을 잘 실천하는 것이 첫째 계명인 하느님 사랑을 실천하는 것이 될 것입니다. 주님께서 소외된 이웃들에게 해 준 것이 곧 당신에게 해 준 것이라고 하시며(마태 25장) 자신을 어려운 이웃과 동격으로 놓으시며 이웃 사랑을 특별히 힘들고 어려운 이웃을 자신을 대하듯 하라고 하셨기 때문입니다. 이것은 둘째 계명이 첫째 계명과 같음을 선언하신 것입니다.

둘째 계명을 지키며 어려움에 봉착하는 것이 있습니다. 이웃 사랑의 기준이 자기 사랑이기 때문입니다. 우리 인간은 본질적으로 욕심이 있고 자기중심적인 속성이 있기 때문에, 자신처럼 이웃을 사랑하라고 말씀하신 것입니다. 그렇지만 많은 경우 우리는 의외로 자신을 사랑하지 못함을 발견합니다. 자신을 잘 돌보지 못하고, 학대하거나, 무리하여 자신을 힘들게 하는 경우가 너무 많습니다. 열심히 한다는 명목으로 자신을 함부로 한 결과, 좀 좋은 성과가 나오면 다른 사람들에게 그런 힘들고 어려운 것을 너무 쉽게 강요하는 것이 또 우리들의 현실입니다. 사랑을 받아 본 사람이 사랑할 줄 안다는 말이 있듯이 자신을 잘 돌보며, 정성을 다하여 자신을 아끼는 사람이, 역시 그렇게 순리적으로 이웃을 아끼는 마음으로 대할 수 있을 것이기 때문입니다.

구약의 율법을 사랑으로 완성하신 주님의 계명을 오늘 되새기며, 절차나 방식을 많이 이야기하지만, 궁극적으로는 사랑은 희생을 전제로 함을 묵상합니다. 하느님 사랑이든, 이웃 사랑이든, 우리가 가진 자원 즉 시간과 노력과 재산과 기타 가진 것들을 사용하여 봉헌하고 헌신하여야 함을 오늘의 복음 말씀을 들으며 묵상하게 됩니다.

주님 저희가 주님의 뜻을 저희 삶의 모습으로 살아내도록 이끌어 주소서. 우리와 함께 현존하시는 주님과 함께, 주님의 뜻인 가난하고 어려운 이웃들을 위해 먼저 손을 내밀도록, 주님 저희에게 용기를 주소서. 가진 것을 기꺼이 내어 놓을 수 있도록 저희에게 자비를 베풀어 주소서. 자발적인 가난을 실천하여 만들어진 성과를 가난한 이웃들에게 쓸 수 있도록 주님 저희를 도와주소서. 주님의 이름으로 기도합니다. 아멘.

너희는 말씀을 받아들이고 주님께 돌아와 아뢰어라. **호세 14,3**
Take with you words, and return to the Lord. **Hos 14,3**

성채 그리고 예언자적 역동

성찰을 위한 질문: 살아오면서 신앙심에 도움을 주고, 하느님에 대해 알도록 해준 소설이 있다면 무엇인가? 구체적으로 그러한 작품이 어떻게, 어떤 면에서 당신의 영성에 영향을 끼쳤는가?

소설은 주로 학창 시절에 많이 읽었습니다. 그중에 지금도 기억에 생생한 것이 A. J. 크로닌의 소설들입니다. 『성채(城砦)』를 비롯하여 『천국의 열쇠』, 『별이 내려다본다』, 『어린 시절』, 데뷔 작품인 『모자 집의 성』 등 국내에서 출간된 크로닌의 작품을 많이 찾아 읽었습니다. 아무래도 그렇게 크로닌의 작품에 매료되기 시작한 것은 그의 자전적 소설이라고 불리는 『성채』를 처음 읽고 크게 감명받았기 때문입니다. 스코틀랜드는 자연환경, 기후 등의 영향으로 강한 기질의 지역 특성과 전통적으로 가톨릭 신앙이 오래 보존된 것을 감안하여 크로닌의 작품성을 이해하게 됩니다. 그럼에도 불구하고 의과 대학을 갓 졸업한 주인공 안드레아 맨슨의 눈에 비친 세상은 탐욕과 불신, 시기와 질투 그리고 무지와 몽매로 뒤엉킨 추악한 사회 모습이었습니다. 대학을 졸업하고 사회에 나가야 할 비슷한 위치에 있었기 때문에 더욱더 이 책이 마음에 와닿았고, 다섯 번까지 반복해서 읽게 된 계기였습니다. 주변에도 여러 사람들에게 소개도 하고, 선물도 하였던 기억이 있습니다. 여러 번 절망하면서도 그의 의식의 흐름을 잡아 주고 있는 것은 책에서는 휴머니즘과 학문에 대한 집념으로 나타나지만, 책에서는 표현되지 않았지만, 그리스도인으로서 그가 가지고 있는 심성이 영향을 주었다고 봅니다. 성채와 함께 그의 가장 또 하나의 대표적인 소설인 『천국의 열쇠』에서 주인공인 치셤 신부의 캐릭터와 주인공의 심성이 비슷한 것을 보아서도 알 수 있습니다.

그를 힘들게 했던 개인과 사회 그리고 국가의 야멸찬 멸시와 무지, 비협조는 그가 아무리 집요한 끈기와 의욕으로 개선해 보려고 해도 전혀 바뀌지 않는 사회의 암적 요소였습니다. 그렇지만 그처럼 싸우던 주인공 맨슨도 부와 명예에 대한 욕망으로 탈선하여, 사회의 유혹에 굴복하게 되지만, 돌아온 작은 아들처럼 제정신을 차리고 새로운 생활에 대한 의욕과 용기를 가졌을 때, 그의 아내의 죽음이라는 대가를 치르게 됩니다. 작품의 저변에 깔려있는 불굴의 사회 고발정신과 불의에 맞설 수 있는 용기가 오늘날 우리에게 주는 메시지입니다. 아울러 우리에게 사도적 영성 차원의 세상의 불공정과 정의롭지 못한 것에 대하여 저항하고 맞설 것을 종용하고 있습니다. 그 내용이 크거나 작은 것과 상관없이, 본인의 삶의 현장에서 만나는 불의 한 것들에 대하여 깨어 저항하라는 메시지입니다. 인간적인 차원의 굴곡이 있었지만 회개하고 돌아서는 모습에서 잘못을 반복하고 있는 우리들의 모습을 읽을 수 있고, 오늘 우리가 사는 세상의 불의나 불공정에 비추어 볼 때, 우리에게 주는 메시지는 용기와 힘을 주며, 아울러 인간성과 정서에 상큼한 기운을 선사하는 책입니다.

오늘 우리가 그리스도인으로서 살아가기가 쉽지 않은 현실을 볼 때, 그 각 삶의 현장이 하느님의 현존과 우리의 현존이 만나는 영성의 장이기에, 정적인 대응보다는 역동적인 대응을 하며 살아야 함을 일깨워 주는 책입니다.

사람들이 살아가면서 경험하게 되는 고뇌, 슬픔 그리고 고통에 대한 것들을 극복하고, 보다 높은 이상적인 인간상을 추구하는 것이 작가의 생각이지만, 또한 그리스도인으로서 세속의 삶을 살면서 비슷한 경험을 하며, 나름 우리가 추구하는 예언자적인 인간상과 맥을 같이 한다고 볼 수 있습니다. 세상의 어려움을 헤쳐 나가는 방안으로 하느님의 영에 대한 응답으로 살아내는 것을 영성이라고 할 수 있기 때문입니다.

그 옛날 야뽁강에서 밤새 하느님과 씨름을 한 야곱이 "진정 주님이 이곳에 계시는데도 나는 그것을 모르고 있었구나!"(창세 28,16) 고백한 것처럼 젊어서 읽을 때의 신선함이 이제는 많이 오염되고, 무디어졌지만 바른 것은 바르고, 옳은 것은 옳은 것임을 깨닫게 됩니다. 잘 모르고 그냥 지나친 주님을 많이 생각하게 하기 때문입니다. 오늘 다시 크로닌을 읽으며, 여생의 마음가짐이 어때야 할 것인지를 영성과 연계하여 묵상하게 됩니다.

주님 저희가 주님의 뜻을 늘 함께할 수 있도록 이끌어 주소서. 세상의 즐거움이 우리를 늘 유혹하고 있지만, 오늘 만나는 고통 중에 주님이 함께하심을 깨닫도록 저희를 도와주소서. 탐욕과 불신이 만연하여도 그 안에 주님이 함께하시고 계심을 깨닫고 이겨나갈 수 있도록 주님 저희에게 용기와 힘을 내려 주소서. 주님의 이름으로 기도합니다. 아멘.

너희가 누구의 죄든지 용서해 주면 그가 용서를 받을 것이다. 요한 20,23
Whose sins you forgive are forgiven them. Jn 20,23

손해 보는 삶

성찰이 있는 질문: 자비를 베푸는 마음이 우리 안에서 얼마나 많이 자주 활발하게 작동하는가?

살아가면서 지켜야 할 것들이 많습니다. 교통법규나 교회법에 따른 것들은 비교적 명문화되어 있고, 그런 것들을 지키지 않으면 마음에 부담이 생기게 됩니다. 법률로 명문화되어 있는 것들은 사람이 살면서 지켜야 할 최소한의 것들을 정하기 때문에, 엄밀히 말하면 그것만 지켰다고 인간으로서 도리를 다했다고 보기는 어려울 것입니다. 여기에 윤리가 있습니다. 사람이면 마땅히 지켜야 할 것들로 법적인 것보다는 훨씬 더 크게 볼 수 있습니다. 수많은 현인들이 그래서 윤리에 관한 많은 연구를 하고, 윤리적인 삶을 어떻게 살아야 할지를 인간의 다양한 행동이나 태도 등을 대상으로 규범화하여 왔습니다. 우리가 이미 아는 것처럼 최초로 윤리를 전문 용어로 정의한 아리스토텔레스의 『니코마코스의 윤리학』은 행복과 덕에 관한 행위 이론을 처음 정리한 것으로 유명합니다.

뒤돌아보면 비교적 하게끔 되어 있는 것을 잘 지키는 스타일로 살아왔던 것으로 생각합니다. '착한 아이 신드롬' 같은 것이 없지 않았기 때문에 그런 성향이 있었습니다. 그렇지만 실제 상황에서 모두 그렇게 성실하고 꾸준히 잘 했는지에 대하여 흔쾌히 긍정의 답을 할 수도 없습니다. 남들에게 노출되는 경우는 그래도 지킬 것을 잘 지켰지만, 혼자 있을 때나, 또는 잘 알지 못하는 사람들 가운데에 있을 때는 나름의 변칙이나 편의주의, 게으름 이런 것들이 지켜야 할 것을 잘 지키지 못하도록 이끌었습니다.

더욱 부끄러운 마음이 드는 것이 약한 위치에 있는 사람에게 함부로 하거나 권리 주장을 강하게 하면서도 강하거나 힘 있는 사람에게는 바른 소리를 제대로 하지 못한 경우들이 많았다는 것입니다. 그러다 보니 마땅히 신분에 관계없이 존중 받아야 할 어려운 위치에 있는 사람들의 인격을 침해한 경우도 많습니다.

'노점상에서 물건을 살 때에는 깍지 말라'는 김수환 추기경님 말씀을 좋게 받아들이고 실천하여야 한다고 결심하지만, 막상 비슷한 상황에 접했을 때에, 나의 권리나 주의 주장을 강하게 하며 살고 있습니다. 직접 콜센터도 운영을 해본 경험이 있어서 콜센터 직원들이 얼마나 힘든 일을 하는지 잘 알고 있으면서도, 막상 배달 받은 물건이 잘못되었거나, 불충분한 서비스를 받았을 때, 콜센터 직원에게 마치 화풀이하듯이 하는 자신의 모습을 보고, 추기경님 말씀처럼 사랑이 가슴에 내려오는 것이 이렇게 힘든 것임을 실감하게 됩니다. 이성이 아니라 감성이 부족한 것이 문제입니다.

주님의 뜻을 실천으로 살아내는 것은 감성이 중심이 되어야 함을 새삼 깨닫게 됩니다. 앞뒤가 잘 맞는 논리로 회피 논리를 만들 수 있겠지만, 연민과 사랑의 따뜻한 감성이 그런 논리에 앞서야 할 것이 더욱 중요하다고 봅니다.

지켜야 할 것을 잘 지키는 것은 어쩌면 필요한 사안이기는 하지만, 지켜야 할 것이 기존의 질서라면, 인류의 발전은 어쩌면 기존의 질서를 깨는 파격에서 이루어져 왔다고도 볼 수 있습니다. 기존의 질서에 따라 사는 것은 편안하고 안정적일 수 있어서 어쩌면 안주하게 되지만, 변화나 다른 각도에서 보면, 갈 길이나 새로운 방법들이 강구되어 좀 더 정의롭고, 공동선에 더 크게 기여할 수 있는 길들이 나올 수 있음을 생각하게 됩니다.

학교 동창들 모임에서 학교 때, 말썽도 많이 부리고, 엉뚱한 구석이 많았던 친구는 큰 사업가가 되어 성공했고, 착실하고 모범생이었던 친구들은 나름 실패하는 경우도 드물지만, 크게 성공하지도 못한 상태가 되었다는 논의를 했던 적도 있습니다.

그리스도인으로서 영성은 종종 윤리와 어긋나 보이는 부분도 있지만, 공통적인 부분도 있어서, 영성이 좀 더 폭이 큰 것 같습니다. 인간들 사이를 넘어 하느님과의 관계까지를 포함하고 있기 때문입니다. 한 마디로 예수를 닮아, 예수처럼 살아, 궁극적으로 예수가 되는 것이 영성의 목표일 것이기 때문입니다.

오늘의 성찰을 묵상하며, 죄 없이 죄인처럼 당하시는 주님을 묵상하며, 이 세상에서 약간은 모자라게 사는 것이 옳지 않을까 생각해 봅니다. 자신의 이해관계를 충족하기 위하여 추가 요구나 희생을 원하는 사람들에게 기꺼이 주고, 그것을 기쁨으로 생각하는 삶을 살아야 하지 않을까 생각해 봅니다. 결코 쉽지 않겠지만, 이 세상을 인간의 논리가 아닌 하느님의 논리로 작은 것이라도 실천하며 예수를 닮아 가려면, 흔쾌히 손해 보는 것에 익숙하여야 할 것을 묵상하게 됩니다. 우리는 늘 부족함의 패러다임에 사로잡혀 살고 있습니다. 필요하고 충분하게 주님께서 주시고 계심을 깨닫고, 그에 감사할 줄 아는 우리가 되도록 주님께 은총을 청하는 오늘입니다.

⁂

주님 저희가 가진 것을 기꺼이 이웃들과 나눌 수 있는 용기를 주소서. 손해 보는 것을 흔쾌히 용인할 수 있는 우리 마음가짐을 유지하게 이끌어 주소서. 저희가 가진 것에 만족할 줄 알고, 또 그것에 감사할 줄 아는 저희가 되도록 도와주소서. 늘 부족하다는 생각에서 풍요함의 시각으로 우리의 안목을 바꾸도록 저희에게 자비를 베풀어 주소서. 주님의 이름으로 기도합니다. 아멘.

그를 다른 민족 사람들에게 넘겨 조롱하고 채찍질하고 나서
십자가에 못 박게 할 것이다. 마태 20,19
They will hand him over to the Gentiles to be mocked and
scourged and crucified. Mt 20,19

식별의 결과, 겸손

성찰을 위한 질문: 세상의 것과 하느님의 것을 식별하는데 어려움에는 어떤 것이 있는가? 열린 자세는 온전히 자신의 욕구를 내려놓는 것인데 그렇게 하는데 걸림돌은 무엇인가?

살면서 다른 사람에게 무슨 말을 꼭 해야 되겠다고 생각되는 경우가 있습니다. 불필요한 오해를 만들 수도 있는 사안일 수도 있지만, 많은 경우 나 자신을 돋보이게 하거나, 자랑하고 싶은 일이 있을 때 그런 마음이 들게 됩니다. 순리적으로 보아서 오해를 살 사안이면 기회를 보아 가능한 빠르게 소통하는 것이 필요하겠지만, 그렇지 않은 경우는 신중할 필요가 있습니다. 그래서 식별이 살아가면서 매우 중요한 사항입니다. 식별은 본질적으로 하느님의 것과 세상의 것을 구분할 줄 아는 능력이고, 세상의 것 안에는 자신의 이기심과 욕심이 그 바탕에 있기 때문입니다. 우리가 경험적으로 아는 것도 자랑을 한 경우 돌아오는 피드백이 그렇게 좋지 않아서 후회할 때가 많습니다. 세상 사람들은 많은 경우 남의 일에 그렇게 관심도 없고, 남들이 잘 되는 경우도 좋아하지 않는 것 같습니다. 차라리 모르고 지내는 것이 상호 인간관계에 도움이 되는 경우가 더 많습니다. 주님께서도 오른손이 하는 일을 왼손이 모르게 하라(마태 6,1-4)라고 말씀하신 것도 같은 맥락입니다.

그럼에도 불구하고 우리 마음 안에는 자신을 돋보이게 하고 싶고, 사람들로부터 인정받고 싶고, 존경받고 싶어 하는 욕구와 욕망이 있습니다. 매슬로의 욕구 단계 이론에서도 네 번째 단계인 자기 존중의 욕구 즉 자신이나 외부로부터 존경받기를 원하는 것을 넘어, 마지막 단계인 자아실현의 단계는 누구에게 보이기 위한 것이 아니라, 자신이 가진 잠재적 능력을 최대한 발휘하여 성장하고 자기완성을 하고자 하는 욕구를 의미합니다.

또한 우리 마음 안에는 남을 미워하거나 잘못을 따져 보복하고 싶은 욕구와 욕망도 있습니다. 상대가 함부로 하여 기분을 상하거나, 무시당했다는 느낌을 받았을 때 그런 마음이 들게 됩니다. 이런 경우에도 우리 스스로 오해를 할 수도 있기 때문에 식별이 필요합니다. 정말 마음의 뜻이 없이 진행된 경우는 소통을 통해 오해를 풀어야 하지만, 진실로 나쁜 마음을 가지고 있는 경우라면, 그것을 소통이나 다른 방법으로 풀어내기가 쉽지 않습니다. 세상의 모든 사람이 다 우리를 좋아하게 할 수도 없고, 또 그럴 필요도 없을 것입니다. 다른 사람의 마음을 바꾸는 것은 불가능하다고 보기 때문에, 그것을 바로잡는 것은 곧 싸움을 의미할 수도 있습니다. 그래서 남을 변화시키기보다는 스스로를 바꾸는 것이, 그것도 쉽지는 않지만 그나마 가능한 방법일 것입니다. 그래서 용서의 마음이 우리 안에 자리 잡게 하는 것이, 우리 그리스도인들의 식별의 결과가 되어야 할 것입니다. 그리고 그것은 주님의 손에 맡겨드리는 것이 좋습니다. 바오로 사도도 로마서에서 원수 갚을 일이 있으면, 그것은 하느님께서 알아서 해주실 것이라고 합니다.(로마 12,19)

우리가 추구하는 주님의 뜻은 열린 자세를 의미합니다. 어느 한쪽에 편향되지 않고, 있는 그대로 받아들일 줄 알며, 선입관이나 고정관념에서 벗어나, 상대의 말을 있는 그대로 경청할 수 있을 때, 우리가 주님의 것과 세상의 것을 잘 식별해 낼 수 있을 것입니다. 이러한 때 우리 자신의 것을 내세우거나, 자랑하려는 것보다는, 겸손한 낮은 자세로 사람들을 대하는 것이 곧 주님의 뜻을 실천하는 삶이 될 것입니다.

우리가 가진 재능 중에 말도 잘 하고, 듣기도 잘 하는 것이 좋겠지만, 또 많은 경우 말을 잘하는 것을 사람들이 선호하지만 실제는 그 하는 말이 어떤 이해관계나 욕심에 바탕을 둔 경우가 많기 때문에, 실제는 말을 잘하는 것보다 잘 듣는 것이 훨씬 더 중요한 경우가 많습니다. 말을 잘 듣는 것은, 먼저 상대방의 욕구나 느낌을 파악하는 것이기 때문에, 열린 자세로 매우 객관적인 입장에서 들어야 합니다. 그런 다음에 나의 느낌이나 내가 원하는 것을 적절하게 피드백 함으로써 원만한 소통이 이루어질 수 있습니다.

오늘 복음에서 나병환자는 마땅히 주님께서 자신을 치유해 주실 것을 믿으면서도, '하시고자 하시면'이라고 주님께 공을 넘겨드립니다. 사람들과의 관계에서도 우리가 더 낮은 자세와 겸손 된 마음을 가질 것을 오늘 복음을 통하여 묵상하게 됩니다.

⚜

주님 저희가 다른 사람들의 말을 겸허하게 듣게 하소서. 세상의 것과 주님의 것을 정확하게 식별하여, 주님의 뜻이 이 땅에 이루어지는데 저희가 일조할 수 있도록 이끌어 주소서. 저희는 너무 자주 세상의 일 때문에 괴로워하고 고통 중에 지내게 됩니다. 그때마다 주님의 뜻을 마음에 새기며 겸손하고, 겸허하게, 낮은 자세로 이겨 나갈 수 있는 힘을 저희에게 주소서. 주님의 이름으로 기도합니다. 아멘.

스승님께서는 하고자 하시면 저를 깨끗하게 하실 수 있습니다. 마르 1,40

If you wish, you can make me clean. Mk 1,40

열린 마음

성찰을 위한 질문: 성경 속의 악인이나 선한 사람들의 특징은 무엇이며, 그들의 삶을 같은 하느님이 주관하시는데 왜 그렇게 다른 삶을 살게 되는가?

우리 마음의 유혹 중에 무서운 것이 어떤 사람을 볼 때에 '저 사람은 이러이러한 사람이야'라고 단정적으로 보려는 시도를 한다는 것입니다. 우리와 만나는 수많은 사람들의 다양성을 다 따라다니며 알려고 할 수도 없고, 알 필요도 없기 때문에, 나와의 관계성에서 파악되는 인간적인 특성 또는 우리가 가진 어떤 인격이나 인간을 평가하는 가치 체계의 틀 안에서만 파악되기 때문입니다. 예를 들면 '저 사람은 매우 성실하나 또한 이기적인 사람이다.' 또는 '저 사람은 기회만 되면 남을 자기를 위해 이용하려고 하는 사람이야'라는 식입니다. 실제 그 사람의 본질을 정확히 파악할 수도 없을 뿐 아니라 설사 어느 정도 파악을 했다 하더라도 자신의 가치 체계 안에서의 주관적인 판단일 경우가 많기 때문에 그런 느낌이나 판단이 있더라도 그것을 겉으로 표출하거나, 다른 사람들과 공유하는 것은 매우 위험할 수 있다고 봅니다. 매우 단편적인 경험을 바탕으로 왜곡된 생각을 할 가능성이 높기 때문입니다. 그렇지만 실제 현실에서는 너무 많은 뒷담화를 하는 우리를 만나게 되며 스스로 하느님 앞에 무너지는 우리를 자주 만나게 됩니다. 어느 신부님의 강론 중에 "뒷담화만 안

해도 성인이 될 수 있다"고 말씀하신 것이 생각납니다. 우리 인간의 인식 구조의 한계 때문에 나름의 편의성의 작용이라고 하지만, 조심하고 잘 다스려야 할 부문입니다.

우리 인간이 가진 보편적인 욕구는 누구나 다 가지고 있고, 또 그것이 삶의 에너지가 됨을 배우고 있습니다. 예수회 소속의 루이지 마리아 룰라(Luigi Maria Rulla) 신부님은 그런 인간의 욕구를 21가지로 분류 정리하고, 그리스도교 성소 가치와 연계하여 분류하였습니다. 그런데 그리스도교 가치와 양립할 수 없는 욕구들조차도 그것이 악이 아니고 윤리적으로 중립적이라는 것입니다. 악을 평가하고 판단하는 것은 그래서 윤리적으로 문제가 되는 것은 그것이 행동으로 표출되어 다른 사람이나 사회 전체적으로 나쁜 영향을 미치게 될 때입니다. 그렇지만 우리는 너무 자주 우리 마음 안에 일어나는 욕구를 억제하고 없애려 하는 경향이 있습니다. 인간으로 태어나서 불가능한 일을 자꾸 시도하려 합니다. 그러다 보니 실패하는 경우가 많게 되고, 작심삼일이 되는 자기관리가 되기 쉽습니다. 욕구는 다스리고 길들여야 할 것이지 없앨 수 있는 것이 아니라는 것입니다.

성경 속의 인물도 그렇고, 역사를 뒤돌아보아도, 그런 내적인 욕구를 잘 다스렸던 사람들은 나름 다른 사람들에게 좋은 표양과 영향력을 주어서 좋은 평가를 받게 되어 영웅이나 성인과 같은 호칭으로 불립니다. 반면 그런 욕구를 잘 다스리지 못하고, 내키는 대로 처신하거나, 전체를 보기보다는 자신과 자신 주변의 이익만을 위하며 살았던 사람들은 다른 사람에게 피해를 주거나, 손해를 끼치는 일을 하게 되어 결과적으로 악인으로 불리게 됩니다. 여기에 하느님께서 우리 모든 인간에게 공평하게 주신 자유의지를 포함한 내적인 자유와 거기에 따른 책임을 주셨음을 깨닫게 됩니다.

주님께서 성경 전반적으로 율법학자들과 바리사이들을 일관되게 나쁘게 평하는 것은 그들의 위선적인 행동 때문입니다. 위선은 선하지 않으면서 선한 척 행동하는 것을 말합니다.(마태 23장) 오늘날 우리가 직면하는 더욱 나쁜 위선은 작은 미끼에 해당하는 대가를 주면서, 그것을 이용하여 더 큰 이익을 챙기는 아주 교묘하게 사람들을 이용하는 경영학 이론들이라고 합니다. 그 이론 자체는 효율을 중시하고, 고용된 사람들의 잠재력을 이끌어 내어, 최대의 성과를 내게 하여 개인의 발전과 조직의 성장을 이끌어 낸다는 그야말로 선한 위치에 있는 것들입니다. 그렇지만 많은 조직의 현장에서는 그런 툴들을 위선적으로 활용하여 직원들의 헌신적인 노력을 강요하게만 하고, 그 열매에 대하여서는 함께 적절하게 나누지 못하는 현실이 있습니다. 지속적으로 양극화가 커지는 이유가 여기에 있다고 봅니다.

우리가 사는 이 시대에도 자신보다는 남을 먼저 생각하며, 자신의 모든 것을 내어 놓고 헌신적으로 사는 사람들이 많이 있습니다. 이런 사람들의 경우는 그런 선한 행동을 내세우거나 자랑하지 않기 때문에 잘 드러나지 않게 됩니다. 우리가 이태석 신부님을 지금은 한국의 슈바이처로 알고 있지만, 그분이 돌아가시지 않았더라면 세상에 잘 알려지지 않았을 가능성이 높은 것과 비슷한 이치입니다. 그것이 하느님의 뜻이라고 믿습니다. 그렇게 하느님의 뜻을 따라 사는 사람들은 세상의 인정이나 평가보다는 하늘에 보화를 쌓는 일이 훨씬 더 중요하다고 생각하며 사는 사람들이기 때문입니다.

이렇게 하느님과 내적인 네트워크를 만들어 가는 것이 그 어떤 것보다 소중하며, 그것에 인간적으로 누리는 그 어떤 만족과 기쁨보다 더 큰 행복과 기쁨이 있음을 깨닫게 되는 오늘입니다.

주님 저희가 주님의 뜻을 그 어떤 것보다 높은 가치로 두고, 그 뜻을 따라 사는 것을 최우선으로 하도록 이끌어 주소서. 편향된 생각이나 나름의 집착에서 벗어나 열린 자세로 균형감각을 가진 저희가 되도록 주님 저희에게 자비를 베풀어 주소서. 무엇보다 세상의 가치보다 주님의 가치를 더 우선하는 저희가 되도록 저희의 마음을 다잡아 주소서. 주님의 이름으로 기도합니다. 아멘.

내 기쁨이 너희 안에 있고 또 너희 기쁨이 충만하기를 하려는 것이다. 요한 15,11
My joy may be in you and your Joy may be complete. Jn 15,11

자신과의 소통

성찰을 위한 질문: 생존을 쉽게 하기 위하여 만들어지는 프레임이 우리를 힘들게 하고, 고정 관념으로 묶어 놓는 것을 우리는 어떻게 극복할 수 있는가?

원만한 소통의 범위에 자신과의 소통도 매우 중요한 부분임을 깨닫게 됩니다. 우리는 그것을 프레임이라고 부르는 자신만의 생각의 틀을 가지고 살아갑니다. 그것은 고정된 것은 아니고 늘 변하고 있기는 하지만, 세상의 일이나 사안들을 일일이 머릿속으로 구체화하며 살기에는 너무 힘든 일이기 때문에, 어떤 틀을 만들어 놓고 그 틀의 구조 안에서 많은 생각을 하지 않아도 쉽게 판단하고 결론을 내리게 됩니다.

SNS 시대를 맞이하여 메신저를 포함한 문자를 보냈을 때, 반드시 일정 시간, 예를 들면 10분~20분 안에 답변을 안 하면 예의가 아닌 것으로 생각하는 것이 있습니다. 본인도 그 시간 안에 어떻게든 답변을 하려 노력을 하고, 다른 사람에게 문자를 보냈을 때도, 앞의 10분~20분 안에 답이 오지 않으면 불안해지거나, 예의가 없다고 판단해 버리는 것입니다. 그러나 이것은 나 자신이 만든 것이지 일반적이지도 않고, 옳고 그름의 가치 판단의 기준도 아닙니다. 왜냐하면 정말 급한 일이면 문자나 메시지보다는 전화를 하게 될 것이기 때문입니다. 그렇게 문자는 급하지 않는 경우 또 꼭 답을 하지 않아도 되는 경우에 적합한 특성을 가지고 있기 때문에,

너무 도착하는 문자에, 바로바로 응답을 하여야 한다는 생각은 강박관념일 수 있습니다. 이런 유의 생각의 틀들이 우리 마음 안에는 수없이 많이 있습니다. 세상을 편하게 살게 하는 도구임에는 분명하지만 또 한 편 우리를 구속하는, 그래서 자유롭게 생각하고 열린 자세가 되는데 걸림돌이 되기도 합니다.

김용의 소설 『의천도룡기』에서 빙하도를 떠나는 장취산 가족에게 그의 의형 사손은 "아우는 선과 악 그리고 옳고 그름에 너무 집착하지만, 아들 장무기는 조금 더 유연하고 원만하게 세상을 바라볼 것이네"라고 말합니다. 협의의 대명사인 무당파의 칠협 중의 다섯째인 장취산이 매사를 옳고 그름의 판단 기준으로만 보려는 강박관념을 역시 지적하는 것입니다.

보통 평범하게 자란 대부분의 사람들은 나름의 '착한 소년 신드롬'이라는 심리적 특성을 가지고 있다고 합니다. 장취산처럼 매사를 옳으냐 그르냐를 판단 기준으로 사용하며, 남에게 해를 끼치는지 여부를 가지고 역시 판단하려 합니다. 초등학교 때까지 배우는 대부분의 과목은 이렇게 '착한 아이'로 키우는 데 역점을 두고 있는 것 같습니다. 이러다 보면 그런 판단의 기준 때문에 애매한 경우나 또는 잘 알지 못하는 경우 주변의 눈치를 보게 됩니다. 크고 작은 이해관계에서 옳고 그름의 판단 기준은 자신에게 손해를 줄 수도 있기 때문입니다. 따라서 많은 경우 협상과 협의의 과정을 통해 양극단에서 결정되지 않고 중간 어디에서 결정되는 경우가 대부분입니다. 옳고 그름의 프레임이 강하게 박혀 있는 사람들은 그래서 이런 협상이나 논란 등이 익숙하지 않기 때문에 인간적인 손해를 보는 경우가 많게 됩니다.

문제는 이렇게 다양한 형태의 우리 마음 안에 자리하고 있는 프레임들을 어떻게 극복하고, 다른 사람들과 원만한 소통을 할 수 있게 준비할 것인가 입니다. 매사를 상대방에게 물어서 어떻게 할 수도 없고, 이러지도 저러지도 못하는 우유부단한 모습으로 보일 수도 있을 것 같아서 자칫 잘못하면 오히려 더 어려운 소통으로 이어질 수도 있을 것입니다.

여기에 대한 대안으로 오랫동안 생각하여 온 것이 겸손입니다. 저 자신을 좀 더 낮추고 상대방을 높이는 겸손 이야말로 원만한 소통을 위한 준비라고 생각합니다. 좀 더 정확히 표현하면 '지적, 인간적 겸손'이야말로 세상 사람들과, 또 우리 주 하느님과 원만한 소통을 이루어 가는데 가장 필요한 요소라고 생각합니다. 아울러 이러한 겸손한 자세를 갖추기 위하여, 꾸준하고 일관성 있는 자신과의 소통이 있어야 할 것입니다. 그 소통의 근간은 우리가 가장 낮은 자리에 있을 때 마음의 평화가 있고, 그것은 지는 것이 이기는 것과 같은 이치요, 우리 그리스도인들이 믿는 영원한 생명에 이르는 근간이기 때문입니다.

오늘의 말씀처럼 모든 관계는 사랑이요, 사랑을 이루는 방법은 원만한 소통인데, 이 사랑은 하느님께로부터 오는 것이기 때문입니다.

⟨❧⟩

주님 저희가 우리 마음 안에 우리를 가리고 있는 많은 프레임들을 걷어내고, 보다 겸손한 자세로 세상 앞에 설 수 있도록 이끌어 주소서. 지적, 정서적 겸손을 통해 다른 사람들과 아울러 하느님을 섬길 수 있는 낮은 자세가 되는 저희가 되도록 돌보아 주소서. 저희의 이 모든 것이 당신의 은총과 축복을 통해서 저희에게 주어지도록 주님 저희에게 자비를 베풀어 주소서. 주님의 이름으로 기도합니다. 아멘.

서로 사랑합시다. 사랑은 하느님에게서 오는 것이기 때문입니다. 1요한 4,7
Let us love one another, because love is of God. 1Jn 4,7

주님! 제가 어떻게 하여야 합니까?

성찰을 위한 질문: 길을 잃고 방황했던 적은 언제인가? 길이요 진리라고 말씀하신 주님의 길에서 왜 자꾸 방황하는가?

살아가면서 우리는 종종 길을 잃습니다. 어떤 낯선 동네에 갔을 때 길을 잃었던 기억이 물론 있지만, 요즘은 GPS를 기반으로 하는 확실한 문명의 이기인 내비게이터(Navigator) 덕분에 길을 잃어서 헤매는 경우는 비교적 적어졌습니다. 그럼에도 불구하고, 내비게이션을 잘못 보거나, 내비게이션 데이터가 최신 버전이 아니어서 바뀐 길이 적용이 안 되어, 역시 길을 잃는 경우는 가끔 경험하게 됩니다. 보통은 내비게이션의 음성 안내는 시끄러워서 끄고 다니지만, 처음 가는 곳은 음성을 켜놓는 것이 바람직합니다. 내비게이션이 나온 후 처음에는 데이터의 정확성, 즉, 지리 정보의 정확한 데이터화 작업이 부실하여 예를 들면 물이 많은 네덜란드 같은 곳에서는 내비게이션만 보고 가다가 차가 물에 빠졌다는 웃지 못할 일도 있었다고 하지만, 요즘은 정보와 기술의 누적으로 인해 아무리 저렴한 내비게이션이라 할지라도 그런 오류는 발생하지 않습니다.

차량이 아닌 도보로 움직일 때도 역시 정보기술의 도움을 받기 때문에, 길을 잃는 경우는 많지 않습니다. 우리나라에서는 네이버 길 찾기가 아주 쉽고 편하게 안내를 하고, 해외에 나가면 차량이나 도보할 것 없이 구글 맵을 이용하면 아주 구체적으로 안내를 해줍니다. 특별히 유럽이나 일본을 여행을 할 때 관광지를 찾아가는데 구글 맵을 아주 유용하게 사용했던 기억이 있습니다. 누구나 조금만 사용법을 익히면 세계 어디의 골목길에서도 쉽게 사용할 수 있어서 매우 편리한 세상을 살게 되었습니다.

물리적인 환경에서 길을 잃는 경우는 많이 줄어서 나름 품위 있어 보이게 되었지만, 문제는 정신적인 방황이나 길을 잃고 헤매는 경우는 일생을 두고 여전히 남아 있다는 것입니다. 모두 내적인 것이기 때문에, 겉으로 잘 드러나지 않을 수도 있어서 혼자만의 가슴앓이로 끝나는 경우도 있고, 좀 더 큰 방황인 경우 주변의 사람들에게 피해를 주기도 합니다.

정신적으로 길을 잃는 경우는 크게 두 가지인데 가야 할 목표를 두고 그것을 이룰 수 있는 방법이나 방향을 잡지 못했을 때 오는 길 잃음과 또 다른 하나는 그 목표를 잃어서 거기에서 오는 상실감 때문에, 목표를 어떻게 정해야 할지 알지 못해서 생기는 방황이나 길 잃음이 될 것입니다.

첫 번째 경우는 고3 때 대학입시를 앞에 두고, 이런저런 잡념은 많고, 공부에 집중은 안 될 때 그런 길 잃음, 방황에 빠지는 경우가 생각납니다. 이런 경우 게으름이나 자신에게 충실하지 못함 때문에 오는 것이기 때문에, 자책감이 많이 들고 자신에게 실망하는 것을 극복하기 위하여 자신에게 긍정의 메시지를 주는 방법으로, 많이 극복했던 것으로 기억합니다.

두 번째의 경우는 사랑하는 연인과 헤어지는 것과 같은 상실감이 대표적이고, 실직을 했다든지, 사랑하는 부모님을 저 세상으로 보내 드린 후에 생기는 망막한 심정으로 무엇을 어떻게 하여야 할지 모르고, 우리가 멘붕(멘탈 붕괴)이 온다는 표현을 하는 그런 경우들입니다. 이럴 때는 휴식이 좀 필요하고, 시간이 좀 지나면 회복이 될 수 있습니다. 의욕이 생기고, 나름의 새로운 목표 즉 살아가는 새로운 방편을 생각하게 됩니다. 부모님이 안 계신 상황에서 어떻게 살까 하고 망막했던 것들에 대하여 하나씩 대안이 만들어지고, 나름의 새로운 목표가 생기게 되는 것들을 경험하며 살게 됩니다.

어느 경우이든 이렇게 길을 잃음으로 인해서 시행착오와 고통도 물론 있겠지만, 사람들은 성장한다는 것입니다. 어쩌면 이런 과정 없는 삶이라면 성장이 없는 인생이라고 말할 수도 있을 것입니다.

오늘 바오로 사도의 회심 축일을 보내며 세 번째 경우를 떠올리게 합니다. 바로 목표도 있고, 또 나름 그 목표에 열중하여 매진하고 있지만, 그 목표가 잘못된 경우입니다. 어쩌면 우리가 살아가면서 제일 많이 경험하게 되는 것인지 모릅니다. 우리의 욕심 때문에, 이해관계 때문에, 자신의 편함이나 원초적인 욕망 때문에 우리가 탐닉하고 몰두하는 것이 얼마나 많은지 모릅니다. 지나고 나면 큰 의미도 없고, 오히려 결과적으로 허무감을 느끼게 하는 것들이 우리 삶의 주변에 너무 많기 때문입니다. 결과적으로 남에게 피해를 주고, 마음의 상처를 남기는 것에서부터, 우리 자신의 몸과 마음이 피폐해지는 것까지 모두가 그렇습니다. 친구들과 친목을 목적으로 모였다가, 지나친 음주를 하는 경우가 대표적인 예 중의 하나입니다. 가족들을 이기려고 기를 쓰며 언쟁을 하는 경우도 비슷한 경우입니다. 주님을 믿는다고 말은 하지만, 거기에 걸맞은 행동을 하지 못함도 마찬가지입니다. 우리가 살아가면서 회심하여야 할 사안들입니다. 삶의 전환점이 될 만한 큰 변화를 만들어야 할 것임을 사도의 회심 축일을 지내며 결심해 봅니다.

오늘 사도의 회심 사건 중에 나타나신 주님께 '주님 제가 어떻게 하여야 합니까?'라고 청했던 것처럼, 오늘 우리가 길을 잃고 방황할 때 주님께 청해야 할 기도입니다. 예의 어느 경우나 우리가 길을 잃었을 때 주님께 겸손하게, 낮은 자세로 청하는 기도가 되어야 할 것임을 묵상합니다.

주님 저희가 길을 잃고 헤맬 때 주님을 찾는 저희가 되도록 이끌어 주소서. 주님께 구체적으로 '어떻게 하여야 할까요?'라고 질문하도록 도와주소서. 저희는 오만하여 저희 혼자의 힘으로 해결할 수 있다고 믿으려 합니다. 저희가 좀 더 겸손하고 낮은 자세로 주님 앞에 엎디어 저희가 원하고 필요로 하는 것을 주님께 청할 수 있도록 저희에게 자비를 베풀어 주소서. 주님의 이름으로 기도합니다. 아멘.

주님, 제가 어떻게 해야 합니까? **사도 22,10**
Why shall I do, sir? **Acts 22,10**

지금도 부르시는 분에게 응답하기

늘 우리를 부르시며 우리와 함께 하시는 주님께
저희는 응답하지 않고,
세상의 것들을 좇느라 떠나 살게 됩니다.

주님의 현존을 포함해서
늘 주님께 응답하며
바오로 사도의 말씀처럼
쉬지 말고 기도하는 우리가 되어야겠습니다.

기도 안에서 우리는 주님을 만날 수 있고,
주님의 뜻을 깨닫는 소통을 할 수 있기 때문입니다.

강생하신 하느님

성찰을 위한 질문: 성경에서 보면 왜 그렇게 다양한 방법으로 하느님에 대하여 말하며 다가가게 하였다고 생각하는가?

우리 인간의 의식은 아무래도 시간과 공간이라는 제약 안에서 작동하게 됩니다. 우리가 태어나서 이 세상을 마칠 때까지, 예전에는 태어나서 자기의 고향을 벗어나 본 적이 없이 이 세상을 마친 사람도 많았다고 하지만, 요즘은 통신, 교통수단의 발달로 세계 여러 곳을 쉽게 여행하거나 방문할 수 있게 되었습니다. 그럼에도 불구하고, 한 사람이 가 볼 수 있는 것은 시간이나 비용 등의 여러 가지 이유로 제한적일 수밖에 없습니다.

그렇지만 우리가 배우고 있는 것은 시간과 공간의 지평이 우리의 인식 수준을 넘어서 있다는 것입니다. 현재로부터 과거로의 무한 시간이 있고, 또 미래로도 무한 시간이 있다고 보는 것입니다. 그것은 공간도 마찬가지입니다. 관측 기능한 우주의 가장자리까지의 거리가 466억 광년으로 보고 있습니다. 빅뱅 이후 우주는 팽창하고 있기 때문에, 우주의 가장자리라는 개념도 계속 멀어지고 있는 것입니다. 여러 정황을 고려하여, 빅뱅이라는 큰 전환점을 시점으로 보더라도 138억 년이라는 큰 시간을 가설로 설정해 놓고 있습니다. 우리 지구가 탄생한 것도 45억 년으로 보고 있고, 인류의 조상인 유인원이 나타난 것이 600만 년이며, 현대 인류의 조상이라는 크로마뇽인의 출현을 3만2천 년 전으로 보고 있습니다. 창조주께서 인간의 의식 수준을 자리하게 하고서야 이 세상이 우연으로 이루어진 세상이 아니고, 창조주가 계시고 그분의 섭리가 작동하고 있음을 일깨워 주셨습니다.

아브라함의 시대를 BC 1850년경으로 보고, 모세와 이스라엘 민족의 이집트 탈출이 BC 1250년경으로 볼 때에, 성경이 구전으로 내려오다가 글로 써지는 것이 바빌론 유배 때부터라고 보면, 오랜 기간 많은 세대에 걸쳐서 이루어졌다고 할 수 있습니다. 성경은 하느님의 계시를 받아, 그 시대의 정신이 반영되어 기록되었다고 볼 수 있습니다. 구전의 시간이 더 길었을 수 있습니다. 또한 시대적인 문학 양식이나 사람들의 역사적인 것을 배경으로 기록되었습니다. 그러다 보니 한 권의 성경은 구약이 46권이요, 신약이 27권으로 된 여러 권의 책입니다. 한 권의 책도 여러 시대를 거쳐서 많은 사람과 시대에 걸쳐 완성되었기 때문에, 일관성이나 논리적 정합성이 맞지 않을 수도 있습니다.

하나 분명한 것은 성경의 내용은 이스라엘이나 유대인들, 로마인들의 역사가 아니라 하느님께서 인간의 역사(歷史)에 개입하시어 역사(役事) 하시는 하느님 사랑의 역사(歷史)라는 것입니다.

이렇게 인류가 생겨나면서부터 하느님께서는 인간 안에서 활동하시며 끊임없이, 계시하셨습니다. 계시의 주 내용인 '하느님이 누구이시며, 하느님을 닮게 태어난 인간이 누구인지'를 여러 시대에 걸쳐 다양한 방법으로 알려 주셨습니다. 결국 그 내용은 주님의 가르침인 하느님 사랑과 이웃 사랑이라는 대단히 실천적인 내용으로 요약할 수 있음에도 불구하고, 그것을 잘 살아내지 못한 역사가 또한 인류의 역사입니다. 그래서 하느님께서는 오랜 시간에 걸쳐 많은 사람들의 입을 통하여, 행동을 통하여 꾸준히 계시하셨기 때문에, 성경에는 그 시대에 맞는 하느님을 표현하는 다양한 방법들이 도입되었다고 봅니다. 그때마다의 시대정신에 맞는 표현들이 등장하는데, 예를 들면 전쟁이 많을 때는 '만군의 주님'이 많이 쓰인 것들이 대표적인 예입니다. 그렇게 다양한 방법으로 하느님을 부르고 인식했어도, 정작 하느님을 온전히 다 표현하지 못하는 것이 우리 인간의 한계이기도 합니다. 인간의 언어나 인식의 수준이 한정된 범위 안에서만 작동할 수밖에 없기 때문입니다.

그렇게 창조주께서 현존하심에도 눈에 보이지 않고, 감각적으로 느끼지 못한다는 이유로 인류는 하느님이 안 계신 것과 같은 행태로 살아왔습니다. 오늘은 하느님을 알아보았지만, 다음날은 또 잊고 살았습니다. 그런 반복적인 인류의 잘못에 사랑의 하느님께서, 가시적으로 하느님을 만날 수 있도록, 하느님의 아들 예수 그리스도를 세상에 보내셨습니다. 사람들의 눈높이에 맞추시려는 하느님의 뜻이 이루어진 것입니다. 하느님이 어떤 분이시라는 것을 실제적으로 보여 주셨고, 인간이 하느님 사랑의 힘으로 영원한 생명을 살게 되는 구원의 길을 열어 주셨습니다. 예수님께서 강생하심으로 계시가 완성된 것입니다. 결국 그동안의 하느님의 계시를 통해, 사람들 가운데에 역사하심이 예수 그리스도의 강생으로 수렴하였습니다. 구원의 길이 완성되었습니다. 이제는 다른 이름으로 하느님을 부를 필요가 없어졌습니다. 예수 그리스도께서 하느님이시기 때문입니다. 우리와 늘 함께하시는 임마누엘 하느님, 곧 예수 그리스도의 이름으로 불리시는 하느님이, 은총으로 우리에게 오셨기 때문입니다. 성부, 성자 그리고 성령의 삼위일체 하느님을 우리가 우리의 주님으로 모시고 살게 되었습니다. 무엇보다 우리를 죽음에서 건져 내시고, 영원한 생명의 길을 열어 주심으로 우리가 주님과 함께 하도록 안배하셨음을 우리가 믿게 된 새로운 세상을 열어 주셨습니다.

⁂

주님 저희가 거룩한 주님의 이름에 누가 되지 않도록 그리스도인다운 모습으로 살도록 이끌어 주소서. 저희가 저희 자신만을 생각하지 않고, 주님과 이웃을 먼저 생각하는 그리스도인이 되도록 도와주소서. 저희 삶의 순간순간에 함께하시어, 저희가 예수를 믿음으로 인해, 기쁨 중에 머물며, 어려운 이웃들에게 먼저 다가가는 모범을 보여, 그리스도 정신을 세상에 퍼뜨리는 저희가 되도록 저희에게 자비를 베풀어 주소서. 아멘.

저들의 그 계획이나 활동이 사람에게서 나왔으면 없어질 것입니다. **사도 5,38**
If this endeavor or this activity is of human origin, it will destroy itself. **Acts 5,38**

거룩한 땅

성찰을 위한 질문: 모세에게 '거룩한 땅'에서 신을 벗으라고 말씀하시는데, 우리 삶에서 거룩한 땅으로 여길 곳은 어디인가?

한국 천주교 주교회의 순교자 현양과 성지순례사목 위원회에서 2011년 8월에 첫 발행한 『한국 천주교 성지순례』를 중심으로 성지순례를 하고 있습니다. 이 책에는 15개 교구 111개 성지가 수록되어 있습니다. 6년이 넘게 다녔지만, 아직 완주를 못했습니다. 110개소는 다녀왔는데 제주 추자도에 있는 황경환의 묘역을 못 다녀왔습니다. 아버지 황사영 알렉시오와 어머니 정난주 마리아의 아들입니다. 황사영 백서로 아버지는 능지처참을 당했고, 어머니와 함께 제주도로 귀향 가다가 어머니가 아들을 이곳에 떨어뜨려 살도록 하였다는 곳입니다. 제주도 성지 순례를 하는 중에 추자도를 가려고 몇 번 시도했지만, 날씨 때문에 배가 출항하지 못해서 뜻을 못 이루고 지금까지 미루어 오고 있습니다. 2019년에 나온 개정증보판에는 167곳으로 늘어났습니다. 124위 복자 관련한 성지들이 추가되었고, 좀 더 정비가 되었다고 합니다. 초대교회 때부터 순교자들에 대한 공경과 성지 순례는 오랜 전통을 가진 가톨릭의 신심 활동입니다. 중세 때에 이슬람권에 빼앗긴 예루살렘 성지를 회복하려는 여러 차례에 걸친 십자군 전쟁도 큰 그림으로는 맥을 함께한다고 볼 수 있을 것입니다. 성지 개발은 각 교구별로 열심히 추진하는 사업으로 200년 한국 가톨릭 역사에서 1만 명이 넘는 순교자를 내어 오늘의 한국 교회의 신앙의 토양을 비옥하게 일군 선조들을 기억하고 기념하는 일입니다. 그렇지만 그것은 과거의 일을 기념하는 것뿐 아니라, 오늘의 우리가 어떻게 살아야 할 것인지의 신앙과 믿음의 방향을 가르쳐 주는 일이기 때문에 더욱 소중한 사안입니다.

성지에 갈 때마다 느끼는 것이 목숨을 바친 곳이거나, 묘역 또는 순교자 관련 기념할 만한 곳이기 때문에, 약간은 숙연한 분위기, 나아가서 어두운 느낌이 들게 장식을 많이 하고 있는 것이 마음에 걸립니다. 하느님의 뜻을 굽히지 않고 하느님만을 따르기로 하여 목숨을 잃은 곳이지만, 그곳은 그래서 거룩한 곳이요, 하느님을 찬미 찬송할 곳이라고 생각하기 때문입니다. 자신의 신앙을 위하여 기쁘게 목숨을 내어놓았고, 영원한 생명의 하느님 나라로 바로 들어가신 분들이기 때문입니다. 죽음을 너무 부각시키기보다, 하느님 나라에 들어가신 성인, 복자 가경자 그리고 이름 모를 순교자들을 기억해야 할 것입니다. 그분들의 거룩한 정신과 뜻을 우리가 기억하고 따라야 할 것이기 때문입니다.

좀 더 정리가 되면 추가로 늘어난 성지들을 다시 순례를 시작할 계획을 세워 봅니다. 성지순례를 다니며 방문 도장을 받으며 다니다 보니, 성지 자체에 좀 더 충실하지 못한 것도 문제라고 생각합니다. 그래서 나름 더 끌림이 있는 성지를 별도 선정하여, 아예 시간을 충분히 두고, 기도를 많이 하였으면 좋겠습니다. 인근의 피정의 집이 있는 곳도 많으니, 아예 피정과 곁들여 성지순례를 하면 좋겠다는 생각을 해봅니다.

아무래도 성지 말고 거룩한 장소로 우리가 여기는 곳은 역시 성당이라고 생각합니다. 그리스도를 상징하는 축성된 제대가 있고, 성체 등이 켜져 있는 감실이 있어서 주님의 현존을 우리가 경험할 수 있는 곳이기 때문입니다. 코로나로 인해 간신히 주일 미사만 참여하는 요즘이라 어쩔 수 없는 부분이 있지만, 일부러 시간을 내어 감실 앞에 또는 성체 조배실에서 주님을 만날 수 있는 기도의 시간을 갖는 것이 영성의 성장에 좋은 활동이라고 봅니다.

집 현관에 '이곳은 작은 하느님 나라'라는 축복의 액자를 걸어 놓고 서재 문 앞에도 '작은 하느님 나라'라는 말을 써 놓았지만, 하느님 나라는 하느님과 함께 할 때를 그렇게 부를 수 있기 때문에, 우리의 정신과 마음을 다하여 주님께 기도하며, 나아가서, 매사를 주님과 함께 우리 삶의 일상을 꾸려 나갈 때 그곳이 곧 거룩한 땅이요, 하느님 나라라고 생각할 수 있을 것입니다. 하느님이 거룩하신 분이기 때문에 주님께서 현존하시는 그곳이 바로 거룩한 땅이라고 볼 수 있습니다. 그러기 위해서는 우리가 하느님의 현존을 느끼는 기도, 활동 등을 하여야 할 것입니다. 때로는 사람들 가운데 계시는 하느님을 만나 뵙고, 때로는 우리의 고통과 어려움 중에 함께 하시는 주님을 뵈올 수 있게 될 것입니다. 그렇게 항상 우리를 부르시는 주님의 목소리를 들으려, 주님께 의식의 방향을 맞출 때, 우리는 우리들의 한계 때문이지만, 잠깐이라도 주님의 현존을 느낄 수 있을 것입니다. 그럴 때 우리는 거룩한 땅에 있는 것이요, 거룩한 순간을 지내는 것입니다. 요즘 배우는 관상기도를 좀 더 잘 수련이 되면 좀 더 깊게 주님과 함께 머물 수 있는 시간을 갖게 되기를 바라며, 주님께 그렇게 되도록 자비를 청합니다.

주님 저희가 거룩한 독서를 통하여 주님께 더 가까이 갈 수 있도록 이끌어 주소서. 주님과 함께하는 그 장소가 곧 거룩한 장소임을 깨닫고, 주님을 향하여 서고, 주님만을 바라보는 저희가 되도록 주님 저희에게 자비를 베풀어 주소서. 주님을 닮는 노력을 더하여 좀 더 주님께 다가가는 저희가 되도록 도와주소서. 주님의 이름으로 기도합니다. 아멘.

나는 길이요 진리요 생명이다. **요한 14,6**
I am the way and the truth and the life. **Jn 14,6**

기도가 필요한 때

성찰을 위한 질문: 오늘 듣는 주님의 말씀은 우리에게 어떻게 다가오는가? 어느 때 우리는 주님의 목소리를 듣는가?

구약의 많은 이야기는 오늘을 사는 우리들이 저지르는 많은 잘못과 무관하지 않아 보입니다. 이집트에서 종살이하던 백성들을 이끌어 내어 40년간을 광야에 머물며 정치적으로, 군사적으로 가나안 땅에 들어가기 위한 준비를 하였습니다. 이집트에서 막 나온 이 무리는 힘이 없었고, 이미 정착해 살고 있는 다른 민족을 몰아낼 수 있는 여건이 안 되었기 때문입니다. 그럼에도 성경은 이스라엘 사람들이 하느님을 원망하고 심지어 이집트 종살이 때를 그리워한다고 묘사합니다. 나아가 금송아지를 만들어 새로운 신을 만들기까지 하려 합니다.(탈출 32장) 좋을 때는 하느님을 찾고, 어려울 때는 하느님을 원망합니다. 좋은 것도, 나쁜 것도 그 안에 하느님의 은총의 힘이 서려 있음을 깨닫지 못하거나, 알아도 모르는 척 자신의 입장만을 주장하려 합니다.

오늘의 우리들의 모습과 크게 다르지 않다고 봅니다. 역시 구약의 메시지는 끊임없이 하느님의 선지자를 통하여, 천사를 통하여 많은 예언자들의 입을 통하여 계시되었습니다. 계시의 본질은 하느님이 어떤 분이시고, 인간이 누구인가를 말씀하시는 것으로, 인간이 어떻게 살아야 함을 가르치는 내용이었습니다. 인간이 하느님 앞에 어떤 모습으로 살아야 하느님의 뜻에 따라 사는 것인지를 가르치신 것입니다. 그럼에도 불구하고, 사람들은 그 뜻대로 살지 않았습니다. 그래서 사랑의 하느님께서 당신 아들을 인간의 모습으로 내려 보내시어 구원의 길을 열어 주셨고, 아울러 계시를 완성하셨습니다. 그 내용은 우리가 구원의 길로 들어서서 하느님처럼 영원한 생명의 길에 들어선다는 것입니다.

오늘을 사는 우리 모두는 이 완성된 계시를 통해 세례를 받고, 주님의 뜻을 우리의 삶으로 살아내어 주님께서 약속하신 영원한 생명의 나라를 기대하며 살게 되었습니다. 아울러 그런 삶은 오늘의 우리의 삶을 제대로 잘 살아 즉 주께서 주신 계명 중에 이웃 사랑을 잘 실천하며 살아 내어야 함을 의미하기도 합니다. 입술로만의 신앙이 아니라, 마음과 가슴으로 사랑을 실천하고 하늘나라를 이 땅에 실현해 내는 삶을 살아내야 하는 것입니다.

그럼에도 불구하고 우리는 여전히 구약시대의 사람들처럼 우리 중심으로만 살아가려 합니다.

우리가 하느님의 목소리를 듣게 되는 경우는 다 다르겠지만, 보통은 기도 중에, 또는 전례 중에 특별히 영성체 후에 주님의 말씀을 듣게 됩니다. 그리고 자주하는 화살 기도 때에, 어떻게 해야 할지 모를 때에, 마음을 내려놓고 말씀대로 맡겨 드릴 때, 우리가 하느님의 현존을 느낄 수 있는 것입니다. 또 무엇보다 매일같이 만나는 사람들 가운데에 경우에 따라서는 질책하시는 목소리로, 또는 칭찬의 목소리로, 이웃들 가운데에 계시는 주님의 목소리를 듣게 됩니다. 당장은 모르지만, 뒤돌아보며 성찰할 때, 사람들 가운데에 계시는 주님께서 그렇게 가르치셨구나 하고 깨닫게 됩니다.

오늘의 성찰은 그런 우리에게 강하게 주문하십니다. 우리가 그리스도 인으로 주님을 믿고 따른다 하면서도, 더구나 주님의 말씀을 들으려 하면서도, 우리 마음이 우리의 욕심과 욕망에 끌려 다니며, 주님의 뜻에 어긋나게 사는 모습을 보시고, 그 옛날 이스라엘 사람들과 별반 다르지 않는 우리를 일깨워 줍니다.

우리는 이성적으로 세상을 살면서도 비합리적이고, 설명이 잘 안 되는 그런 행동이나 태도나 자세를 취할 때가 많습니다. 말하기조차 부끄러운 일들을 또 얼마나 하면서 사는지 모릅니다. 노력을 한다고 해도 잘 고쳐지지 않고, 나름의 한계를 느끼게 되는 부분입니다. 어쩔 수 없는 것이라고 계속 부정적으로만 생각할 수도 없어서 나름의 합리화를 하려 하지만, 여기에 함정이 있는 것 같습니다. 오늘의 말씀이 여기에 일침을 가하고 있습니다. 오늘 주님의 소리를 듣게 되거든 있는 것을 내려놓고, 마음을 비워야 할 때임을 우리가 깨달아야 할 것이기 때문입니다. 주님 앞에 우리가 한계가 있는 존재임을 깨닫는 것이 곧 주님께 온전히 맡겨 드려야 하는 순간임을 우리가 잘 알지 못합니다.

우리가 잠 못 들어 힘들어하던 순간이 바로 그때이고, 마음이 울적하여 기분이 가라앉을 때가 그때이며, 가슴의 울분을 참지 못하여 격노할 때가 바로 주님의 소리가 들리는 때입니다. 우리가 마음을 내려놓고, 욕망을 내려놓고, 고통과 울분을 오롯이 주님께 봉헌하여야 하는 때가 바로 그 순간임을 오늘의 말씀을 통하여 묵상하게 됩니다.

주님 저희가 주님의 소리를 제대로 알아듣도록 이끌어 주소서. 저희가 힘들어하는 모든 것들을 주님께서 오롯이 받아 주심을 저희가 깨닫고, 주님께 저희의 쓰레기를 봉헌하도록 이끌어 주소서. 사랑의 주님께서 저희들이 힘들어함을 보시고, 저희에게 다가오시며, 하시는 말씀에 저희가 귀 기울이도록 하여, 저희 마음을 유연하고 열린 마음이 되도록 하여 주소서. 주님의 이름으로 기도합니다. 아멘.

오늘 너희가 그분의 소리를 듣거든 마음을 완고하게 갖지 마라. **히브 3,7-8**
Today you would hear his voice, harden not your hearts. **Heb 3,7-8**

기억과 희망

성찰을 위한 질문: 전례에 참석할 때 주님의 활동을 기억하고 그것을 바탕으로 오늘을 주님과 함께함으로 인해 희망을 준비하는 것이라는 의미가 우리에게 어떻게 다가오는가? 전례 안에서 주님의 현존을 어떻게 확인할 수 있는가?

해마다 사순 시기는 은총의 계절입니다. 부활을 잘 맞이하기 위한 준비 기간이기도 하지만, 무엇보다 적어도 1년에 40일간은 마음을 차분히 하여 자신의 삶을 돌아보는 시간으로 쓰기 때문입니다. 비슷하게 성탄 대축일을 앞두고 대림 4주간을 성탄을 준비하는 마음으로, 자신의 삶을 돌아보고, 아기 예수님을 맞이하기 위한 마음의 정리를 하는 기간이지만, 시기적으로 연말이다 보니, 이런저런 모임도 많고, 일 년을 마무리하는 것에 대한 어수선함이 있어서 대림 주간에는 회개와 자신을 돌아보는 시간을 많이 못 갖게 됩니다. 반면에 사순 시기는 계절적으로 다른 계절에 비해 상대적으로 활동량이 적었던 겨울을 마무리하며, 다가오는 봄을 준비하는 계절적인 차분함이 있어서 그런지, 자신의 삶을 돌아보고 회개할 것과 앞으로 어떻게 살아갈 것인지에 대한 마음의 정리를 하기에 좋은 시간입니다.

재의 수요일에 많은 분들이 참석을 못 한 관계로 오늘 사순 제1주일을 지내며 미사 시작 전에, 머리에 재를 얻는 예식을 거행하였습니다. 매년 하는 예식이지만, 머리에 재를 얹으며 "흙에서 왔으니 흙으로 돌아갈 것을 생각하라"(창세 3,19)라는 말씀을 들을 때마다, 우리의 실존을 생각하게 되고, 죽음과 어떻게 죽음을 맞이할 것인지를 생각하게 합니다. 아울러 차분하게 순간순간을 느끼며 잘 살아야겠다고 생각하게 됩니다. 과거나 미래보다는 오늘 이 순간, 이 장소를 가장 중요하게 여기는 태도나 자세가 충실한 여생을 만들어 갈 것으로 믿습니다.

지난 연말에 퇴임식 때에 퇴임사를 '기억과 희망'이라는 제목으로 직원들과 공유했었습니다. 지난 시간들을 간단하게 의미 있는 사안 중심으로 공유하고, 그것을 바탕으로 앞으로 지속 가능한 성장하는 회사로 될 것에 대한 희망의 메시지를 전하고 싶었기 때문입니다. 그런데 사순 1주일 서울 주보에 가톨릭대학교 김상우 바오로 신부님의 강론 제목이 '기억 그리고 희망'이었습니다. 코로나 시대를 살고 있는 우리는 2020년의 어두운 기억을 뒤로하고, 희망의 끈을 놓지 말자는 것과, 오늘의 말씀인 노아의 홍수와 세례를 기억하고, 구원의 희망에 대해 말씀하셨습니다. 무엇보다 우리의 무관심, 나약함, 이기심 때문에 수난을 겪으신 그리스도의 사랑을 기억하고, 우리가 준비하고 기다리는 부활과 영원한 생명을 희망하자는 말씀입니다.

기억은 과거의 것이고 희망은 미래의 것입니다. 과거와 미래의 경계선에 현재가 있기 때문에, 역시 경계선에 서는 자세가 무엇보다 중요하다고 봅니다. 그것은 과거에 안주하지 않고, 미래로 모든 것을 미루지 않는 자세로, 과거와 미래를 아우르는 자세입니다. 그래서 기억과 희망은 우리를 경계선에 서게 하고, 깨어있는 자세를 유지하게 합니다. 어느 한쪽에 치우치지 않고 균형을 유지하는 것이며, 살아있는 생명의 긴장을 의미합니다.

코로나 환경의 변화로 우리 성당인 경우 170명이 미사 참여가 가능하게 되었습니다. 평화방송 방송 미사를 통한 대송(代誦)을 이행하느라, 오랜만에 영성체를 하며, 주님을 내 안에 모시는 성사가 우리의 신앙생활 중에 이렇게 크게 다가옴을 새삼스럽게 느끼는 주일입니다. 우리 눈에 보이지 않는 주님을, 최후의 만찬 때 성체성사를 세우심으로 인해, 우리가 영성체 때마다 주님과 주님의 사랑을 기억하고, 주님의 몸을 받아 영함으로 우리와 일치를 이루시는 신비로운 체험을 하게 됩니다. 영성체를 통해 우리는 주님의 사랑을 우리의 일상에서 실천하고 하느님 나라를 이루어가는 힘과 용기를 얻어 희망을 갖게 됩니다.

주님께서 말씀하신 것처럼 신랑을 기다리는 신부의 마음가짐으로 늘 깨어있는 자세로, 이번 사순절을 지낼 것을 결심하고, 무엇보다 우리가 주님의 은총과 축복 아래 있음을 감사하는 시간이 되기를 기원합니다.

❧

주님 저희가 사순절을 지내며 우리의 삶을 되돌아보고, 잘못된 것은 고쳐 나가고, 잘한 것들은 더욱 성장하도록 이끌어 주소서. 무엇보다 우리 주변을 바라보는 시선을 감사의 눈길이 되도록 저희에게 은총 주시고, 먼저 다가가고 손을 내미는 저희가 되도록 용기를 주소서. 과거와 미래에 연연하기보다는 지금 이 순간 이곳을 가장 소중하게 여기며 살아, 오늘에 충실하게 도와주소서. 주님의 이름으로 기도합니다. 아멘.

너는 오래된 폐허를 재건하고 대대로 버려졌던 기초를 세워 일으키리라. 이사 58,12
Your people shall be rebuild the ancient ruins;
the foundations from ages past you shall raise up. Is 58,12

깨어 있는 사람들, 예언자

성찰을 위한 질문: 성경 속 예언자들의 삶을 고려할 때 종교와 정치 간의 관계를 통하여 무엇을 얻을 수 있는가?

'형식이 내용을 담는다'라는 말이 있습니다. 사람의 일들 중에서 예식이나 전례 등은 나름의 형식을 갖게 됩니다. 전통적인 유교식의 제사도 지방을 쓰고, 또는 영정 사진을 걸어 놓고 조상님들을 모셔오고, 식사를 하시도록 안배하고. 그 과정에 올리는 여러 음식들의 배열이나 순서도 모두 의미를 갖고 있습니다. 아직도 형식을 잘 지키는 집안에서는 합문을 지킵니다. 제사 중간에 잠시 자리를 떠나는 것을 합문(闔門)이라 부르며 문을 닫고 나가서, 남자들은 문의 서쪽에서 동쪽 방향으로 서고 주부 이하 여자들은 문의 동쪽에서 서향으로 서게 됩니다. 5분(九食頃, 아홉 숟가락 먹는 시간) 정도 공손히 서 있게 됩니다. 정성껏 준비한 음식을 평안히 식사를 하시도록 자리를 비우는 시간입니다. 그렇지만 많은 시간이 지나면서 매우 의례적이고, 형식론적으로 흘러가게 되는 것이 또한 이런 전례들의 모습입니다. 형식이 또 다른 형식을 만든다고, 생활 형편이 좋아지면서 상에 오르는 음식들의 수준은 많이 좋아지고 종류도 풍성해지면서, 조상들을 기억하거나, 그분들의 유훈을 기억하며, 오늘 후손들이 어떻게 잘 살아야 할 것인지에 대한 정성과 마음가짐은 상대적으로 약해질 가능성이 높아졌습니다.

기원전 8세기경부터 5세기경까지가 예언자들의 활동이 활발했고, 그들의 말을 듣고 수집해 예언적 선언들이 글로 보존된 것이 바로 이 시기입니다. 군주 정치 리더십의 부재로 정치적으로 불안정하고, 복잡한 국제정치에 제대로 대응하지 못하며 솔로몬 이후 남북으로 나뉘었던 북 이스라엘이 앗시리아에게 멸망하고(BC 722년), 이후 남 유다도 정치적. 종교적 중심지였던 예루살렘 성전이 붕괴되고(BC 587년) 급기야 그들은 바빌론으로 끌려가 60여 년 동안 유배의 삶을 살았습니다. 그들의 영토로 돌아왔을 때도, 페르시아의 통치 아래 이방인으로의 삶을 살았던 그 시대입니다.

예언자들의 공통적인 관심은 '계약의 백성'답게 지켜야 할 규범들을 제대로 지키지 못하는 것과 그 가운데에 하느님을 섬기는 것과 이웃을 사랑하는 것들에 대한 잘못한 것들을 지적하는 것이었습니다. 그래서 예언서 공통적으로 '정의', '공정', '신의', '자비', '진실', '주님을 알아 봄' 등을 이스라엘 백성과 하느님과의 관계의 핵심 요소로 지적하고 있습니다. 크게 제사를 지내고, 살찐 송아지들을 잡더라도, 그 제사 안에 품어야 할 하느님에 대한 진정성이 없기 때문에 그렇게 제사를 지내면서도 정의롭지 못하고, 공정하지 못한 사회 운영을 하는 것을 지적하고 있는 것입니다. 말은 이집트에서 구해 내신 하느님을 경배하고, 그 하느님의 뜻대로 살아야 함을 강조하지만, 겉으로 보이기 위한 형식론으로 흐르게 되고, 세속의 가치들을 추구하며 살았던 당시의 시대 상황을 우리가 짐작할 수 있습니다. 당시의 상황으로 부국강병의 나라를 만들고, 국민들을 하느님의 계약 아래 결집시키어 다윗 왕조 때처럼 나름의 국제 정치 위상을 가져야 함을 암묵적으로 예언자들은 외치고 있는 것입니다.

그러다 보니 정치를 하는 사람들과 크고 작은 충돌을 빚어내고, 그렇기 때문에 예언자들의 삶은 외로움 가운데 있었으며 박해를 받았습니다. 그들의 명석함과 비전에 대해 반대하는 목소리로 그들을 압박하였습니다.

이스라엘 백성들이 이런 정치적인 어려운 상황을 겪으면서도 이런 예언자들의 깨어 있는 목소리가 전체를 이끌고 있었기 때문에, 하느님께서 그리는 큰 그림인 인류의 구원의 역사를 만드는 데, 그들이 큰 역할을 했다고 봅니다.

오늘날도 우리가 많이 쓰는 말에 '고인 물이 썩는다'는 말이 있습니다. 사람의 문제는 어떤 일이나 주어진 상황에 안주하게 되면, 반드시 문제가 생길 수 있다는 말입니다. 늘 깨어 있는 자세가 필요한 이유이고, 다양한 다른 의견들에 귀를 기울여야 하는 의미이기도 합니다. 그것이 창조주 하느님의 뜻이기 때문입니다.

삼위일체 하느님의 특성으로 개방성, 자기 증여, 일치 그리고 사랑의 열매로 정의합니다. 모두 저희가 닮고 따라야 할 가치이지만, 역시 그 첫째가 개방성입니다. 하느님께서 우리가 열린 자세로 긴밀하게 소통하고, 그런 과정을 통해 하느님 사랑과 이웃 사랑의 방안들을 모색하여 궁극적으로 모든 사람들이 행복하여지고, 모두 구원의 삶을 살도록 이끄시고 계시기 때문입니다. 오늘날도 예언자적인 삶을 살아내기 위해서 꼭 필요한 요소라고 생각합니다.

주님 저희가 형식론에 얽매이기보다 실질과 본질에 충실한 저희가 되도록 이끌어 주소서. 남에게 보이기보다는 있는 그대로의 우리 자신에게 충실하도록 도와주소서. 열린 자세로 다른 사람들에게 다가가고, 의견이 서로 다르고, 경우에 따라서는 충돌이 되더라도 잘 경청하고, 그 뜻을 이해하고 공감하는 우리가 되도록 주님 저희에게 자비를 베풀어 주소서. 주님의 이름으로 기도합니다. 아멘.

주 예수님을 믿으시오. 그러면 그대와 그대의 집안이 구원을 받을 것이요. **사도 16,31**
Believe in the Lord Jesus and you and your household will be saved. **Acts 16,31**

나 자신으로 돌아가는 길, 기도

성찰을 위한 질문: 잘 살기 위해서 돈을 번다고 하지만, 언제 잘 살 것인가에 대답은 무엇인가? 주객이 전도된 우리의 삶에서 궁극적으로 우리가 추구하는 것은 예수님을 닮는 길이라고 말하지만, 어떻게 우리는 그 길을 갈 수 있는가?

멈춤이나 쉼이 어색하게 들리는 시대를 살아왔습니다. 그러다 보니 여유를 부려 나름의 휴식을 갖거나, 휴가를 보내는 것에 대한 긍정적 느낌보다는 '배부른 소리'라고 생각하는 부정적인 의미를 갖게 되는 시대를 살아온 것입니다. 사실 상황이 좋아지고, 생활 형편이 좋아지면서 나름의 실정에 맞게 변하여야 함에도 불구하고, 우리의 의식 구조에는 좀 더 절약하고 더 벌어야 한다는 암묵적인, 우리를 가혹하게 몰아붙이는 힘이 존재합니다. 무엇보다 사람들의 일이라는 것이 예측 불가하고, 어떤 변수가 작용하여 하루아침에 쪽박을 찰 수도 있다는 극단적인 가정이 꼭 그런 의식을 뒷받침하며, 우리를 몰아붙입니다. 이것의 결과로 사실은 좀 더 튼튼해지고, 경쟁력이 만들어질 수 있기 때문에 아예 틀렸다고 말할 수는 없지만, 실제 그런 극단적인 상황이 발생하기는 어렵고, 앞으로의 방향도 명확하지 않은 채, 무조건 돈을 벌어 쌓아 놓아야 안심이 되는, 그런 무모하게 보이는 일을 우선적으로 하는 것이 우리들의 실태입니다. 개인보다는 기업들이 더욱 그렇고, 직원들을 한 방향으로 정렬하기 위한 수단과 방법으로 자주 쓰고 있습니다.

개인적인 입장에서 보아도 우리는 의식이 깨어 있는 동안은 계속해서 무엇인가를 하고, 잠시도 가만히 있지를 못하게 훈련되었습니다. 집에 들어와 혼자 있게 되면 TV라도 틀어 놓아야 하고, 집중해서 듣지 않으면서도 라디오나 음악을 틀어 놓아야 안심이 되는 그런 분위기에 익숙해진 것입니다. 사람들과의 관계가 삶에서 제일 중요한 가치로 자리하였기 때문에, 나름의 시간이 좀 생겨도 상사나 조심스럽게 대처해야 할 분들과의 관계에서 실수의 말을 하지는 않았나 되뇌어 보거나, 또는 다음에 보면 어떤 말을 하는 것이 좋을까, 무엇을 보여줄까 등의 사람들과의 상호작용 그것도 자신의 입지를 더욱 상승시키기 위한 것들에 몰두하고 집중하곤 합니다.

일련의 이런 생존 게임이 모두 나쁘다거나 하지 말아야 한다는 가치 판단의 내용이 아니고, 이렇게 살다 보니 놓치는 것이 많다는 것입니다.

인간이 태어나 일생을 잘 사는 것이 무엇보다 중요한 일입니다. 그런데 잘 산다는 것이 돈을 많이 벌고, 좋은 위치에 있는 것도 그중의 일부가 될 수 있지만, 결코 그것이 전부가 아닐 수 있기 때문입니다. 어쩌면 그런 것들은 수단이지 목표가 될 수 없는 것입니다. 돈을 좀 더 벌어서 좀 더 삶을 잘 살 수 있으면 족한 것을, 돈을 버는 것에 올인하여 자신의 삶의 모든 것을 불태우는 것이 과연 이 세상에 태어나서 잘 사는 것인지에 대한 의문을 제기해 보는 것입니다. 그렇게 많이 번 돈을 잘 사용하여 사회에 기여하면 더 좋은 일이 될 것이라고 말할 수도 있지만, 사회에 그렇게 기여하는 것이 처음부터 목표가 될 수 없고, 결과적인 이야기이기 때문입니다.

개인의 입장에서 보아도 우리는 '나만의 시간'이라는 것을 그간 못 가졌지만 지금부터라도 그런 시간이 필요하다고 봅니다. 순전히 자신을 둘러보고, 나름 재충전할 수 있는 혼자만의 여행도 좋을 것 같습니다. 낯선 곳에서 만나는 또 다른 일상을 며칠이라도 겪어 봄으로 인해, 틀에 박히고 일률적인 삶의 변화를 겪어 보며, 무엇보다 자신의 진실한 면이나 가식이 없는 있는 그대로의 모습을 만날 수 있을 것 같기도 합니다.

요즘은 '제주도에서 한 달 살아보기'와 같은 프로그램들이 생기는 것을 보면 이미 이 시대는 그런 변화로 기존의 틀을 깨 보려는 욕구가 분출하고 있다는 생각을 해 보았습니다. 그런 프로그램도 좋고, 전원생활에 대한 막연한 로망이 있기도 하니, 한 2년 전원생활을 해보는 것도 좋을 것 같습니다.

무엇보다 매일의 일상에서 잠시 짬을 내어 자신으로 돌아가는 시간을 가져보는 것이 제일 중요하다고 봅니다. 자신의 영혼 깊은 곳으로 들어가기 위하여 우리는 기도를 하게 됩니다. 우리가 그리스도인으로 산다고 하지만, 매일의 단 5분의 시간도 주님과 함께 하는 시간을 제대로 갖지 못함을 고백합니다. 지속적으로 훈련을 하여 그런 우리 영혼으로 들어가는 침묵의 시간을 매일 조금씩 가져서 영적 풍요로움을, 주님 안에 머무는 기쁨을 느낄 수 있도록 정례화를 해보려 합니다. 일부러 시간을 내어야 하지 자투리 시간을 쓰는 것으로 하면 안 될 것입니다. 성무일도를 바치듯 일정한 시간에 규칙적으로 그렇게 잠시 눈앞의 현실을 벗어나 보는 그런 체험을 해보려 결심합니다. 오늘의 말씀처럼 주님께서도 항상 외딴 곳에서 혼자 기도하셨음을 상기하며, 주님을 닮아 따르기로 새해의 결심으로 정해봅니다.

주님 저희가 주님을 따라 일정하게 기도하는 시간을 만들어 지키도록 이끌어 주소서. 매일의 일상을 바쁘게 살아야만 잘 사는 것이라는 프레임에 매여 사는 저희에게 자비를 베푸시어, 정작 더 중요한 것이 무엇인지를 깨달으며, 그 중요한 것에 우선순위와 시간과 노력을 배정하도록 해 주소서. 저희 영혼을 주님께 봉헌할 수 있는 시간을 의도적으로 만들 수 있는 저희가 되도록 주님 저희에게 은총을 내려 주소서. 주님의 이름으로 기도합니다. 아멘.

예수님께서는 일어나 왜 딴 곳으로 나가시어 그곳에서 기도하셨다. 마르 1,35
He left and went off to a deserted place, where he prayed. Mk 1,35

단순한 믿음의 힘

성찰을 위한 질문: 바오로 사도의 '쉬지 말고 기도하라'(테살 5,17)의 말씀은 우리에게 어떻게 살 것을 요구하는가?

창세기의 창조 설화를 있는 그대로 받아들일 수도 있고, 그것은 설화이고, 빅뱅 이후 지구가 생성이 되고, 그 오랜 시간을 지나면서 진화에 의해 오늘의 인류가 출현했다는 진화론적인 입장으로 받아들일 수도 있습니다. 근대에 들어서면서 좀 더 많은 것들이 밝혀지고 있지만, 교육을 많이 받은 사람들은 후자를 더 믿을 것이고 그 가운데에서도 유신론적 접근, 그러니까 존재론적인 차원에서 인간과 의식의 출현에 신의 은총과 개입이 있었음을 믿는 것입니다. 우리가 자연을 둘러보아도 인간이 신을 닮은 영역이 있음을 인지하기 때문입니다. 떼이야르 드 샤르댕 신부님의 사상에 의하면 복잡화 의식화의 진화의 축이 형성된 것이 곧 창조주의 활동이심을 믿고 받아들이는 것입니다. 그리고 그 과정이 더 심화되며, 수렴하게 되는데, 그것이 곧 오메가 포인트라는 구세주 예수 그리스도인 것입니다. 주님의 재림이 곧 오메가 포인트에 도달하는 때가 될 것이고, 그때까지 복잡화 의식화의 진화의 축은 창조주의 창조 활동이라고 보는 것입니다. 이 땅에 하느님 나라를 만들기 위한 주님의 뜻과 그 뜻을 따르려 노력하는 인간들의 활동으로 그 추진력이 만들어지게 되는 것입니다.

그렇지만 돌아가신 어머니는 창세기에 있는 천지창조 활동을 그대로 믿고 받아들이셨습니다. 추호도 의심 없이 빛을 만드시고, 사람을 만드신 성경의 말씀을 확신에 차서 말씀하시는 것을 들으며 어머니의 믿음에 대하여 감탄한 적이 있었습니다.

오늘은 베드로 사도좌 축일입니다. 사도 베드로는 많이 공부한 사람도 아니고, 우리처럼 평범한 사람입니다. 주님을 세 번이나 모른다고, 순간을 모면하기 위하여 거짓말을 하기도 합니다. 그런 인간적인 결점이 많은 베드로에게 제자들의 으뜸의 자리를 맡겨주신 이유는 무엇일까요? 그의 우직하지만 굳은 믿음 때문입니다. 물 위를 걸어오라고 하신 주님의 말씀에 우선 따르고 보는 단순한 믿음을 보시고, 그에게 하늘나라의 열쇠를 맡기겠다고 하십니다.

우리는 종종 주님 앞에 우리가 믿음이 없음을 탄원하는 경우가 많습니다. 너무 많은 지식과 정교한 인간적인 논리로 주님을 믿으려 하는 경향이 있기 때문입니다. 신학적인 지식이 많고, 이런저런 교회나 주님에 관하여 많이 아는 것이 믿음으로 연결된다고 보기도 합니다. 그래서 우리는 기도하는 중에도 주님을 가르치려 하거나, 주님을 움직여 우리가 원하는 것을 이루기를 바라는 형식으로 하는 경우도 많습니다.

교육을 많이 받은 사람일수록 그럴 가능성이 더 높을 수도 있습니다. 이성과 과학기술의 발달로 과거에는 상상도 못 해본 일들이 지금 우리 눈앞에 펼쳐지기 때문에, 과거의 신 중심에서 인간 중심으로 넘어온 것은 어쩌면 자연스럽고, 당연한 결과입니다. 그럼에도 불구하고, 우리가 극복할 수 없는 영역이 있으니 바로 죽음입니다. 죽음은 우리에게 인간의 한계를 드러내는 가장 극명한 표지입니다. 결국 올바른 삶도 좋은 죽음을 맞이하기 위한 여정이라고 볼 수 있습니다. 이 천년 전의 베드로 사도도, 돌아가신 어머니도 그 단순함 즉 죽을 수밖에 없는 우리가 주님의 강생, 수난, 부활, 승천으로 우리에게 그 죽음을 이길 길을 준비해 주셨다는 믿음입니다. 그것이 인간을 지극히 사랑하시는 하느님의 뜻이 우리에게 이루어진 것임을 우리가 믿고 받아들이는 것입니다. 오늘 말씀의 베드로의 고백 즉 '스승님께서는 살아계신 하느님의 아들이신 그리스도이십니다'가 우리가 가질 믿음의 모든 것입니다. 이것을 입술만이 아니라 마음에서 우러나는 모습으로 우리가 확신을 가질 때 그것이 곧 굳건한 믿음이 될 것입니다.

그럼에도 불구하고, 우리가 단련하고 수련하여 믿음을 이룰 수가 없음을 또한 고백하게 됩니다. 그렇게 강하던 믿음도 베드로처럼 잊거나 의도적으로 멀리하며 믿음이 없는 사람처럼 죄를 짓는 존재가 우리들이기 때문입니다. 우리는 확고하지 못하고 유동적인 믿음을 가지고 있습니다. 그래서 어느 한 때 '이것이다'라고 할 정도로 믿음이 있는 것 같다가도 전혀 믿음이 없는 사람처럼 행동하게 됩니다. 우리가 주님께 끊임없이 은총을 청하며 기도해야 하는 이유입니다. 그 기도의 내용도 변동성이기는 하지만, 단순하고 명료한 즉 우직한 믿음을 갖기를 청하게 됩니다. 흔들리지 않는 믿음은 단순하여, 주님을 떠올릴 때 기쁘고, 가슴이 따뜻해지는 그런 믿음의 은총을 주시기를 오늘의 복음 말씀처럼 주님께 청합니다.

주님 저희가 주님만을 바라는 단순한 믿음을 갖도록 도와주소서. 저희는 생각이 너무 많고, 마련이 많습니다. 주님을 바라볼 때, 저희 가슴이 따뜻해지며, 기분이 좋아지는 그런 주님과의 관계를 주시기를 청합니다. 저희도 모든 것을 내려놓고, 주님만 바라보며 주님 안에 머무는 저희가 되도록 주님 저희에게 자비를 베풀어 주소서. 주님의 이름으로 기도합니다. 아멘.

여러분에게 맡겨진 이들을 위에서 지배하려고 하지 말고,
양 떼의 모범이 되십시오. 1베드 5,3

To not load it over those assigned to you, but be examples to the flock. **1Pt 5,3**

렉시오 디비나

성찰을 위한 질문: 거룩한 독서를 통하여 관상기도에 들어가는 과정은 우리의 의지에 의해서 시작하지만, 궁극적으로 주님께서 활동하시는 것임을 받아들일 수 있는가? 성령께서 우리 안에서 자유롭게 활동하게 하는 열린 자세를 어떻게 유지하는가?

영성 생활의 한 축으로 거룩한 독서(Lectio Divina)가 있습니다. 초대 교회 때부터 성경을 읽고, 묵상하는 여러 다양한 모습들이 조금씩 변형되면서 여러 성인들의 손을 거치며 오늘에 이르고 있습니다. 13세기 스콜라철학의 영향으로 영성적 신비신학보다는 이성적이고 사변적인 신학의 방향으로 내려오면서 일부 수도원들을 중심으로 명맥을 유지해 오던 영성 신학이 제2차 바티칸 공의회에서 전통적인 영성적 방법의 권고, 그 한가운데에 있는 거룩한 독서에 대하여 언급하면서 다시 활성화되고 있습니다. 주님을 닮고, 주님의 뜻을 깨닫고 살아내는 길은 여러 가지가 있기 때문에 지난 역사에서 있었던 것들을 오늘에 잘 활용하여 나름의 각자에게 잘 맞는 길을 따르면 될 것으로 생각합니다.

1084년 창설된 카루투지오 수도회는 오늘날까지도 엄격한 침묵과 수행을 하는 수도회로 영상으로 소개되기도 한 수도회인데, 거룩한 독서에 대하여 그 수도회의 초기 회원 중의 한 사람인 귀고 2세가 쓴 '수도승들의 계단'이라고도 알려져 있는 〈관상 생활에 관한 편지〉가 있습니다. 이 짧은 영성 소품은 중세 때부터 지금까지도 많은 사랑을 받고 있습니다.

거룩한 독서에 대하여 독서, 묵상, 기도 그리고 관상으로 연결되는 4단계를 각각의 의미와 하여야 할 일 또는 방법, 주의할 것들을 구체적이면서도 마음에 다가오도록 정리한 편지입니다.

특별하게 다가오는 것은 이 네 단계는 구분된 것 같으면서도 연결되어 4단계이면서도 한 단계 같은 느낌이 든다는 것입니다. 디지털적으로 명확하게 구분된 것처럼 보이지만, 실제는 아날로그적으로 연결되기 때문입니다.

독서는 성경을 읽으며 시작하지만, 특별히 마음에 와닿는 구절이나 단어 또는 성경의 어느 부분들은 매우 다양하게 접하게 되기 때문에, 상황에 따라 선택될 것입니다. 그리고 읽는 과정 중에 특별한 말씀이나 의미에 집중하는 순간 묵상의 단계와 혼재 되게 됩니다. 관련된 구절의 의미, 뜻 나아가서 다른 성경 내에서의 연관성, 관련한 여러 주해서 들을 찾아보고, 나름의 그 구절의 풍성한 의미 속으로 들어가게 됩니다. 거룩한 독서의 중요한 내용인 되새김질이 여기서부터 시작되는 것입니다. 그 의미와 뜻, 나아가서 하느님의 말씀으로 가슴 깊이 받아들이며 그 말씀 안으로 더 들어가게 됩니다. 그리고 여기서부터 주님께 기도를 드리기 시작하게 됩니다. 죄인이며 부족한 현 상태를 짚어 보고 그럼에도 불구하고 은총 중에 살도록 해주시는 주님께 감사하는 기도를 합니다. 묵상에서 기도로 넘어가는 것도 구분이 명확하지 않을 수 있습니다. 묵상의 많은 내용이 그 성경 그 자체로 분석을 시작하지만, 결국 그 구절이 마음에 와닿는 데에는 나의 이유가 있기 때문입니다. 자연스럽게 기도로 연결되고 기도는 점점 더 깊어지게 됩니다. 성경 말씀이 되새김질을 통해 소화가 되어 말씀과 일치를 이루는 과정을 통해 주님께 더 가까이 다가가고자 하는, 주님 안에 머물고자 하는 간절한 염원이 청원의 기도로 연결되게 됩니다. 귀고 2세는 여기서 눈물을 흘리며 주님께 다가감을 표현하기도 하였습니다. 주님을 바라보는 발돋움입니다. 기도는 점점 더 깊어지며 어느 순간에 기도가 끝이 나고 관상의 단계로 들어가게 됩니다. 이 과정은 본인의 의지보다는 주님께서 이끄시는 것입니다. 우리의 오감으로부터 벗어난 무념무상의 하느님과 함께 머무는 상태에 들어가는 것입니다. 여기서 무슨 환시를 보는 그런 것은 아닙니다. 주님 안에 편안히 쉰다는 말이 적합한 표현입니다.

분심 잡념도 있어서 처음에는 5분도 지속하지 못했습니다. 깊게 호흡을 하며 같은 기도를 반복하다 보면 조금씩 시간을 늘려갈 수 있게 됩니다. 되새김질을 확장하여 한 번의 거룩한 독서에서도 반복적으로 되새김질을 하지만, 같은 내용 전체를 또 반복적으로 실시하는 되새김질을 하면, 좀 더 주님께 다가가는 체험을 할 수 있게 됩니다. 아직 초보 단계라 어려움이 있지만, 차분하게 지도 신부님 도움을 받으며 시도해 보려 합니다. 지금까지의 기도와는 또 다르게 주님을 만나고, 주님의 현존을 느낄 수 있는 기도라고 생각합니다. 무엇보다 늘 우리가 추구하는 주님과 함께, 주님 안에서의 삶을 이성적으로 잘 받아들이고 소화하며 살고 있지만, 이런 수련을 통해 체험적으로, 영성적으로 다가가는 것도 전체적으로 주님을 닮고, 따라가는 데에 많이 도움이 될 것으로 생각합니다.

주님 저희가 거룩한 독서를 통해 좀 더 주님께 다가가고 주님 안에 머무는 저희가 되도록 이끌어 주소서. 주님 말씀에 좀 더 가까이하며 그 말씀을 통해 저희에게 주시는 의미를 깨닫고, 그 뜻대로 살도록 주님 저희에게 자비를 베풀어 주소서. 거룩한 독서로 저희의 삶이 좀 더 거룩해지고, 또 그것을 실천으로 응답하는 저희가 되도록 주님 은총 내려 주소서. 주님의 이름으로 기도합니다. 아멘.

이는 많은 사람을 위하여 흘리는 내 계약의 피다. 마르 14,24
This is my blood of the covenant, which will be shed for many. Mk 14,24

부르심 알아차리기, 기쁨

성찰을 위한 질문: 주님께서 늘 우리를 부르시고 계심을 우리는 어떻게 알아차리는가? 원만한 소통은 나 중심이 아님을 어떻게 극복할 수 있는가?

새벽 아침 공기를 만날 때의 느낌이 아주 좋습니다. 물론 잠을 충분히 잔 후라야 합니다. 그럼에도 약간 잠이 덜 깬 상태에서 만나는 아침 공기는 우리에게 신비로운 느낌을 줍니다. 이때 관상기도가 좋습니다. 하느님 앞에, 주님과 함께 머무는 시간이 이때가 좋습니다. 아직 머리가 혼란스럽지 않고, 비어 있는 상태이고, 무엇보다 주님께 어떤 말씀을 드리기보다는 그냥 주님과 함께 머무는 그 자체로서의 기도가 좋습니다. 낮 시간이나 저녁 시간보다 좋은 것이 여러 생각이 많지 않고, 무엇보다 막 잠에서 일어난 상태이기 때문에, 맑고 깨끗한 상태이기에 주님과 마주하기에 좋습니다. 이런 기도를 규칙적으로 하는 것이 좋지만 실제 사회생활을 하면서 하기에는 쉽지 않습니다. 주말이나 휴일 같은 경우에 가끔 하게 되지만, 습관이 안 되어 그것도 쉽지 않았습니다. 이제 조금 시간적인 여유가 생기어 좀 더 자주 해보려 합니다. 경험적으로는 한 20분에서 30분 정도가 좋은데 상황에 따라 가변 할 수 있을 것 같습니다.

혼자 있음에 대한 두려움이 있을 수 있습니다. 여러 사람들과 함께 더불어 살아왔고, 상호 작용을 통해 각 개인이 가지고 있는 어려움이나 고통을 덜어주며, 사람들과 어울리는 과정에서 얻는 즐거움이 있습니다. 그렇게 함께 일을 도모하면서 얻어지는 보람들이 있기 때문에, 사람들은 사람들과 함께 있기를 좋아합니다. 꼭이 사회적인 동물이라는 이야기를 하지 않더라도 우리의 DNA에는 이미 그런 기질이 들어 있다고 보아야 할 것입니다. 코로나와 같은 환경이 이런 것들에 대한 도전으로 다가왔고, 이미 젊은 사람들을 중심으로 혼자 있는 것에 대한 문화가 만들어지고 있다는 것은 기존의 질서에 대한 도전이고, 어쩌면 역사 발전의 과정이라고 볼 수 있을 것입니다. 그래도 혼자 있음에 대해서, 또는 나아가서 어디에 소속되어 있지 않음에 대한 두려움은 여전히 우리 안에 있는 것 같습니다. 그럼에도 불구하고 점점 나이가 들어가면서 혼자 있음에 익숙해져야 할 것으로 생각하게 됩니다. 주변의 많은 사람들도 언젠가는 떠날 것이고 일정한 부분의 연대를 가지게 되겠지만, 요즘 사회의 추세처럼 연대도 느슨한 연대로 될 가능성이 있습니다. 가볍게 만나서 시간을 함께할 정도이지 서로에 대한 구속력을 가지려 하면 아마도 불편하게 될 가능성이 높습니다. 혼자 있음과 느슨한 연대, 이것이 또한 우리가 잘 만들어 가야 할 위상이고, 이런 상황이 될수록 좀 더 주님과 함께 하는 시간을 만들어야 할 것으로 생각합니다. 관심 있는 신학자들의 의견이나 교황님의 회칙과 같은 문헌을 중심으로 보아도 좋고, 무엇보다 복음의 말씀을 중심으로 하는 묵상기도가 꼭 필요한 때라고 생각합니다. 복음 속으로 들어가 주님께서 말씀하시는 또는 기적을 행하시는 그 현장에 함께하여 주님의 말씀을 듣는 순간도 좋고, 여러 어른들의 금과옥조와 같은 좋은 말씀을 돼 씹으며 우리 안에 녹여내는 그런 시간도 좋을 것 같습니다. 우리의 마음을 모두 알고 계시는 주님께 이런저런 말씀을 드리기보다는, 조용히 주님을 응시하고, 주님께서 하시는 들려오는 말씀을 듣는 것이 좋을 것 같습니다. 의도적으로 시간을 내는 것이 좋고, 적어도 하루에 한 번은 이런 시간을 만들어 보려고 노력하는 것이 좋겠습니다.

마지막으로 일상을 분주하게 살면서 드리는 화살기도인데, 가끔은 독백의 모습으로 나타날 수 있을 것입니다. '왜 이렇게 일이 안 풀리지?'라고 독백으로 자신에게 하는 말을 '주님 왜 이렇게 일이 안 풀리죠? 저 좀 도와주세요'라고 바꾸는 것입니다. 이런저런 일들에 관해 스스로 독백처럼 하는 말들을 주님과의 대화로 바꾸면 훨씬 더 주님과 인격적으로 가까워지는 것을 느낄 수 있게 될 것입니다. 이렇게 하기 위해서는 온전히 우리 자신이 주님과 함께 함을 즉 우리 자신을 내려놓는 마음가짐이 무엇보다 중요하게 됩니다. 그것도 입술로만의 것이 아닌 진정성이 담긴 마음으로 주님을 우리 마음 안에 모시는 것입니다.

그렇게 모든 것을 주님께 맡기는 것의, 겉으로 드러난 모습은 기쁨입니다. 기쁘지 않으면 입술만의 주님을 찾는 것이 될 것이고, 늘 기쁨 가운데에 머물 때 진정성이 담긴 모습이 될 것입니다.

불교에서는 집착에 대한 경고를 합니다. 집착이 욕심을 부르고 그것이 화를 만들어 결국 고통의 근원이 된다는 것입니다. 집착은 신앙에 관한 것도 포함입니다. 어차피 우리는 세속을 사는 생활이고, 그리스도를 믿지 않는 다른 사람들과도 상호 작용을 하면서 살기 때문에, 늘 깨어 있는 자세가 필요한 이유입니다. 주님께서는 사랑이시고, 우리를 포함한 세상의 모든 사람의 구원을 바라시는 분이시기 때문에, 우리는 좀 더 열린 자세로 그러면서도 주님과의 소통도, 이웃들과의 소통도 원만하게 이루어 나가기 위한 깨어 있는 자세가 필요함을 주님께 청하며 "하시고자 하시면"(루카 5,12) 우리가 그렇게 깨어 있는 그리고 기쁨이 있는 열린 자세로 세상을 살아가도록 인도해 주실 것을 믿는 오늘입니다.

꽃무늬 장식

주님 저희가 주님 안에 머물기를 원합니다. 시간을 내어 주님을 만날 수 있도록 저희에게 은총을 내려 주소서. 세상의 욕심을 내려놓고, 오직 주님 안에 머무는 것이 그 어떤 세속의 가치보다 높은 것임을 저희가 깨닫도록 자비를 베풀어 주소서. 주님의 뜻을 이 세상에 펼치는 데 저희가 작으나마 참여하고 도모할 수 있도록 도와주소서. 주님의 이름으로 기도합니다. 아멘.

성령과 물과 피인데, 이 셋은 하나로 모아집니다. 1요한 5,8
The Sprite, the water, and the blood, and the three are of one Accord. 1Jn 5,8

불꽃에 손을 대다

> **성찰을 위한 질문:** '성경의 불꽃에 손가락을 대어 본 적'의 의미는 어떻게 다가오는가? 그런 의미로 마음으로 다가왔던 성경 구절은 어떤 것이 있었는가?

바바라 보우 수녀님은 한국의 어떤 선원에서 만난 선사와의 만남에서 그 선사로부터 들은 각 종교가 가지고 있는 경전인 '거룩한 책'에 대하여 그 말의 의미만 배우는 것으로는 충분하지 않다는 표현을, 촛불을 예로 들면서 타는 모습이나 초의 향, 하늘거리는 불꽃 등 아무리 정교하게 촛불을 관찰을 해도 그 불꽃을 알기에 충분하지 않다고 하며, 손가락을 불꽃에 갖다 대어 본 후에야 비로소 초의 진정한 의미를 알게 될 것이라는 어느 스님의 말로 시작하며 성경의 말씀을 듣는 것과 그 들은 내용을 오늘 우리의 신앙에 새겨, 신앙을 구체화하도록 『영성으로 읽는 성경』이라는 책을 썼다고 했습니다.

학교 다닐 때 대학생 연합회 피정이 있었습니다. 당시 김수환 추기경님도 피정에 함께하시었는데, 그때의 주제가 '너 어디 있느냐?(창 3,9)'이었습니다. 여러 번의 강의가 있었고, 토의도 있었는데, 하느님께서 먹지 말라고 하신 열매를 먹고 그들이 알몸인 것을 알고 몸을 숨겼을 때, 하느님이 아담과 하와를 부르시는 장면입니다. 그때 '벌거벗은 나의 모습은 어떤 의미인가?'의 내용이 가장 많이 묵상하였던 것으로 기억합니다. 아직 나의 인생이 어떻게 전개될지 모르는 학생 시절이기 때문에 불안한 가운데에 있었으며, 하느님 앞에 서 있는 모습이 많이 부자연스럽고, 자신의 이해관계로만 세상을 바라보는 것에서부터, 크고 작은 하느님 앞에 부끄러웠던 경험과 기억을 더듬으며, 참회의 눈물을 흘렸던 적이 있습니다. 살아오면서 피정을 그렇게 많이는 못 했지만, 교회 내에 영성을 키우고 나름 신앙을 성숙하게 하는데 피정이 매우 도움이 된다고 생각합니다. 현실을 떠나 하느님과 일대 일로 만날 수 있게 일부러 시간을 내는 것이기 때문입니다.

그럼에도 불구하고 성경의 불꽃에 손을 대보는 경험, 즉 주기적으로 성경을 읽고, 그 의미에 깊숙이 들어가 영성적인 어떤 것을 얻어서 삶의 현장으로 연결되게 살았던 적은 거의 없어 보입니다. 정말이지 역사 비판적인 시각으로 성경을 분석하고, 따지는 일들은 여러 번 있었지만, 불꽃에 손을 대어 뜨거운 느낌이 드는 영성적인 느낌과 그것을 삶으로 살아내는 것은 많지 않았다고 생각합니다. 신학적인 접근은 다분히 이성적이지만, 영성은 다분히 감성적이고 신비적인 부분이 많기 때문입니다.

이런 것은 그렇게 되도록 지속적으로 주님께서 부르시고 계시지만 우리가 응답을 안 했거나, 못 해서입니다. 무엇보다 과학 기술 관련 서적이나 자기 개발서 또는 경영 관련 서적들을 보는 것처럼 성경을 분석적으로만 보려고 했던 것이 문제라고 봅니다. 그런 시각이 전적으로 다 좋지 않은 것은 아니지만, 그렇게만 보려고 하는 것이 문제입니다. 예를 들어 씨 뿌리는 사람의 비유는 말씀의 씨앗이 각 사람들에게 전해졌을 때, 일어날 수 있는 여러 경우를 구체적으로 말씀하신 것이고, 60배, 100배의 성과를 내려면 좋은 땅의 태도나 자세로 살아야 된다고 단정적으로 생각해 버리고 맙니다. 구체적으로 나 자신의 경험에서 길 위에 떨어진 것과 같은 경우도 있었고, 어떤 때는 가시덤불처럼 사는 경우도 많았습니다. 그렇게 나의 삶의 순간순간에 씨 뿌리는 사람의 비유 말씀이 생생하게 접목되어 그 말씀을 통해 나의 삶의 태도나 행동, 나아가서 삶의 방향을 바꾸는 쇄신의 삶을 살 수 있었습니다. 그럼에도 불구하고 성경의 불꽃에 직접 손을 대는 것에 망설이거나, 아예 시도를 안 했던 것을 반성하게 됩니다. 가톨릭 신자로서 평생을 살았기 때문에, 성경을 가깝지만 먼 거리감을 느끼도록 하며 살았던 것입니다.

오랜 전통을 가진 렉시오 디비나(lectio divina) 방법으로 성경을 통한 기도를 시작할 것을 결심해 봅니다. 마음의 귀로 경청하며 성경을 읽고, 마음에 와닿는 구절이나 단어들을 마음속 깊이 자리하도록 반복적으로 읽고 받아들이며(읽기: lectio), 고요한 수용의 태도를 가지고, 말씀을 숙고하고 음미합니다(묵상: meditatio). 다음으로 문장이나 단어를 경청하며 자연스럽게 응답합니다. 찬미, 감사 또는 탄원의 기도가 우러나올 수 있습니다(기도: oratio). 마지막으로 하느님 안에서 쉬는 것입니다. 더 깊이 경청하기 위하여 자신을 열고, 그저 하느님의 현존과 함께 머무는 것입니다(관상: contemplation).

우리 신앙의 선조들은 당시 성경이 그렇게 보급되기도 어려운 상황이기도 했기 때문에 전해지는 몇 개의 성경 구절을 가지고 신앙생활을 했으며, 끝내 형장으로 갈 때도 그 말씀을 계속 반복적으로 외우고 묵상하며, 거기에 매달리시며, 하늘나라로 가셨다는 이야기를 듣습니다. 환경이 좋지 않았지만, 나름의 렉시오 디비나를 하시며 주님과 일치를 이루는 과정을 겪으셨기 때문에 순교의 영광을 받으신 것입니다.

일정한 시간을 할애하여 렉시오 디비나를 시행해 보려 합니다. 저 혼자의 힘으로는 어렵게 때문에, 주님께 성경 묵상을 통한 영적 성장을 이끌어 주시기를 간절한 마음으로 청합니다.

⚜

저희가 주님의 말씀을 듣는다고 하지만 정작 제대로 못하며 살아왔습니다. 주님의 말씀을 읽고, 깊이 묵상하고, 그것을 통해 주님께 아뢰며, 또한 그 말씀과 더불어 주님 안에 쉬며, 머물 수 있도록 주님께서 저희를 인도하여 주소서. 그렇게 적극적으로 경청한 주님 말씀을 저희의 삶으로 살아내도록 주님 저희에게 자비를 베풀어 주소서. 주님의 이름으로 기도합니다. 아멘.

하느님께서는 여러분이 십자가에 못 박은 이 예수님을
주님과 메시아로 삼으셨습니다. 사도 2,36
God has made him both Lord and Messiah,
this Jesus whom you crucified. Acts 2,36

불평등 계약

성찰을 위한 질문: 하느님과 맺은 계약과 사람들 간에 맺는 계약의 차이는 무엇인가? 하느님과의 계약의 수혜자는 양자인가? 불평등 계약인가?

비즈니스는 사실 겉보기와는 다르게 계약들로 이루어진 총체라고 볼 수 있습니다. 회사를 만들고 직원들을 채용할 때부터 고용계약을 맺습니다. 또 물건을 사들여 개발 생산하는 데는, 수많은 부품 공급업체들과 일일이 모두 공급 계약을 맺습니다. 그리하여 제품이 나왔을 때는 영업활동이 끝난 고객에게 제품, 또는 상품 공급 계약을 체결하게 됩니다. 이런 비즈니스 시스템 말고도 인허가 등을 포함한 다양한 외부 기관과의 관계에서도 계약을 중심으로 이루어집니다. 시작부터 최종 결론은 계약이라는 것을 염두에 두고 모든 일들이 이루어진다고 보아야 할 것입니다. 대부분의 계약서에는 당사자들을 정의하고 이 계약의 범위를 정하며, 관련하여 계약 당사자들의 의무와 책임을 명기합니다. 대체로 제품을 공급하는 입장에서 품질, 가격, 그리고 납기(QCD: Quality, Cost, Delivery)에 의무 사항을 기재하고, 만약 약속된 QCD를 지키지 못하면 나름의 페널티를 부담하겠다고 약속을 합니다. 아울러 품질 요소에는 공급 후 얼마 기간 동안은 무상으로 서비스를 제공하겠다고 명시하기도 합니다. 보통은 유지 보수가 따라오는 제품인 경우 공급 계약에 포함될 수도 있고, 별도 계약으로 나뉘는 경우도 있습니다. 아울러 고객은 이런 공급되는 제품과 서비스에 대하여 대가를 어떤 지급 방식으로 현금 또는 어음으로 지급하겠다고 계약서에 기재를 하여 상호 약속을 합니다. 이 경우도 지급이 제대로 되지 않을 경우를 상정하여 늦추어질 경우 법정 이자를 지급할 의무를 갖게 됩니다.

이렇듯 일반적으로 많이 사용하는 계약서는 합의된 내용을 중심으로 상호 도장을 찍거나 서명함으로 효력이 발휘되게 됩니다. 이렇게 제품과 용역을 제공하는 공급 계약인 경우 거기에 상응하는 금전적인 대가를 치르는 것이므로 대등한 관계라고 볼 수 있습니다. 가격을 결정하는 과정도 입찰이나 기타 경쟁을 거쳐서 이루어지는 경우가 많기 때문에, 어느 정도 공정성도 있다고 볼 수도 있습니다. 그럼에도 불구하고 소위 말하는 '갑질'이 모든 계약 관계에 일정 부분 있다고 보아야 할 것입니다. 즉, 제품이나 용역을 받고 대금을 지불하는 사람을 계약서상에 먼저 기재하며 긴 이름을 줄여 '갑'이라고 표기하고 공급자를 '을'이라고 표기하는 데에서 유래한 '갑질'은 우리 사회의 또 다른 도덕적 수준을 떨어뜨리는 악행입니다. 경쟁이 치열할수록 공급자들이 수단과 방법을 가리지 않고 덤벼들기 때문에, 공급받는 자의 위상이 올라가고, 나름의 힘의 모습으로 나타나서, 결국 힘은 폭력을 동반할 수 있기 때문에 이런 문화가 생겨난 것입니다. 겉으로 갑과 을이 대등하게 보이지만, 실제는 비대칭적인 구조를 갖게 되는 것입니다.

우리 신앙을 '계약 신앙'이라고 부르기도 하는 것은 시나이 계약부터 하느님과 맺은 계약들에서 시작하기 때문입니다. 하느님은 이집트에서 구해낸 백성들에게 하느님의 백성이 되도록 하겠다고 약속하셨습니다.

젖과 꿀이 흐르는 땅도 약속하셨습니다. 그 대가로 하느님 말씀에 순종하며, 계약에서 맺은 내용을 그들이 지키고 실행하여야 할 것을 요구하셨습니다. 그들은 한 목소리로 주님께서 이르신 것들을 실천하겠다고 외쳤습니다.(탈출 19,8) 시나이 산에서 모세와 맺은 계약은 하느님께서 그들에게 나타나셨음을 믿는 이스라엘 백성의 신앙의 가치를 명확히 보여 주었으며, 하느님께서 거룩하시듯 하느님의 백성도 거룩한 백성으로 부르셨습니다. 갑과 을이 아니었습니다. 거룩함은 하느님 사랑과 이웃 사랑을 실천하는 데에서 구체적인 윤리적 원칙을 가지고 있었습니다. 계약의 규정은 고아, 과부, 이방인, 빈곤층 등과 같은 사회적 약자를 보호하도록 규정을 명시적으로 묶어 놓았습니다. 이 계약을 통해 이스라엘 사람들은 자긍심을 느끼고, 결집력과 통합의 터를 닦았습니다. 그들이 지켜야할 것은 인간의 질서와 윤리적 수준을 높이는 그들을 위한 것이지, 결코 하느님을 위한 것은 아니었습니다. 그들이 거룩함을 유지하기 위해 거룩한 하느님을 사랑하라는 것도 하느님을 위한 것이기보다는 그들을 위한 배려의 계약입니다. 전지전능하신 하느님께서 계약을 통해 당신이 얻거나 누리고자 하는 것이 무엇이 있겠습니까? 단지 못자리와 같은 역할을 하는 이스라엘 민족이 하느님의 뜻을 잘 알아 선택된 민족답게 살아 내기를 바라시는 사랑의 하느님의 계약이라고 볼 수 있을 것입니다. 그런 의미로 우리 인간들 간에 맺는 계약과는 많은 차이가 있는 매우 '불평등한 계약'이라고 볼 수 있습니다. 무조건 주시는 하느님과 받기만 하는 우리 간에 맺어진 계약이기 때문입니다. 우리가 가져야 할 의무나 책임도 궁극적으로는 우리 인간들을 위한 결과를 만들어 내기 때문입니다. 우리가 지켜야 할 10계명도 우리가 그것을 잘 지킴으로 질서를 유지하고,

인간적인 품위를 유지 발전시킬 수 있게 될 것임을 묵상합니다. 이런 시나이 계약은 예수 그리스도의 강생을 통해 완성되었습니다. 당신의 수난과 죽음 그리고 부활을 통해, 우리가 구원에 이르는 파스카의 신비를 통하여 계약을 완성하신 것입니다. 죽을 수밖에 없던 우리를 영원한 생명으로 이끄는 구원에 이르게 하는 계약을 맺은 사랑의 하느님께 감사와 찬미를 드리는 오늘입니다.

주님 저희가 사랑의 하느님께서 저희에게 주신 사랑의 계명을 잘 지키고 실천할 수 있도록 이끌어 주소서. 일관되게 흐르는 하느님의 계명은 하느님 사랑과 이웃 사랑이고, 주님께서 실천적으로 우리에게 모범적인 모습을 보여 주시어 저희가 구원의 길로 들어갈 수 있도록 인도하셨습니다. 저희가 주님을 닮아 기꺼이 저희 자신을 봉헌하고 헌신하여 주님께서 보여 주신 길을 저희도 따라가도록 이끌어 주소서. 주님의 이름으로 기도합니다. 아멘.

나는 너희에게 평화를 남기고 간다. 내 평화를 너희에게 준다. 요한 14,27
Peace I leave with you; my peace I give to you. Jn 14,27

신비를 중심으로 바치는 묵주기도

성찰을 위한 질문: 많이 바치는 기도는 어떤 것이며 그 기도를 통해서 주님의 현존에 어떻게 다가가는가? 기도에 도움이 되는 방법에는 어떤 것이 있는가?

우리나라 사람들이 가장 많이 바치는 기도가 무엇이냐고 물으면 아마도 많은 분들이 '묵주기도'라고 할 것 같습니다. 특히 나이 드신 분들, 여자분들이 묵주기도하는 장면을 요즘은 쉽게 만날 수 있습니다. 지하철 안이나 걷기에 좋은 코스에서 묵주를 들고 계신 분들을 쉽게 만날 수 있습니다. 묵주기도는 사도신경으로 시작하여, 주님의 기도와 10번의 성모송 그리고 영광송을 바치고 한 단의 신비를 구원의 기도로 마치는 형식으로 공생활 전의 주님의 행적을 중심으로 하는 환희의 신비, 공생활을 중심으로 하는 빛의 신비, 주님 수난을 중심으로 묵상하는 고통의 신비와 마지막으로 부활과 승천 등을 묵상하는 영광의 신비로 각 5단씩 총 20단으로 되어 있습니다. 단순한 방법으로 기도문을 반복적으로 바치는 가운데 우리도 모르게 몰입이 쉽게 되고, 하느님 안에, 성모님의 품 안에 있는 느낌을 느끼게 되어, 아마도 많은 사람들이 묵주기도 바치기를 좋아하는 것 같습니다. 성모님과 함께 바치는 기도로서 묵주 기도는 좀 더 친근하게 다가오는 기도입니다. 5단을 바치는 데 20분에서 25분 정도 걸리니 그 시간이 온전히 차분하게 영적인 체험, 특별히 주님의 일생을 묵상하는 기도와 묵상 그리고 관상의 체험을 하게 된다고 봅니다.

최근에 영성사 시간에 성모 신심의 발전에 대하여 공부하면서 성모송의 발전 단계를 알게 되었습니다. 초대 교회 때부터 있었던 성모 신심 중에 '아베마리아'로 많이 알려진 성모송의 발전은 가브리엘 천사의 주님 잉태 소식을 알리는 것과 마리아의 사촌이며 세례자 요한의 어머니인 엘리사벳이 성모님을 칭송하는 것으로 구성되어 있다가, 기도의 속성이 부족하다 하여 성모님의 전구를 비는 마지막 기도문이 추가되었고, 성모송의 중간에 예수의 기도가 들어가게 되었다고 합니다. 그리고 예수의 기도가 중간에 있음으로 인해 전구를 청하는 기도로서 중심 역할을 하게 되었다고 합니다.

그런데 이미 해외 유명 성모 성지 같은 곳에서는 널리 진행되고 있는 것이 성모송의 예수의 기도를 각 신비별 예수의 기도로 바꾸어 바치는 것입니다. 실제 그렇게 하다 보니 전체 기도의 시간은 좀 늘어나지만, 너무 빨리 진행하는 것 때문에 성모송을 또박또박 바치지 못하는 경우가 많은데, 기도의 순간이 깨어 있는 자세가 되고, 또 각 신비를 매 성모송마다 바치게 되어, 좀 더 각 신비에 집중할 수 있어서 더 좋다는 것을 깨닫게 되었습니다. 교수 신부님께서도 보여 드렸습니다. 조금씩 다르게 할 수 있지만, 예수의 기도를 각 단의 신비에 나오는 예수로 바꾸어 바치는 것입니다.

성모송에서의 예수의 기도는 "태중의 아들 예수님 또한 복되시나이다" 입니다. 여기에서 '태중의 아들 예수님' 부분을 각 신비의 예수님으로 바꾸어 바치는 것입니다. 이 '태중의 아들 예수님' 대신 예를 들면 영광의 신비 1단인 경우 '부활하신 예수님'으로 바꾸어 바치는 것입니다. 예수님이 안 나오는 신비가 있습니다. 환희의 신비 1단은 그래서 '성령으로 잉태되신 예수님' 그리고 엘리사벳을 성모님이 방문한 환희의 신비 2단은 태중에 계시기는 하지만, 어머니 마리아 함께 엘리사벳을 방문한 내용이므로 '엘리사벳을 방문한 태중의 예수님'으로 해 보았습니다. 나머지 신비들은 모두 예수님의 활동이나 행적을 중심으로 각 신비의 단이 구성되어 있음으로 쉽게 대응할 수 있게 되어 있습니다. 성모송은 교회 내에 공식적으로 운영되는 기도문이기 때문에, 기도문을 쉽게 자의적으로 바꾸는 것은 옳지 않을 수 있습니다. 그렇지만 이미 해외에서는 유사한 형태로 하는 사례도 있고, 무엇보다 기도문을 바꾸는 것이 아니라, 묵주기도 중의 각 신비를 묵상하는 것이기 때문에 훨씬 더 각 신비의 의미에 집중할 수 있고, 같은 성모송을 반복하다 보니, 입 안이나 마음속에서 뜻을 음미하지도 못하고 넘어가는 경우가 많은데, 이렇게 함으로 각 신비마다 예수의 기도가 다름으로 좀 더 천천히 또는 생각을 하면서 바치게 되어, 기도의 품격이 더 올라가는 것 같다는 느낌을 받았습니다. 지도 신부님은 그냥 묵주기도가 아니라, 각 신비에 연계된 성경 구절을 중심으로 하는 렉시오 디비나 즉, 거룩한 독서의 한 방편이 될 수 있다고 하셨습니다. 그 말씀은 성경 말씀을 읽고, 묵상하고, 기도하며 나아가 주님 안에 머무는 '성독'의 특성이 이 기도 안에 녹아 있게 된다고 보셨기 때문입니다.

주님 안에 머물며 쉬는 관상기도는 여러 형태의 준비과정이 필요한 것 같습니다. 몸과 마음을 단정히 하고, 거룩한 말씀을 정성 들여 읽는 것에서부터, 관련한 깊이 있는 분석이 뒤따르고, 그것을 중심으로 우리에게 주시는 하느님의 메시지에 귀 기울이는 자세가 필요합니다. 그리고 우리의 간절함을 받아 주님과 함께하고자 하는 열망을 담아 기도하여야 할 것입니다. 결국 관상기도도 역시 우리의 노력만으로는 되지 않는 것임을 깨달아야 할 것입니다. 주님께서 결정하심을 믿고, 주님께 내어 맡기는 자세가 되어야 관상의 기도에 들어갈 수 있게 될 것입니다. 많은 교부들의 가르침에 따라 조심스럽게 시도해 보는 노력을 통해 아주 작은 느낌이지만, 피드백이 있는 것이 좋습니다. 묵주기도를 통하여 관상 기도를 체험하는 것도 또 다른 기도의 모습이고, 주님 안에 성모님과 함께 머무는 좋은 기도가 될 것입니다.

❧

주님 저희가 묵주기도를 바치며 주님의 강생의 신비의 묵상을 통해 주님께 더 다가가는 저희가 되도록 도와주소서. 성모 어머니의 품 안에 안기어, 주님께 저희를 위하여 빌어 주시기를 청하는 저희가 되도록 이끌어 주소서. 그것을 통하여 좀 더 주님을 알고, 주님의 뜻을 저희의 삶으로 살아내는 저희가 되도록 주님 저희에게 자비를 베풀어 주소서. 주님의 이름으로 기도합니다. 아멘.

이분이 내 어머니시다. 요한 19,27
Behold, your mother. Jn 19,27

성모송

은총이 가득하신 마리아님, 기뻐하소서!

주님께서 함께 계시니 여인 중에 복되시며

<u>(태중의 아들 예수님)</u> 또한 복되시나이다.

천주의 성모 마리아님,

이제와 저희 죽을 때에

저희 죄인을 위하여 빌어주소서.

◎ 아멘.

환희의 신비

1단: 마리아께서 예수님을 잉태하심을 묵상합시다.

　　<u>(성령으로 잉태하신 예수님)</u>

2단: 마리아께서 엘리사벳을 찾아보심을 묵상합시다.

　　<u>(엘리사벳을 방문한 태중의 예수님)</u>

3단: 마리아께서 예수님을 낳으심을 묵상합시다.

　　<u>(탄생하신 예수님)</u>

4단: 마리아께서 예수님을 성전에 바치심을 묵상합시다.

　　<u>(성전에 봉헌되신 예수님)</u>

5단: 마리아께서 잃으셨던 예수님을 성전에서 찾으심을 묵상합시다.

　　<u>(성전에서 찾으신 예수님)</u>

빛의 신비

1단: 예수님께서 세례 받으심을 묵상합시다.

　(세례 받으신 예수님)

2단: 예수님께서 가나에서 첫 기적을 행하심을 묵상합시다.

　(카나에서 첫 기적을 행하신 예수님)

3단: 예수님께서 하느님 나라를 선포하심을 묵상합시다.

　(하느님 나라를 선포하신 예수님)

4단: 예수님께서 거룩하게 변모하심을 묵상합시다.

　(거룩하게 변모하신 예수님)

5단: 예수님께서 성체성사를 세우심을 묵상합시다.

　(성체성사를 세우신 예수님)

고통의 신비

1단: 예수님께서 우리를 위하여 피땀 흘리심을 묵상합시다.

　(피땀 흘리신 예수님)

2단: 예수님께서 우리를 위하여 매맞으심을 묵상합시다.

　(매 맞으신 예수님)

3단: 예수님께서 우리를 위하여 가시관 쓰심을 묵상합시다.

　(가시관 쓰신 예수님)

4단: 예수님께서 우리를 위하여 십자가 지심을 묵상합시다.

　(십자가 지신 예수님)

5단: 예수님께서 우리를 위하여 십자가에 못 박혀 돌아가심을 묵상합시다.

　(십자가에서 돌아가신 예수님)

영광의 신비

1단: 예수님께서 부활하심을 묵상합시다.

　　(부활하신 예수님)

2단: 예수님께서 승천하심을 묵상합시다.

　　(승천하신 예수님)

3단: 예수님께서 성령을 보내심을 묵상합시다.

　　(성령을 보내신 예수님)

4단: 예수님께서 마리아를 하늘에 불러올리심을 묵상합시다.

　　(마리아를 하늘에 불러올리신 예수님)

5단: 예수님께서 마리아께 천상 모후의 관을 씌우심을 묵상합시다.

　　(천상 모후의 관을 씌워 주신 예수님)

우리 마음 안의 파라오

성찰을 위한 질문: 우리가 살고 있는 여기에 '악의 비타협성'은 어디에서 발견할 수 있는가? 우리 안에 자리한 '파라오'라고 부를만한 것은 무엇인가?

우리 사회는 압축 성장을 이루면서 효율을 다른 어느 가치보다 소중하게 여기는 경향이 생겼습니다. 짧은 시간 안에 선진국 수준의 경제를 이루는 데는 기여하였지만 나름의 많은 부작용을 만들기도 하였습니다. 예를 들면 두 가지 서로 상반되는 의견이 있을 때에 각각의 의견에는 나름 의미도 있고 가치가 있을 것인데도 불구하고, 의견을 조율하거나 각각의 장점만을 모아서 새로운 제3의 대안을 만드는 것과 같은 것에 우리는 익숙하지 않습니다. 시간이 걸리고 특별히 분석적으로 들어가 장단점을 고려하여 장점만을 추출해내는 것 등이 시간뿐 아니라 조정과 조율이라는 힘이 드는 작업이기 때문입니다. 효율이라는 측면에서 보면 매우 비효율적인 접근이라고 생각하는 것입니다. 그렇지만 서로 다른 의견들이 다양하게 있을 수 있는 인간 사회의 속성상, 하나를 선택하고 다른 하나를 버리면, 그 과정이 합리적이거나 절차가 없었을 경우, 버리게 되는 의견을 가진 사람은 피해의식을 가지게 되거나, 앙심을 품게 되고 전체적으로 힘을 모으는 데는 매우 적절하지 못한 길입니다. 이렇게 생산성이나 효율만을 추구하며 우리 사회에서 벌어지는 일들은, 너무나 많은 사람들에게 마음의 상처를 주고, 벽을 만들며 비타협적인 악의 존재로 나타나게 됩니다. 그것이 악이 될 수 있는 이유는, 그런 의사 결정 과정은 힘의 논리에 의해서 결정되고, 결국 그 힘은 선택되지 않은 사안에 대하여 폭력으로 작용하게 되기 때문입니다. 그리고 결과적으로는 생산성이나 효율도 떨어지는 결과가 될 것입니다. 천재지변이나 전쟁과 같은 비상 상황에서는 다분히 그런 의사결정이 필요하겠지만, 일상에서는 좀 늦게 가더라도 잘 조율하고 조정하여 함께 참여하며, 전체가 자신들이 의사결정을 한 당사자임을 깨닫게 하는 과정이 꼭 필요하다고 봅니다. 그런 과정을 거쳐야만 통합된 힘이 만들어지고, 모두가 주인인 그런 사회, 직장이 만들어질 수 있을 것이기 때문입니다. 그런 과정을 통한 의사결정이 겉보기에는 비효율적인 것처럼 보이겠지만, 결정된 사항이 통합적으로 잘 작동하게 되면 결과적으로 훨씬 더 큰 효율적인 결과를 낼 것임을 확신합니다.

대표적으로 우리 정치에서 여와 야가 통합의 정치를 하지 못하는 것이 국민들에게 아주 나쁜 영향을 주고 있다고 생각합니다. 자기 정당의 문제가 아니라 나라 전체적으로 과연 어떻게 하는 것이 이익이 될지를 고민하는 정치가 되었으면 좋겠습니다. 그리하여 자기 자신과 소속 정당의 이해관계보다는 나라를 위하여 일하는 모습의 소신 있는 정치인들이 나와 국민들에게 모범을 보였으면 좋겠습니다.

기업 내에서도 비슷한 경우는 많기 때문에 직장에 소속된 구성원들이 스스로 의사 결정을 하지 못하고, 힘 있는 조직 책임자들에게만 의존하는 경향도 비슷한 결과를 야기합니다. 그런 생활에 익숙한 사람들이 가정에 돌아와서도 토의하거나 토론해서 결정하는 것보다는 밀어붙이기식으로 의사결정을 함으로 구성원 전체가 민주적이거나 합리적이며 다양성을 인정하는 그런 문화에서 멀어지게 되는 결과를 만들고 있습니다. 분명 이 것은 악의 문화이고 우리가 좋은 나라를 만들기 위하여 고쳐 나가야 할 문화라고 생각합니다.

한편 우리의 심성은 문화의 영향을 많이 받지만, 특별히 성장하면서 경 험한 부모님들의 양육 방식의 영향을 많이 받으며 형성된다고 봅니다. 아 무래도 우리 문화 곳곳에 남아 있는 가부장적인 생각과 그것과 관련된 남을 많이 의식하는 형태의 마음가짐 때문에, 가족들에게 함부로 하며 많은 상처를 주고, 체면을 중요시하며 불필요한 걱정이나 근심을 하는 것들이 우리 마음 안에 남아 있는 '파라오'라고 생각합니다. 그 강도나 크 기가 부모님 세대만큼은 아니지만, 아직도 우리 마음 안에 크게 자리하 고 있어서, 우리 자신은 물론, 가까이 있는 주변 사람들을 힘들게 하는 경우가 많기 때문입니다.

'파라오'의 압제로부터 이스라엘 민족을 구해 내신 하느님께서 우리 마 음 안에 도사리고 앉아 있는 '파라오'로부터 우리가 자유롭고 해방될 수 있도록 떨기나무 아래서 모세를 부르신 것처럼, 오늘 우리를 부르시어 말 씀하신 것처럼, 포도나무 아래에서 열린 마음이 되도록 주님께 청합니다.

◈

저희 마음 안에 있는 파라오로부터 저희가 해방되어 자유롭고 열린 자세의 저희 가 되도록 이끌어 주소서. 서로 다른 다양성을 인정하고, 의견을 모아야 할 때도 각 각의 장점을 고려하여 최적의 안을 만드는 노력을 우선하는 저희가 되도록 도와주소서, 무리하게 밀어붙이고 나 다른 사람 의견을 무시하는 저희가 되지 않도록 저희를 돌보아 주소서. 몇 사람이 빨리 가는 것보다 좀 천천히 가더라도 함께 가게 하소서. 주님의 이름으로 기도합니다. 아멘.

내 안에 머무르고 나도 그 안에 머무르는 사람은 많은 열매를 맺는다. 요한 15,5
Whoever remains in me and I in him will bear much fruit. Jn 15,5

주님을 닮아야 할 세 가지

성찰을 위한 질문: 예수님을 닮는 어떤 삶으로 나는 초대받는가? 그 초대는 내게 어떤 의미를 주는가?

학교 다닐 때 메리놀 외방 전교회 소속의 신부님으로부터 우리 그리스도인들의 신앙생활의 방향을 '예수님을 닮는 것'이라는 말을 처음 들었습니다. 죄가 없으시다는 것 말고, 모든 면에서 우리와 똑같으신 예수님을 떠올리라고 하였습니다. 그리고 우리가 위대한 위인들의 발자취를 따라가듯이, 성경을 통해서 파악할 수 있는 예수님의 행적을 오늘 우리의 삶에서 예수님을 따라 할 수 있는 그런 삶을 살아야 한다고 말씀하셨습니다.

구체적이고 역사적이며, 인격적인 인간 예수의 모습을 오늘의 우리의 삶에서 어떻게 실현해 나갈 것인지는 사람마다 다를 수 있고, 상황에 따라 쉽지 않을 수 있습니다. 그때 이래 예수님께서 나를 초대하시는 모습은 크게 세 가지라고 보았습니다. 하나는 그렇게 바리사이나 율법 학자들을 향하여 경고하시고, 나무라시는 '위선'입니다. 어떤 상황이 되더라도 위선적인 삶을 살아서는 안 되겠다고 결심을 하였습니다. 그런데 그 결심을 너무 자주 깨고, 또 너무 자주 새롭게 결심하는 것이 문제입니다. 이해관계가 엮여 있을 때, 나 자신을 도드라지게 보여야 할 상황일 때, 체면이나 위신을 세워야 한다고 판단했을 때, 무엇보다 다른 사람들로부터 좋은 평가를 받기를 원하는 기본적인 태도나 자세 때문에, 사실과 다르게, 있는 것보다는 과장하여, 처음 듣고서도 이미 알고 있는 것처럼, 가진 것이 별것도 없으면서 마치 대단한 어떤 것을 가진 것처럼 위장하기도 하였습니다. 순간순간을 모면하기 위하여 순발력이라는 이름으로 임기응변을 키워 왔습니다. 직접적으로 다른 사람에게 피해를 주는 것은 아니지만, 실제 있는 그대로의 나 자신보다 과장되게, 또는 왜곡하여 인식시킴으로 인해, 간접적으로 피해를 입히는 경우가 발생할 수 있습니다. 뭉뚱그려 이러한 잘못을 고해 신부님에게 고백하지만, 구체적인 각 행동에 대한 것들은 말로 다 표현하기도 부끄러운 것이 많습니다. 주님께서 그토록 싫어하시며 배척하신 이 '위선'은 주님의 행적을 면밀히 살피고 따라가며, 하나씩 우리의 욕망을 내려놓고, 우리의 욕구를 잘 다스리는 것을 훈련하여야 할 것임을 새삼스럽게 깨닫게 됩니다.

두 번째로 주님께서 초대하시는 주님을 닮아야 하는 것은 '이타심'입니다. 선포하시는 하늘나라의 모든 주제는 인간 사회에서 기본적으로 누리는 자기중심과 아주 많이 다른 이타심입니다. 그 이타심에는 세상 모든 생명들이 함께 누려야 할 공공선의 내용이 포함되어 있습니다. 혼자 잘 사는 것이 아니라, 더불어 잘 사는 것을 말씀하시며 보여 주셨습니다. 인간이 만든 여러 기준이나 법들도, 인간을 위하는 것이 더 본질임을 안식일 이야기를 통해 강조하셨습니다. 안식일을 지키는 것도 사람을 위한 것인데, 그 사람을 위하는 일을 안식일에 하는 것이 전혀 잘못된 것이 아니라는 것입니다. 많은 경우에 이해관계가 첨예하게 대립되는 상황에서는 그런 대립 관계가 싫기도 했고, 또 주님의 가르침인 이타심이 떠올라 쉽게 포기하는 경우가 많았습니다. 그렇지만 되돌아보면, 그런 양보나 포기는 힘 있는 사람에게 그렇게 한 경우가 많았고, 유리한 입장에 있는 경우나 약자인 경우 자기주장이나 상황을 강하게 설명하며 포기하지 않았던 경험들도 많았습니다. 또 의지적으로 포기하였을 경우에도 자신이 결정하여 놓고서도, 내적으로는 억울하다는 느낌을 계속 가져가고 있는 자신을 보는 경우가 많았습니다. 이 대목에서 김수환 추기경님의 '바보론'이 생각납니다. 그리스도인들은 세상의 논리로 보면 바보처럼 살아야 함을 다시금 깨닫고 묵상합니다.

마지막으로 주님께서 초대하시는 부분은 '기도'입니다. 예수님의 모든 활동은 연약한 인간으로서 하느님과 지속적인 기도를 통해 하느님과의 소통을 통해, 하느님의 뜻을 파악하여, 어떻게 하여야 할지를 결정하셨습니다. 활동하시는 동안 혼자 일부러 짬을 내시어 기도하시는 모습을 자주 보여 주셨습니다. 특별히 큰일을 앞에 두고는 밤샘 기도를 하시며, 우리에게 기도의 모범을 보여 주셨습니다. 기도에 관해서 우리는 주님의 기대에 너무 못 미치는 삶을 살고 있습니다. 하느님의 뜻을 파악하기 위하여 우리의 모든 것을 알고 계시는 주님께 무엇을 청하거나 설명하기보다는 주님의 말씀을 듣는 지혜가 필요함에도 불구하고, 소리 기도 중심으로, 청원의 기도 중심으로만 기도하고 있기 때문입니다. 감사 기도, 묵상 기도 그리고 나아가서 관상 기도를 통해 하느님의 말씀을 듣는, 그래서 우리의 삶이 그 뜻에 맞게 이루어지도록 하는, 삶의 원천 소스가 하느님의 뜻에서 오는 것임을 깨닫는 우리의 삶이 되었으면 좋겠습니다.

이런 우리의 원의와 바람이 우리의 간절함과 주님의 무한한 사랑의 힘으로 이루어질 수 있음을 믿고 주님께 감사와 아울러 자비를 청하는 오늘입니다.

주님 저희가 주님을 닮아, 주님의 뜻을 세상에 펼치는 저희가 되도록 이끌어 주소서. 저희는 많이 부족하여 이기심과 사리사욕이 높지만 주님의 뜻을 따라 그런 욕구와 욕망을 잘 다스려 주님의 뜻을 따르도록 저희를 도와주소서. 주님께서 주님을 닮도록 저를 초대해 주신 '위선에 대한 경계', '이타심' 그리고 '기도'를 통하여 주님께 한 걸음 더 다가가는 저희가 되도록 자비를 베풀어 주소서. 주님의 이름으로 기도합니다. 아멘.

세상 창조 이전부터 아버지께서 저를 사랑하시어
저에게 주신 영광을 그들도 보게 되기를 바랍니다. **요한 17,24**
I wish that they may see my glory that you gave me,
because you loved me before foundation of the world. **Jn 17,24**

하느님의 또 다른 이름들

성찰을 위한 질문: 우리가 부르는 하느님의 이름은 어떤 것들이 있으며, 그 의미는 무엇인가?

살아오면서 경험하는 것들 중에 우리 힘으로 어쩔 수 없는 부분을 만나게 되는데 바로 태어남과 죽음입니다. 사람들의 의지가 반영이 되어 임신이 되고 출산을 하게 되지만, 어떤 아이가 태어날 지에 대해서는 어느 누구도 인간의 힘으로 관여하기는 불가능하기 때문입니다. 인간의 의지라고 하는 부분도 그 자체도 사람의 마음을 움직이시는 창조주가 개입하심을 우리가 믿고 받아들입니다. 다양한 형태의 죽음을 맞이하게 되는 것에 대하여도 마찬가지입니다. 인위적으로 수명을 연장할 수도 있는 것까지를 포함하여, 그 모든 것이 하느님의 영역이라고 믿습니다. 그래서 보편적으로 많이 쓰는 하느님에 대한 호칭이 '생명의 주인이신 하느님'입니다.

그리스도인으로서 가장 많이 쓰는 단어는 역시 '사랑'입니다. 그리스도교의 뿌리인 유대교도 그렇고, 알라라는 다른 이름으로 불리지만, 역시 같은 하느님을 믿고 흠숭하는 이슬람교까지 다르게 표현을 할지라도 역시 하느님 사랑과 이웃 사랑이 본질입니다. 그래서 우리가 가장 많이 하느님을 부르는 이름은 '사랑의 하느님'입니다. 사랑에 대한 요한의 첫째 편지에는 하느님께서 사랑 그 자체이시며, 우리가 서로 사랑할 때에야 하느님을 알아볼 수 있게 된다고 말합니다.(요한 1서 4,7-8) 또한 우리가 잘 아는 바오로 사도의 코린도전서 13장에 있는 사랑의 찬가는 우리 그리스도인들의 삶 속에 사랑이 차지하는 것이 얼마나 큰 것이며 중요한지를 설파하고 있습니다. 그리고 그 사랑을 사랑 자체이신 하느님께로부터 거저 받고 있는 은총임을 우리 모두가 믿고 따릅니다.

학생 시절에 배운 종교에 관한 대표적인 특징을 그리스도교는 '사랑'이고, 불교는 '자비'라고 배웠습니다. 그런데 철이 들어서 신앙에 좀 더 다가갈수록 종교들 간의 경계가 없다는 것을 깨닫게 됩니다. 자비(慈悲, Mercy)란 사전적 의미로는 어려운 이를 사랑하고 가엾게 여기는 것을 말합니다. 불교의 주요한 가르침인 것은 맞지만, 여타 다른 모든 종교의 가르침이기도 합니다.

미사 전례도 자비를 구하는 기도가 들어 있고, 많은 기도문과 성가의 가사에도, 하느님의 자비를 청하는 내용이 많습니다. 그래서 우리가 기도 중이나 다른 이유로 하느님을 칭할 때 '자비의 하느님'이라고 부르는 경우가 아주 많습니다. 제2차 바티칸 공의회 이후의 보편 교회는 열린 자세로, 개신교를 포함한 이슬람교까지 같은 하느님을 믿는 종교는 물론이고, 불교나 다른 종교를 믿는 사람들도 같은 하느님의 길을 걷는 사람들이라고 확장된 인식으로 받아들이고 있습니다. 제2차 바티칸 공의회에도 참여한 20세기의 뛰어난 신학자 중의 한 사람인 칼 라너는 '익명의 그리스도인'이라는 이름으로 그리스도를 알지 못하지만, 하느님께서 우리 마음 안에 심어준 양심에 따라 선하게 사는 사람들도 구원의 대상자임을 제안하고 있습니다.

그리스도교가 전파되기 전에 살았던 선한 사람들, 현재에도 그리스도교 선교가 어려운 지역에 살지만, 그리스도인들처럼 선한 마음으로 사는 사람들에 대한 '자비의 하느님'의 입장에서 본 신학자의 고뇌가 묻어나는 대목입니다.

이 세상의 원천을 하느님으로 믿는 우리에게 '창조주 하느님' 또한 가장 많이 부르는 또 다른 하느님이십니다. 모든 존재의 원천을 하느님으로 믿고 받아들이기 때문입니다. 하느님을 은유적으로 부르는 단어는 수도 없지만, 그중에 으뜸은 '빛이신 하느님'입니다. 천지 창조 중에 첫날에 하느님께서 빛을 만드셨고, 우리 인간에게 빛은 없어서는 살 수 없는 하느님과 같은 존재이기 때문입니다. 빛의 원천인 태양이나 촛불 등이 역시 많이 인용되기도 합니다. 특별히 복음에서 예수님께서 직접 또는 비유로 가르치신 여러 가지들이 하느님을 칭하는 것들이 많습니다. 대표적으로 '길이신 하느님', '진리이신 하느님', '생명이신 하느님' 그리고 포도나무, 성전, 바위, 물, 바람 등이 하느님을 칭하는 표현들입니다. 이 밖에도 무수히 많은 표현들이 있습니다.

역시 여러 다양한 형태로 하느님을 부르지만, 우리들이 처한 상황에서 가장 근접한 표현이라 할지라도, 온전히 하느님을 표현하기는 부족하다는 것입니다. 하느님께서는 모든 이름 그 위에, 그 너머에 계시기 때문입니다.

꽃무늬

주님 저희가 주님은 어떻게 부르더라도 주님의 품 안에 머물 수 있도록 이끌어 주소서. 특별히 주님의 말씀인 성경을 자주 접하며, 주님께서 말씀하시는 것을 저희가 깨닫고, 좀 더 주님 안에 저희가 머물 수 있도록 도와주소서. 주님의 이름을 찬미하며, 주님과 함께하고, 주님께 더 가까이 가는 것이 저의 삶의 목표가 될 수 있도록 주님 저희에게 자비를 베풀어 주소서. 주님의 이름으로 기도합니다. 아멘.

나다. 두려워하지 마라. 요한 6,20
It is I. Do not be afraid. Jn 6,20

하느님의 것과
세상의 것
구별하기

일정 부분 세상의 가치와 하느님의 뜻을
모두 추구하며 살 수밖에 없는 저희는
늘 선택의 기로에서 고민하며 살게 됩니다.

세상 가운데에 살면서 세상을 위해서만 살 것인지,
하느님의 것을 더 우선하여 살 것인지
매 순간 식별하여
올바른 선택을 하는 삶을 살아갈 것을 결심하며
주님의 은총을 청합니다.

구원이 무엇입니까?

성찰을 위한 질문: 악한 영의 활동인 죄에 대하여 우리는 왜 그 유혹에 쉽게 넘어가는가? 하느님을 닮으려는 것과 하느님처럼 되는 것과의 차이는 무엇인가?

춘천교구에서 4형제 사제를 길러내신 이춘선 할머니가 그 아들 신부님들과 주고받은 편지와 일기 등을 책으로 엮은 『네 신부의 어머니』를 읽었습니다. 많은 사람들에게 감명을 줄 만한 내용입니다. 이분들의 이야기가 많이 알려지기 전인 아주 오래전부터 그 형제 신부님 중의 맏형인 오상철 신부님의 강론 테이프가 집에 있어서 아주 여러 번 들었었습니다. 최근에 짐을 정리하다가 발견하여 다시 들어 보았습니다. 4개의 테이프로 구성된 전체 강의는 오래되어 음질이 좋지 않았고 오디오 카세트를 읽을 수 있는 기기도 이제는 구하기가 만만치 않지만, 여러 번 들은 좋은 강의는 새삼스럽게 또 다른 모습으로 다가옵니다.

강의 중에 구원에 관한 이야기가 나옵니다. 재미있는 표현으로 분위기를 반전하기 위한 멘트이셨지만, 지금 생각하면 아주 알찬 뼈 있는 말씀이라고 생각합니다. "구원이 뭡니까?"라고 청중들에게 질문하시며, "10원에서 1원을 뺀 것이 구원 아닙니까?"라고 반문하시며, 청중들을 웃게 하시며, 재미있는 표현으로 구원의 본질을 말씀하셨습니다. 10이라는 숫자가 완전함을 의미하며, 완성됨을 의미한다고 볼 때, 우리가 신앙생활을 잘하고, 이웃 사랑을 잘 실천하며, 나름 주님의 뜻대로 잘 살았다고 하지만, 그런 우리의 공로로 구원을 이룰 수 없다고 하셨습니다. 그래 보았자 그것은 1에 해당하는 것이고, 나머지 9는 하느님께서 거저 주시는 무한 사랑으로 우리의 구원이 이루어진다는 것입니다.

요즘은 유튜브에 참 좋은 강의 자료들이 많이 올라와 있는 것을 알 수 있습니다. 특별히 CPBC 평화 방송에서 방송했던 좋은 자료들이 올라와 있어서 좀 여유가 있으면 그런 강의를 듣곤 합니다. 얼마 전에 들었던 김 귀웅 신부님의 향심 기도도 몇 차례 들을 정도로 좋은 강의였습니다. 요즘은 대학원의 '성경 영성 주제 연구' 과목과 연계하여 역시 평화 방송에서 방송하였고 유튜브에 올라와 있는 미리내 성심 수녀회의 김혜윤 수녀님의 '구약 노트' 강의를 듣고 있습니다. 쉽게 정리하시면서도 신학적인 또 영성적인 내용들을 차분하게 가르쳐 주시는 것이 매우 공감이 가고 학습에도 큰 도움을 받고 있습니다. 총 26강의로 되어 있는데 이제 4강의를 들었습니다. 어제 창세기를 하면서 우리 신앙의 본질과 연결된 죄에 대하여 말씀하셨습니다. 세상의 창조로 시작한 창세기의 주제는 인간이 저지르는 죄에 대한 것이라는 것입니다. 뱀의 유혹으로 죄를 저지르는 모습에서 '너희 눈이 열려 하느님처럼 되어서'라고 말합니다. 인류 최초의 살인 사건이라 불리는 카인과 아벨 이야기도, 정성을 다해 하느님을 사랑하기보다는 하느님을 조정하거나 처사에 불만을 표시한 것입니다. 노아 시대에도 그렇고, 바벨탑 사건도 모두 인간이 스스로의 힘으로 하느님이 되려고 하거나, 자신의 공으로 하느님의 영역에 들어가겠다고 하는 것이었습니다. 강의에서 수녀님은 죄를 그렇게 정의했습니다. 즉 죄란 스스로의 힘으로 하느님이 되려는 것이라고 말입니다. 세상을 창조하시고,

특별히 당신을 닮은 인간을 창조하신 하느님의 뜻은 궁극적으로 인간이 행복한 삶을 살 수 있도록 하기 위함이었는데, 그 뜻을 거슬러 결국 죄로 물든 세상을 만들어 가게 된 것입니다. 우리가 가진 불완전한 속성 때문에, 스스로의 힘으로는 결코 구원을 이룰 수 없음에도 불구하고, 인간은 그렇게 신의 영역에 도전하는 죄를 범하며 살아왔습니다. 궁극적으로는 많은 우여 곡절을 겪으며 하느님의 뜻은 당신의 외아들의 강생을 통하여 인류를 구원하시는 모습으로 구원의 길을 열어 주셨습니다. 즉 신의 영역에 해당하는 영원한 생명의 길로 인도하신 것입니다. 이것이 하느님의 뜻임을 우리가 깨닫게 됩니다. 즉 하느님에 의해서만이 우리는 하느님처럼 되는 구원의 길에 들어설 수 있음을 깨닫게 되었습니다.

창세기의 여러 인물들이 오늘의 우리에게도 해당되는 것임을 느끼며, 오늘의 우리도 이런저런 이유로 우리의 힘으로 구원을 얻어 낼 수 있는 것처럼 사는 것은 아닌지 반성하게 됩니다. 오상철 신부님의 말씀처럼 우리의 모든 것을 완벽하게 하더라도 10%밖에 할 수 없는 것임에도 그것을 통하여 마치 10을 다하는 것처럼 행세하며, 자만하는 우리들 가운데에 상존하는 죄의 모습을 볼 수 있게 됩니다. 우리의 실존이 하느님 안에, 하느님과 함께 할 때 나름의 완성된 우리가 될 수 있음을 깨닫는 것은, 너무나 당연하게 머리로만 생각해 왔던 것들인데, 어제 수녀님 강의를 통해 가슴에 크게 와닿았습니다.

하느님께서 우리를 창조하신 것임을 새삼 느끼며, 하느님을 떠나서 세상의 그 어떤 것으로부터도 영원한 생명 즉 구원의 길을 얻을 수 없음을 새삼 깨닫게 됩니다. 마음을 다하고, 혼신의 힘을 다해 하느님을 사랑하고, 이웃을 내 몸처럼 사랑하라는 주님의 계명이 바로 이것임을 깨닫게 됩니다. 즉, 그것이 결국 1원에 해당하는 것밖에 되지 않음을 생각합니다. 사회생활을 하면서 만들어지는 오만함과 자존감 이런 것들이 하느님과의 관계에서 그 연장선으로 가려 하는 것임을 우리가 모두 경계하고 잘 식별하여야 할 것임을 묵상하게 됩니다. 파스카 축제를 준비하는 마음이지만, 마지막 성지 주일을 맞이하며 사순절을 잘 마감할 수 있는 이번 주가 되기를 결심해 봅니다.

＊

주님 저희가 어려운 팬데믹 가운데 보내는 사순절을 잘 마무리할 수 있도록 이끌어 주소서. 오늘의 환경을 통해 우리가 어려운 이웃들을 찾아 도움을 주며 주님의 사랑을 실천할 수 있도록 은총 내려 주소서. 또한 우리가 겉으로 보이기 위한 것보다, 주님과의 내적인 일치를 이루도록 더 노력하게 도와주소서. 주님의 이름으로 기도합니다. 아멘.

아들이 너희를 자유롭게 하면 너희는 정령 자유롭게 될 것이다. 요한 8, 36
If a son frees you, then you will truly be free. Jn 8,36

만족할 줄 알아야

성찰을 위한 질문: 세상의 가치 중에 돈을 중요하게 생각하지 않으며 살 수 있는 가? 세상의 가치와 하느님의 가치를 어떤 균형을 맞추어 사는 것이 좋은가?

우리가 살면서 추구하는 가치는 그것을 의식하지 않으며 살더라도 기본적인 세속의 가치입니다. 어려서부터 훌륭한 사람이 되어야 한다, 너는 꼭 성공할 거야 같은 긍정의 메시지를 많이 들으며 성장했습니다. 여기서 말하는 성공의 개념이 곧 우리가 추구하며 살았던 것으로 보입니다. 매우 가난한 어린 시절을 보냈기 때문에, 돈을 버는 것이 성공의 길 중에 하나였을 것이지만, 큰 부자가 되겠다는 생각을 해보지는 못했습니다. 그저 삶을 영위하고, 어렸을 때처럼 가난에 많이 힘들지 않은 수준이면 족하다고 생각했습니다. 그래서 젊은 시절 좀 무리를 해서라도 돈을 벌려고 마음을 먹었더라면 지금쯤이면 큰돈을 모을 수도 있었겠지만, 그것에 대한 후회 같은 것은 없습니다.

며칠 전 어느 선배님과 통화를 하게 되었는데 서로의 근황을 잘 알고 있었기 때문에, 은퇴를 하고 지금은 좀 여유가 있게 되었다고 하니, "돈은 많이 벌었니?"라고 질문했습니다. 답변은 "지금까지 크게 돈에 대하여 불편함 없이 잘 살았으면 그것으로 족하다"고 말하였습니다. 말은 그렇게 해 놓고 나서 돌아보니 겉으로 돈에 집착하는 모습을 보인 적은 정말 없었지만, 실제 마음까지 그렇지는 안 했던 것에 대한 반성의 마음이 들었습니다. 이왕이면 좀 더 벌었으면 하는 아쉬움이 없었다고 말하기는 어렵기 때문입니다.

하나 분명히 했던 것은 자신에 대한 평가나 보상 때문에 자기주장을 하는 경우를 많이 보게 되는데, 그런 과정은 우리의 정서 안에서는 신뢰가 깨지기 쉽고, 또 어쩌면 인격적인 치부가 드러나는 것 같아서 경계했던 것은 사실입니다. 매년 급여 인상 철이 되면 자기주장을 강하게 하며, 더 보상을 받아야 됨을 강하게 어필하는 사람들이 의외로 많이 있는 것이 현실입니다. 우리나라 중소기업의 상황에서 모든 급여 체계를 시스템화하여 100% 지켜 나가기가 어렵기 때문에, 나름 성과나 업적을 고려하여 차등 적용을 하다 보니, 그런 일들이 일어나는 것입니다.

현대 사회는 인간사의 모든 일들이 돈을 매개로 이루어진다고 봅니다. 잘못을 해도 돈으로 평가하여 벌금을 내면 되고, 교통사고도 돈으로 보상하는 것으로 합의하고, 부모 자식 간에도 돈이 없으면 관계가 원만하게 유지하기가 어려운 것들이 모두 현실이기 때문입니다. 유전무죄, 무전유죄(有錢無罪 無錢有罪)라는 말이 있을 정도입니다. 따라서 사람이 사는 모든 것이 경제 시스템 안으로 밀어 넣어진 것 같고, 사람들과의 관계도 거래나 딜(deal)로 연결되는 것 같아서 삭막함을 느끼게 됩니다. '세상에 공짜가 없다'는 말을 직원들과도 많이 나누고, 사람들과의 관계에서 주고받는 것을 명확히 하라고 강조했지만, 사실 이 말처럼 우리를 비인격적으로 대하는 말도 없을 듯합니다.

그러다 보니 인간의 삶을 유용하게 하는 거래 수단으로서의 돈의 위치가 목적이 되게 되는 경우가 많습니다. 오로지 돈을 벌기 위해 사는 것처럼, 살게 되기 때문입니다. 물론 창조주께서 주신 소명 중에 생계 수단으로 근면하게 일을 하여야 함을 모르는 것은 아니지만, 분명 그것은 수단이지 목적이 아닌 것입니다. 하루하루를 오로지 돈만을 위해 산다면, 그것은 우리로 하여금 비참한 느낌을 갖게 할 것입니다. 살다 보면 귀찮아지고, 게을러지는 자신을 독려하고, 동기 부여를 위해 생계에 대한 생각을 할 수는 있을 수 있지만, 일상을 그렇게는 살 수 없을 것입니다.

해외에 있는 거래선들은 하나같이 정말 진심을 담아 은퇴를 축하하고 축복하는 메시지를 보내옵니다. 반면 우리나라에 있는 지인이나 선후배들과 같은 이야기를 하면 아쉬움을 표하거나 안됐다는 느낌이 담긴 위로의 말을 해줍니다. 분명히 정서의 차이가 있는 것 같습니다.

죽을 때까지 성장하고 일을 해야 하는 것은 맞는 것 같습니다. 여기에서 성장이나 일의 성격을 잘 보아야 할 것입니다. 지금까지는 경제 시스템이라는 큰 틀 안에서 좀 더 유능한 구성원이 되려고 공부하고 성장했다면, 지금부터는 자신이 추구하는 가치나 신념들을 보완하거나 강화하는 방향으로 공부하고 지혜가 성장하여야 할 것입니다. 일도 마찬가지로 그런 연장선상에서 이루어져야 하기 때문에, 경제적인 대가보다는 남들에게 봉사하고 헌신하는 그런 유의 일들을 할 수 있으면 좋겠습니다.

수입이 줄거나 없어지면 연금이나 퇴직금 정도로 삶의 규모를 바꾸면 될 것 같습니다. 조금 불편할 수 있지만, 그래도 어렸을 때처럼 가난으로 고통스러울 정도는 아니기 때문에 걱정할 필요도 없습니다. 그런 의미로 바오로 사도의 오늘의 말씀은 크게 우리에게 큰 위로를 줍니다. 지금 가진 것에 만족할 줄 알아야 한다는 것입니다. 만족이 없으면 불행해지고, 걱정만 하며 살게 되기 때문입니다. 이어서 사도께서는 "내가 결코 너를 떠나지도 않고, 버리지도 않겠다"(히브 13,5)는 주님의 말씀을 인용하여 우리에게 격려와 위로를 주십니다. 우리가 성장하고 노력하는 것은 주님의 뜻을 이 땅에 선포하고, 무엇보다 그런 사랑의 삶을 통해 우리가 이 땅에서 조금이라도 더 '하느님과 함께 하는 상태'인 '하느님 나라'를 체험하며 살기를 바라시기 때문입니다. 우리가 주님을 떠나지, 주님께서는 결코 우리 곁을 떠나시지 않음을 믿고 의지하는 마음이 생깁니다.

⁂

주님 저희가 돈에 대한 집착에서 벗어나도록 이끌어 주소서. 가지면 가질수록 더 갖고 싶은 것이 돈이니 현 수준에 만족할 줄 아는 저희가 되도록 도와주소서. 돈으로 사랑을 평가하는 세상의 가치 기준에, 저희가 흔들리지 않도록 주님 저희에게 자비를 베풀어 주소서. 주님의 이름으로 기도합니다. 아멘.

돈 욕심에 얽매여 살지 말고 지금 가진 것으로 만족하십시오. **히브 13,5**
Let your life be free from love of money,
but be content with what you have. **Heb 13,5**

성지주일 단상

성찰을 위한 질문: 교회 전례력에서 가장 중요한 시기인 성주간을 지내는 마음 가짐과 그에 따른 실천할 사안은 무엇인가?

주님 수난 성지주일을 지내며 주님의 수난기가 봉독됩니다. 비교적 긴 복음 말씀이 선포되는 동안, 주님께서 십자가 위에서 숨을 거두시는 순간 우리 모두는 무릎을 꿇습니다. 예전처럼 장궤대가 있는 것도 아니고 모두 성당 바닥에 무릎을 꿇게 됩니다. 오늘은 수난기를 읽으면서부터 시작하여, 가슴이 뭉클 해지고, 급기야 무릎을 꿇을 때는 눈물이 나왔습니다. 화려하게 예루살렘에 입성할 때와 다르게, 비참한 죄수의 모습으로 십자가형을 선고받고, 급기야 십자가 위에서 돌아가셨습니다. 그 일련의 과정을 통해, 하느님께서 사람이 되시어, 사람들의 구원의 길을 마련하기 위하여, 즉 죄를 지으며 살 수밖에 없는 우리 모든 사람을 위하여, 비참 하게 돌아가신 주님의 뜻이 느껴졌습니다. 늘 죄 중에 살고 있는 나 자신 을 구원하기 위하여 주님께서 우리의 잘못을 모두 짊어지고, 죄인이 되 어, 매 맞으시고, 가시관 쓰시며, 무거운 십자가를 지고 사형장까지 가시 어, 마침내 십자가에 못 박히는 고통과 함께 숨을 거두신 겁니다. 주님의 그 뜻이, 그 깊은 뜻이 가슴에 와닿았기 때문에, 가슴이 뭉클해지고 눈 물이 나왔습니다. 우리가 살아오면서 지은 크고 작은 죄와 잘못을 뉘우치는 마음이 들었기 때문입니다. 이렇게 전례는 '기억'과 '기념'을 통해, 오늘 우리의 삶에 '변화'와 '쇄신'의 에너지를 줍니다. 전례를 통해 나태해지고, 게을러지며, 자기중심적으로만 사는 우리의 생활 방식을 점검하고, 교정하는 소중한 시간이 됨을 생각하게 합니다.

지난해에 받아서 고상 위에 걸어 두었던 성지 가지를 재의 수요일에 사용하여야 함에도 불구하고, 수거할 기회를 놓쳐 그냥 폐기했습니다. 오늘 새로 축성된 성지 가지를 방마다 고상 위에 다시 얹으며, 물이 오른 전나무 가지를 보며, 사순절을 잘 마감하며, 일 년 중 가장 거룩한 때인 성주간을 맞이하게 됨을 묵상하게 됩니다. 우리 그리스도인의 신앙의 중심에 부활에 있음을 생각하며, 이번 주 한 주를 역시 거룩하게 잘 지내야 할 것을 결심해 봅니다.

요즘은 성지 주일에 사용할 성지 가지도 공급해 주시는 분들을 통해 구입해서 사용하지만, 예전 어려서는 어른들과 함께 전나무 가지를 수집하는 일들을 함께 하기도 하였습니다. 한 나무에서 너무 많이 잘라내면 안 되기 때문에 솎아내듯이 하여야 한다는 어른들이 말씀하시던 주의 사항이 아직도 기억에 있습니다.

팬데믹 상황 때문에 모든 전례가 간소하게 치러질 것으로 예상합니다. 참여하는 인원수도 제한이 되고, 촛불에 불을 댕기는 등의 사람들과의 접촉도 제한하기 때문에 간소하지만, 오히려 차분하고 장엄한 분위기의 성주간이 될 것으로 기대합니다.

특별히 가족들 중에도 대부분이 평화방송 전례에 참여하여야 하고, 가족을 대표해서 나만 참여하려고 합니다. 많은 시간이 지나고 나서, 오늘의 현상, 오늘 우리가 겪는 일련의 제한된 상태로 살아가는 모습들이 어떻게 영향을 주고, 또 나름의 새로운 전례의 방향을 만들어 가는데 영향을 줄지 걱정과 우려가 있습니다. 많은 사람들이 포스트 코로나(Post Corona 19)는 그 이전과 많은 면에서 변화가 있을 것으로 예상하고 있습니다. 특별히 말씀의 전례 중심으로 진행되는 개신교 예배는 이미 온라인이 활성화되었다는 말도 들리지만, 성찬례가 또 한 축인 미사인 경우 영성체를 하지 못하며, 신령성체의 기도로 대치한 방송 미사를 오랫동안 지내며, 미사의 대송으로 바치는 것에 익숙해진 사람들의 행동을 코로나 이후 예전처럼 잘 자리 잡게 하는 것이 과제가 될 것입니다. 학교 교육은 그나마 좀 덜하겠지만, 직장이나 사회 여러 분야에서 교육이나 회의와 같은 그동안 집합하여 진행하던 것들이 팬데믹을 지내면서 온라인으로 진행하는 것에 충분히 익숙해지고, 오히려 효율적이라는 경험을 하였기에 많은 변화가 있으리라 예상됩니다. 미리 걱정할 필요는 없지만, 분명한 것은 예전으로 돌아갈 수는 없을 것입니다. 아무쪼록 우리가 지나고 있는 이런 어려움과 고통도 우리가 건너가야 할 또 하나의 '광야'로 받아들이고 우리 마음 안에 있는 파라오를 잘 극복하고 이겨나가는 우리가 되었으면 좋겠습니다. 분명한 의미가 있고 그것을 통해 주님께서 우리를 기르시고 사랑하시는 것임을 잊지 말아야 할 것입니다.

※

주님 저희가 성주간을 거룩하게 지낼 수 있도록 이끌어 주소서. 부산하게 움직이거나 말을 많이 하기보다는, 차분하고 조용하게 주님의 부활을 준비할 수 있도록 도와주소서. 무엇보다 잠시 잠시 멈추어 주님의 뜻을 묵상하고, 주님의 말씀을 듣는 시간을 가질 수 있도록 저희를 도와주소서. 주님의 이름으로 기도합니다. 아멘.

이 잔을 저에게서 거두어 주십시오. 마르 14,36

Take this cup away from me. Mk 14,36

세속의 가치

성찰을 위한 질문: '세상 가치' 중 가장 본질적인 세 가지는 무엇인가? 하느님께로부터 오는 가치와 비교해 보며, 그리스도인으로서 어떤 지혜로움이 필요한가?

　시대나 문화적인 환경에 따라서 다를 수 있겠지만 대체적으로 사람들이 추구하는 세속의 가치는 돈, 명예 그리고 권력이라고 봅니다. 그리고 이것들을 잘 얻기 위하여 어떻게 살아야 하는지에 대한 것들을 연구하며, 가르치고, 세상의 지혜를 계발하고 다른 사람에게 뒤지지 않으려고 노력하며 애쓰는 모습이 우리가 일상에서 늘 접하는 사람들의 모습입니다. 돈에 관하여 수많은 지혜와 격언들이 있습니다. 예를 들면 주식 거래를 할 경우에 '어깨에서 팔고, 무릎에서 사라'는 말은 주식 거래 시기를 결정하는 데 판단 기준으로 오랫동안 많은 사람들의 경험에 의한 지혜일 것입니다. 예전에는 한 직장에서 오래 있으며, 성장 과정을 여러 사람과 공유하고 경험하며 승진 또는 성장하는 것을 좋은 덕목으로 생각했었습니다. 그래서 평생을 한 직장에서 보내는 사람도 많았고, 경력사원을 뽑을 때도 여러 직장을 경험한 사람을 좋게 평가하지 않았었습니다. 그렇지만 요즘 젊은 사람들은 생각이 많이 다릅니다. 우선 현 직장보다 그렇게 큰 금액 차이가 아님에도 불구하고, 급여가 높으면 쉽게 이직을 결심합니다. 그렇게 생각하는 이유 중에 돈 문제와 아울러서 다양한 경험을 더 우선하는 경향도 포함되어 있기 때문입니다. 살림이 어려웠을 때도 돈이 덜 중요한 것은 아니었지만, 많이 벌 수 있는 기회나 경우의 수가 적었기 때문에 오히려 돈에 초연한 모습으로 살아온 면도 있습니다. 그렇지만 경제 규모가 커지고 많은 사람들이 훨씬 더 풍요로운 삶을 영위하는 요즘은, 가장 중요한 일생의 목표로 돈을 많이 버는 것에 두는 사람이 많습니다. 돈이면 안 되는 것이 없다는 생각이 지배적인 세상에 우리가 살고 있습니다. 안타까운 것은 돈은 사람이 사는 데 필요한 자원이고 수단이지만, 마치 목표인 것처럼 살고 있는 것이 문제라고 생각합니다. 요즘 직장에 다니는 사람들에게 당신의 목표가 무엇이냐고 물으면 '내 명의의 반듯한 집 한 채 사는 것과 아이들 남부럽지 않게 키울 수 있을 만큼 돈을 버는 것이다'라고 말하는 사람들이 많습니다. 자신의 삶을 즐기려는 경향이 많아지고 있어서 역시 인생을 즐길 만한 시간적인 여유와 돈을 버는 것을 목표로 하는 경우도 많습니다. 자본주의라는 이름으로, 이미 인생의 목표가 돈을 버는 것으로 어느 정도 자리 잡은 것처럼 보입니다. 그것이 무조건 잘못되었다고 말하기도 어려운 것이 현실이지만, 주객이 전도되는 것은 많이 안타까운 면이 있습니다.

또 다른 세속의 가치인 권력은 많은 부분이 돈과 연결이 되어 있습니다. 여러 모습으로 권력은 나타나고 있지만, 돈의 힘이 가장 큰 권력 중에 하나이기 때문에, 돈이 많은 사람 주변으로 사람들이 모입니다. 돈이 많은 사람이 존경의 대상이 되고, 그 사람은 큰 영향력을 끼칠 수 있기 때문에 권력의 모습으로 나타납니다. 정치적이거나 인간관계에서 조금 더 유리한 위치에 서게 되는 '선수(選手)'를 잡으려 모든 노력을 기울이는 것이 현실입니다. 정치적인 권력처럼 권력은 많은 사람들의 이해관계에 영향력이 크기 때문에 뇌물이나 급행료 등이 부정한 돈들이 흘러 다니게 됩니다.

어느 사회에나 존경받는 가치가 있기 마련입니다. 공부를 많이 해서 학계에 좋은 영향을 미치는 학자들이나 헌신적인 노력으로 많은 사람들에게 좋은 영향력을 끼친 사람들, 사리사욕에 치우치지 않고 공정하고 바르게 세상을 살아가는 사람들이 그 사회의 어른의 역할을 하고, 나름의 귀감이 되어 사람들로 하여금 자긍심을 갖게 하고 존경의 마음을 가지게 됩니다. 요즘에 우리 사회는 학문 그 자체보다는 학위 소지 자체를 목표로 하여 학위를 받은 박사들이 넘쳐납니다. 또 기부행위나 기업의 사회적 공헌에 대해서도, 짜인 각본에 의해서 연출되고 홍보하는 것이 시대가 추구하는 효율성, 생산성 그리고 가성비 등입니다.

이런 가운데 그리스도의 가르침을 따르는 우리가 살고 있습니다. 너무나 상반되고 거리감이 있기 때문에 답답함을 느끼게 되고, 어떻게 살아야 할지 혼란스러움을 경험하며 살고 있습니다. 그 과정이 공정하고 정당한 경쟁이라면 받아들이고 수긍하여야 할 것입니다. 그렇지만 공정하지 않고 구조적으로 패배할 수밖에 없는 경쟁구도를 만들어 가는 사회적인 시스템에 대해서는 그것을 바로잡기 위한 노력들을 지속적으로 하여야 하는 것이 또한 우리 그리스도인들이 하여야 할 몫이라고 생각합니다. 기회가 평등하지 않고, 경쟁의 조건이 기울어진 운동장이라면 올바른 게임을 할 수도 없고, 그것의 원인이 기득권자들의 영향력 때문이라면 더욱 그렇게 바로잡는 노력이 필요할 것입니다. 그런 가치들이 효율이나 생산성보다 훨씬 더 높은 가치에 있음을 천명하고, 무엇보다 우리가 세속에서 만나는 높은 가치인 돈, 명예 그리고 권력은 공공재라는 인식으로 바꾸는 것이 무엇보다 중요하다고 봅니다. 어떤 특정한 사람이나 세력들에 의해서 점유되거나 향유하여야 할 대상이 아니고 공공선을 위한 용도로 활용되어야 할 것이기 때문입니다. 하느님의 뜻을 따르는 우리는 수단과 과정이라고 보는 세속의 가치들을 모든 사람들에게 고루 혜택을 주는 방향으로, 바로잡는 노력과 함께 이웃 사랑의 계명을 실천하며 하느님과 일치를 이루어나가는 것이 궁극적인 인류의 목표임을 알리고, 삶으로 살아내는 우리가 되어야 할 것임을 묵상합니다.

주님 저희가 세속에 살고 있지만 주님의 뜻으로 우리 삶을 살아 내도록 이끌어 주소서. 세상은 빠르게 움직이며 높은 효율과 생산성을 향하여 인간의 존엄성과 피조물로서 누려야 할 기회를 포기하게 하고 기득권자 중심으로 운영하고 있습니다. 사회의 시스템 안에 어쩔 수 없는 상황이라고 생각하지 말고, 우리 주변부터 바로잡을 수 있는 것들은 주님의 뜻에 맞추어 이루어 낼 수 있도록 저희에게 용기와 힘을 주소서. 주님께서 주신 저희의 사명은 이 세상에 하느님 나라를 이루시고자 하는 하느님의 뜻에 부합하여 사는 것이기 때문입니다. 주님의 이름으로 기도합니다. 아멘.

아버지께서 나와 함께 계시다. **요한 16,32**
The father is with me. **Jn 16,32**

소통에 있어서 감정조절

성찰을 위한 질문: 사람들의 감정을 읽어 주면 공감의 폭이 쉽게 또 많이 생김에도 불구하고, 우리는 왜 이성적으로만 다가가려 하는가?

코칭에서 자주 사용하는 질문 중에 "최근에 즐거웠던 일이 있었습니까?" 또는 "지금 이 순간 행복하거나 감사한 사유를 세 가지만 말씀해 주세요"라는 주문을 합니다. 우리는 종종 자신이 행복하다는 것을 인식하지 못하고, 세상이 중요하게 여기는 가치에 대해서만, 마치 거기에 모든 행복의 원천이 있는 것처럼 살고 있습니다. 그렇지만 행복한 이유에 대한 질문을 하면 주변에 작지만 잔잔한 기쁘고 행복한 일들이 많이 있다는 것을 깨닫게 됩니다. 그런 의미에서 이 질문은 강력하고 사람들을 변화시킬 수 있는 힘 있는 질문입니다. 그런 질문에 계속 답을 하다 보면, 자신도 모르게 주변의 크고 작은 기쁘고 행복한 일들을 인식하게 되고, 또 그에 따라 행복한 느낌을 가지게 되며 궁극적으로 행복한 삶을 살게 될 것이기 때문입니다.

소통에 있어서 상대방을 이해하는 데 무엇보다 중요한 것이 상대방의 감정을 인지하는 것입니다. 대부분의 사람들이 말로는 사실을 이야기하는 것 같지만, 그 말에 본인이 가지고 있는 감정이 없히면, 텍스트가 가지고 있는 의미와는 많이 다른 뜻으로 전달되기 때문입니다. 단순하게 텍스트로만 이해하면 본인의 진정한 뜻이 왜곡되게 전달되어 소통이 불통이 되는 경우가 매우 흔합니다. 또한 더 나아가 자신의 감정을 솔직하게 이야기할 때에도, 우리는 보통 감정 표현에 대하여 부정적인 시각을 가지고 있어서, 이해하려 하기보다는, 자기 통제를 잘 못하는 사람으로 보려는 경향이 많습니다. 그래서 원활한 소통이 되기 위하여 무엇보다도 중요한 것이 상대방의 감정 상태를 잘 읽어내고, 그 감정 상태에 대하여 위로하고 지지하며, 공감대를 형성해 주는 것이 소통에 있어서 무엇보다도 중요한 방법입니다. 감정 상태를 이해하고 공감하며 현재 상태에 대하여 지지하는 말을 들을 때 우리는 조절할 수 없었던 수준 이상의 감정이, 자신의 통제 능력 범위 안으로 들어오고 쉽게 다스려 짐을 체험적으로도 알고 있습니다.

우리는 생각과 감정을 잘 구분해 내지 못하는 경우가 많습니다. 아무래도 감정은 희로애락을 중심으로 거기에서 변형된 다양한 형태의 감정 상태입니다. 실제 우리는 사실에 근거한 이슈나 이벤트에 의해서보다는 감정의 문제로 인해 힘들어하고 괴로워하는 경우가 더 많습니다. 보통 생각의 결과가 감정의 변화로 연결되는 경우가 많습니다. 따라서 사람들과의 좋은 관계를 잘 유지하기 위해서는 만나고 있는 사람의 감정 상태를 민감하게 받아들일 줄 아는 역량이야말로 꼭 필요한 부분입니다. 특별히 좀 더 유리한 위치 즉 사회적으로 높은 위치에 있거나, 유리한 입장에 있는 경우 더욱더 상대방의 감정에 대한 배려를 충분히 할 필요가 있습니다. 더불어 살아가는데 이만큼 더 소중한 소통의 역량도 없을 것입니다.

반대로 우리는 너무 쉽게 다른 사람에 의해서 감정적인 상처를 받게 됩니다. 그런데 많은 경우 상대방의 의도와 관계없이, 우리 스스로 너무 예민하게 반응하여, 상대방의 뜻과 관계없이, 부정적인 감정 상태로 들어가게 되는 경우가 많습니다. 이런 감정 상태는 기분이 안 좋아지는 것뿐만 아니라, 물리적으로 숙면을 취하지 못하게 하거나, 우울증 증상으로 연결되기도 합니다. 반복되다 보면 면역력이 떨어져 감기에 걸리거나 몸살을 하는 경우도 발생하게 됩니다. 엄밀하게 들여다보면, 별것도 아닌 것을 가지고 스스로 자신을 옥죄며 감정의 감옥에 가두고 자신을 힘들게 하는 경우입니다.

우리가 감정을 잘 조절하고 통제하여야 할 필요와 이유가 여기 있습니다. 감정은 바람처럼 흘러 다니고 금방 좋아졌다 금방 나빠질 수도 있으며 어떤 현상을 보고 스스로 지레 짐작하여 나쁜 상태를 만들기도 합니다.

이렇게 남의 감정에 대해서는 민감하게 잘 파악을 하고, 자신의 감정에 대해서는 조금 더 둔감하게 가져가는 것이야말로 정신적으로나 육체적으로, 나아가 사람들과의 관계에도 훨씬 더 도움이 될 것으로 생각합니다.

많은 훈련을 해도 쉽게 익숙해지지 않는 것이 이 감정 조절 문제인 것 같습니다. 자신의 감정을 잘 살피고, 조절하고, 관리하는 것이야말로 살아가는데 꼭 필요하고 수련하여야 할 부분이라고 믿습니다. 인정하고 지지하며 응원하는 것이야말로 사람들을 변화하게 할 수 있는 가장 좋은 수단입니다. 이웃 사랑이나 하느님과의 관계에서도 매사를 이성적인 판단에 의해서만 아니라 따뜻한 감성과 감정을 가지고 성모님께 전구하고 주님께 청하는 그런 우리의 기도가 되어야 할 것으로 믿습니다. 주님께서는 힘들고 가엾고 어려운 사람들 편에 서 계시기 때문입니다.

주님 저희가 흘러가는 감정에 너무 휘둘리지 않도록 저희를 지켜 주소서. 머리로 만의 사랑이 아니라 가슴으로 서로의 사랑을 품고, 주님 사랑과 이웃 사랑을 실천으로 옮기는 저희가 되도록 도와주소서. 특별히 서로의 감정의 수준을 잘 파악하여, 각자가 조절하고 통제할 수 있는 수준에서 감정을 잘 활용할 수 있도록 주님 저희에게 자비를 베풀어 주소서. 주님의 이름으로 기도합니다. 아멘.

금을 쌓아두는 것보다 자선을 베푸는 것이 낫다. **토빗 12,8**
It is better to give alms than to store up gold. **Tb 12,8**

순명

우리 신앙의 미덕 중에 '순명'이 있습니다. 위 사람이나 장상들의 의견에 무조건 순명하는 것이 오랜 전통입니다. 수도 서원에도 청빈, 정결, 순명의 3대 약속에 순명이 포함되어 있습니다. 순명의 전통은 다양한 교의들이 양산되던 초기 교회부터 나름의 믿을 교리로 정착하게 되면서, 모든 교의는 임의로 해석하거나 새로 만들지 못하고, 교회의 이름으로 제정된 것들을 따르도록 하는 것이 꼭 필요했던 것에서 뿌리를 두고 있는 것 같습니다. 당시의 상황으로는 수많은 이단들이 출현하고, 나름대로 다양한 교의들을 여기저기서 주장하던 시대였으므로 공의회나 교회의 공식적인 입장을 통해서 정해진 것들을 믿고 따라야 할 필요가 있었기 때문입니다. 교회의 권위가 필요하기도 했던 것입니다.

그러나 종교개혁이 후 이러한 것들은 개혁이라는 이름으로 다양한 종파를 만들어내는 쪽으로 흘러갔기 때문에 가톨릭계에서만 여전히 남아 있는 것으로 보입니다. 특별히 전통적인 수도회를 운영하고 있고, 중앙 집중적인 운영체제가 그대로 유지되고 있기 때문에, 쉽게 바뀌지는 않을 것 같습니다. 나름의 장점이 더 많은 것 때문에 그대로 유지된다고 보는 견해가 더 많습니다. 특별히 트리엔트 공의회 이후 교회를 '자비의 하느님의 집'이라고 가톨릭 교회 중심으로의 폐쇄적인 접근이었다면, 제2차 바티칸 공의회 이후 세상을 역시 '자비의 하느님의 집'이라고 보는 관점으로 확대되면서, 교회 안에서의 그리스도인뿐만 아니라, 세상 안에서 타 종교와 문화들 가운데에서 그리스도인으로 열린 자세가 되면서 순명이라는 말이 가지는 약간은 권위주의적인 내용이 많이 순화되었다고 봅니다. 그럼에도 불구하고 아직도 그런 기운이 남아 있고, 그것이 마치 교회의 권위인 것과 같은 현상은 많이 줄었지만 여전히 있습니다.

많이 가슴 아픈 것이, 예비자 교리를 할 때의 일인데, 세례를 받고, 단체에 가입하여 활동을 열심히 하던 신자가, 그 단체에서 활동하다가 사제로부터 받은 상처 때문에 단체는 물론이고, 아예 냉담을 하는 교우를 만났을 때입니다. 뭐라 위로하기도 어렵지만, 설득력 있는 설명을 하기도 어려웠습니다. 물론 사제와 신자들 간의 문제도 모두 상대적이기 때문에, 어느 한쪽으로 치우쳐서 말할 수는 없지만, 현장에는 아직도 그런 일들이 있는 것이 현실입니다.

단체나 집단을 운영하는 데에 나름의 운영규칙이나 원칙, 기준을 만들어 놓고, 공동의 이익을 창출하기 위해 그것을 잘 지키게 하는 것은 스스로의 통제의 능력이 한계가 있는 인간의 제도로서는 자연스러운 현상입니다. 사회적인 약속, 예를 들면 교통 신호등과 같은 것도 같은 이치일 것입니다. 그런데 그런 규칙이나 원칙을 만들거나 집행하는 데에는 중심 역할을 하는 사람들이 있고, 그 사람의 영향력이 여러 사람들에게 미치게 될 때, 나름의 상하 관계가 만들어지고, 아래 사람은 위 사람에게 순명하는 문화가 자연스럽게 형성되는 것입니다.

그렇지만 신앙적인 의미에서 순명은 겉의 모습이 아니라, 그런 위치 예를 들면 장상이나 윗사람 된 위치에 있는 사람들이 낮은 자세 즉 구성원들을 위하여 봉사하고, 책임을 지는 위치에 있는 것이 더 옳을 것입니다. 권위의 상징이기보다는, 종의 모습을 취하는 것이 더욱 본질에 가까운 위치라고 봅니다. 그것이 주님의 가르침이고, 주님께서 몸소 그렇게 실천적으로 사셨기 때문입니다. 그런 의미에서 순명은 아래 사람의 몫일 뿐 아니라, 위 사람의 몫도 되는 것이 신앙에 있어서의 순명이라고 생각합니다. 구성원들의 의견을 경청하고, 그들의 의견을 최대한 운영에 반영하며, 궁극적으로 리더의 위치에 있는 사람이 가지는 것과 같은 수준의 책임과 역할을 하게 하는 것이 오히려 운영에 있어서 본질일 것입니다.

그것은 일반 사회생활에서도 마찬가지라고 봅니다. 요즘과 같은 다양성이 절대적으로 중요한 시대에는 일방적인 위 사람의 지시나 무조건적인 순명보다는 더욱 다양한 대안을 제시해 주거나, 오히려 자기주장이 있는 사람들을 더 능력 있는 사람으로 평가하려는 경향도 있습니다.

사람들과의 관계, 그중에서도 부하 직원들과의 관계를 잘 만들어 가는 리더들은 예전의 리더십처럼 지시하고 말 잘 듣는 사람이 아니라, 좀 더 창의적이고 상상력이 풍부한 사람들을 더 역량이 있는 것으로 평가하고 또 그런 사람들을 좋아합니다. 문제 해결 중심이고, 성과를 내는 사람들이기 때문입니다. 그래서 그들의 리더십을 섬기는 리더십이라고 부르는 것입니다.

오늘 복음에서 주님께서는 하느님의 아들로서 아버지 하느님께 순명하는 모습을 잘 보여 주십니다. 오늘을 사는 우리들은 순명을 통해 일치를 이루고, 아울러 순명을 통해 성장과 발전을 이루는 그런 상호작용하는 순명이 필요함을 묵상하게 됩니다.

⚜

주님 저희가 의견을 낼 줄 아는 순명을 배우도록 이끌어 주소서. 일방적인 소통이 아니라, 쌍방의 소통이 되도록 늘 준비하고 대비하는 저희가 되도록 도와주소서. 폐쇄적인 문화가 아니라, 개방적이고 열린 자세를 견지하는 교회와 그리스도인이 되도록 주님 저희에게 자비를 베풀어 주소서. 주님의 이름으로 기도합니다. 아멘.

너는 내 아들. 내가 오늘 너를 낳았노라. **히브 5,5**
You are my son; this day I have begotten you. **Heb 5,5**

식별의 주체이신 주님

성찰을 위한 질문: 자기중심적인 생각을 극복하고 이성적 자아가 활동하게 하는 주체가 우리 자신인가? 아니면 하느님이신가? 식별의 주체가 하느님이심을 깨닫게 하는 방법은 무엇이 있는가?

얼마 전까지만 해도 지하철을 타면 경로석 가까이에는 가지 않았습니다. 서서 가더라도, 그 자리에 가서 앉는 것이 부담스러운 면이 있었기 때문입니다. 아직은 다리에 힘도 괜찮고, 더 힘들고 어려우신 분들이 앉아야 된다고 생각했기 때문입니다. 그런데 지하철 이용이 주 교통수단으로 되면서 걷는 거리도 많아져서 힘든 면도 있고, 무엇보다 지하철 안에서 책을 읽고 싶어서 자리에 앉기 시작하였습니다. 의외로 나이 드신 분들이 많아서 자리 잡기가 쉽지 않다는 것도 알았습니다. 가끔은 젊은 사람들이 앉았다가 벌떡 일어나며 앉으라고 권하는 경우 남의 자리를 뺏는 것 같아서 겸연쩍은 면도 있지만, 고맙다는 인사과 함께 서슴없이 앉곤 합니다. 약간 뻔뻔해졌다는 느낌이 들기도 하지만, 일단 앉게 되면 주변을 둘러보지 않고 눈을 감거나, 책에 집중하는 모습의 나를 관찰합니다. 다른 사람들에게 양보하지 않겠다는 암묵적인 표시가 보입니다. 나이가 든 사람들도, 더 힘든 사람도 있을 수 있고, 눈으로 보아도 훨씬 나이가 많아 보이는 힘들어 하시는 분이 오게 되면, 당연히 일어서서 양보해야 한다는 깨달음이 옵니다.

　이렇게 우리가 이성적으로 생각하고 판단하는 경우에, 자기중심적인 것이 아닌 다른 사람 또는 하느님 중심적으로 식별되는 경우 그것은 성령께서 활동하시는 것입니다. 우리도 모르게 성령께서 우리 안에서 활동하시는 것입니다. 반대로 식별되는 경우 예의 경로석에서 눈을 감고 있거나 책에서 눈을 떼려 하지 않는 것은, 자기중심적인 것으로 악령의 활동의 결과라고 볼 수 있습니다. 이렇게 일상에서 사소한 것부터 세상의 것과 하느님의 것을 식별할 줄 알고, 성령의 활동과 악령의 활동을 느낄 수 있는 영적 감수성을 키우며, 그것의 결과로 '하느님의 사랑'으로 질서 지워지는 삶을 살아가는 것이 무엇보다 중요함을 깨닫게 됩니다.

　많은 영성 학자들은 이 시점에서 식별에 대한 주체가 내가 아니라 하느님이 되어야 함을 지적합니다. 반복적인 훈련과 수련의 과정을 통해 우리에게 익숙해지는 일련의 과정 속에 자칫하면 이성적인 나의 판단과 결정력에 의존하게 될 가능성이 있기 때문입니다. 온전히 하느님께 맡기고, 의지할 때 성령께서 우리 마음 안에서 활동할 것입니다. 가끔은 악령이 선한 영인 것처럼 가장하여 나타날 수 있는데 이런 것들을 식별하려면 주님께 더 가까이 가며, 기도가 더 많이 필요하게 될 것입니다. 공적인 일을 내세우며 자신을 숨기고 일을 하지만, 실상은 자기중심적인 활동을 하는 경우가 많이 있기 때문입니다. 이렇게 성령을 가장한 악령의 활동을 잘 식별하기 위해서는 주님과 함께 하는 기도가 무엇보다 필요하게 됩니다. 주님과의 소통이라고 말하는 기도는 그래서 주님의 말씀을 바탕으로 하여 묵상기도와 관상기도를 통하여, 우리가 주님의 뜻을 올바르게 깨닫고 식별해 낼 수 있도록 하실 것입니다. 성령께서 자유롭게 활동하신 결과입니다.

그런 기도에 이르는 가장 좋은 방법으로 거룩한 독서가 많이 추천됩니다. 무엇보다 거룩한 독서는 익숙하지 않기 때문에, 자주 반복적으로 시도하여 자신만의 방법으로 길을 만들고 수련하여야 할 것입니다. 무엇보다 먼저 성경을 잘 읽는 데서 출발하는 것이기 때문에, 성경을 가까이하고, 통독하며 특별히 마음에 와닿는 문장이나 구절들은 반복적으로 읽고 또 읽어서 그 말씀이 주는 의미와 뜻을 파악하려 노력하고, 여러 전문가, 교부들의 그 말씀에 관한 주석이나 해설 또는 설명을 찾고 조사하여 풍부한 의미를 깨닫고, 마음에 와닿은 그 느낌을 구조화하고 그 말씀에 담겨 있는 주님의 뜻을 읽어 내야 할 것입니다. 그렇게 그 뜻을 깨닫고 나아가 우리의 삶으로 살아 낼 수 있도록 주님께 은총을 청하는 청원의 기도를 드리게 됩니다. 온전히 주님께 의탁하고 주님 안에 머무는 기도를 통하여, 우리는 주님의 현존을 느끼며 주님 안에서 달콤한 쉼의 시간을 가지게 될 것입니다.

이렇게 하기 위해서는 별도의 기도의 시간과 공간을 가져야 할 것입니다. 누구에게 방해 받지 않는 공간에서 오로지 주님만을 위한 시간을 만들어 보는 것은 무엇보다 우리 삶의 여정에서 소중한 것을 준비하는 것이라고 생각합니다. 매일의 일과 중에 일정한 시간을 할애할 수 있는 것은 주님을 따르는 주님의 제자로서 지켜야 할 최소한의 예의일 수도 있다고 생각하는 오늘입니다.

주님 저희가 하루 중 일정한 시간을 주님과 소통하는 기도의 시간으로 할 수 있도록 이끌어 주소서. 저희가 그 시간을 통하여 주님을 만나고, 주님의 말씀을 들으며, 모든 것을 다 아시는 주님이시지만, 저희가 청하는 것을 주님께 말씀드리는 시간으로 쓸 수 있도록 도와주소서. 주님의 말씀인 성경을 늘 가까이하고, 주님의 말씀이 우리 삶에 에너지원이 될 수 있도록, 주님 저희에게 은총 내려 주소서. 주님의 이름으로 기도합니다. 아멘.

도대체 이분이 누구시기에 바람과 호수까지 복종하는가? 마르 4,41
Who then is this whom even Wind and Sea obey? Mk 4,41

용서 받은 나

성찰을 위한 질문: 우리 안에서 활동하는 선한 영과 악한 영을 식별하는 기준은 무엇인가? 머리에서 가슴으로 내려오기 위하여 어떻게 하면, 우리는 선한 영께서 활동하시도록 여건을 만들 수 있는가?

어느 날 갑자기 가슴에 크게 와닿는 말씀이 있게 되는 경우가 있습니다. 오랫동안 신앙생활을 하였고, 또 수없이 들어온 말씀이지만, 그것이 가슴에 크게 와닿는 경우는 우리 자신이 좀 더 하느님 지향적으로 살지 못하고 있음을 보여 주는 것일 수 있습니다. 또 우리의 한계 때문에 깊은 깨달음이 있었지만, 그것을 지속적으로 살아내지 못하는 것 때문에, 망각과 현실의 또 여러 어려움에 묻히어 힘든 나날을 살다가 또 가슴에 와닿는 주님의 말씀이나 영적 독서에서 크게 깨달음을 얻는 경우가 있습니다.

그리스도인으로서의 삶은 끊임없이 이어지는 '식별의 삶'이라고 말씀하시는 분들이 많습니다. 하느님의 것과 세상의 것을 구분하라는 주님의 말씀을 따르는 일이고, 선한 영과 악한 영을 구분해 내는 일이기도 합니다. 그렇지만 다른 무엇보다 나와 하느님과의 관계를 정립하는 것이라는 것이 여러 식별 전문가들의 의견입니다.

루프니크 신부님이 지으신 『식별』이라는 책을 읽고 있습니다. 무엇보다 하느님과의 관계에 새로운 깨달음이 왔습니다. 먼저 나 자신을 죄인으로 규정합니다. 우리가 많은 일을 한다고 하지만, 대부분이 나 자신은 이해관계 중심으로 움직이고 있고, 나 자신을 위해 너무나 자주 다른 사람들에게 피해를 주거나 힘들게 고통을 준 것이 나의 실체이기 때문입니다. 어쩌면 우리가 사는 사회 시스템이라는 것이 그런 구조적인 문제가 있을 것으로 봅니다. 우리는 그렇게 주어진 사회 시스템 안에서 당연시하며 자신의 이익을 위하여 악의 영에 의해 조종되는 수많은 잘못을 저질러 오고 있음을 깨닫는 것입니다. 그것이 나의 자발적인 선택에 의해서 이루어지는 것임으로 그것이 죄인 것입니다. 반면에 하느님은 용서하시는 자비의 하느님이십니다. 수많은 강론과 교육을 통해 우리가 다 잘 알고 있는 것이 하느님은 사랑이시고, 무한 용서를 하시는 '자비의 하느님'이시라는 것입니다. 아무리 좋은 덕목도 그것이 우리 밖에서 맴돌 때에 그것은 내 것이 될 수 없고, 머릿속의 기억이고 생각일 뿐입니다. 신부님은 책에서 그런 '용서하시는 하느님'과 나 자신과의 관계성으로 파악하셨습니다. 그래서 '죄인인 내'가 그 '죄를 용서받은 나'로 바뀌게 된 것입니다. 그렇게 식별은 총체적 유대관계에 유의하며, 우리 자신을 이해하는 기술이며, 생명의 일치를 바라시는 하느님의 눈으로 우리 모습을 바라보는 기술입니다.(『식별』, p.22)

우리 신앙의 본질이 무엇인지 하느님이 어디 계신지 늘 추구하며 산다고 하지만, 이런 나와 하느님의 관계, 즉 '죄인인 나와 용서하시는 하느님 그리하여 용서받은 나'를 머리가 아니 온몸과 마음으로 받아들일 때에 전율을 느끼게 되며, 하느님과 함께 함을 느끼며 기쁜 마음으로 들어가게 됩니다. 아울러 그동안 나 중심으로 보아 왔던 세상의 일들이 결국 내 안에서 활동하시는 영의 활동의 결과임을 깨닫게 됩니다.

그동안 우리가 추구하며 살았던 것들의 대부분이 세상의 것들을 추구하는, 즉 돈과 명예와 권력을 추구하였다면 그것들의 바탕에 세속적인 기쁨과 성취가 있다는 것입니다. 유혹에 의해, 악령의 활동에 의해 우리는 어느 곳을 방문하고, 맛있는 음식을 먹고 기뻐했습니다. 우리가 이룬 사회적인 성공, 사람들과 관계에서 얻는 우월감 등이 우리를 지탱하는 힘과 같은 역할을 하였습니다. 그런 것이 없어지거나 약해질 때 우리는 의기소침해지고, 힘들어하는 모습을 보여 왔습니다. 이런 것들의 특성은 대체적으로 나 자신 안에 있는 어떤 것이 아니라, 모두 외부에 있는 것들입니다. 이런 외부적인 것들은 순간 즐거움과 기쁨을 주지만 어느 정도 임계치를 넘어가면, 그것의 결과로 허전함과 공허감을 느끼게 됩니다. 어렵게 오랜만에 가족과 여행을 하였는데, 좋은 분위기에서 가족들 간의 친교를 이루는 시도는 좋았는데, 소화할 수 있는 이상의 술을 마셨을 때, 가족들과의 관계도 나빠지고, 숙취나 기타 컨디션이 안 좋아짐으로 생기는 고통을 겪게 됩니다.

간단한 예이지만, 우리는 이와 유사한 잘못을 수없이 저지르며 삽니다. 인간적이라는 말이나 편하게 '좋은 것이 좋다'라는 식의 악한 영의 영향권 아래에서 우리가 저지르는 것은 우리를 하느님으로부터 멀어지게 하는 것입니다. 이러한 삶의 과정에서 일어나는 선택의 순간에 자신의 욕구를 파악하고 다스리는 것은 우리들이 수련하며 배우고 익혀야 할 것들입니다. 사랑의 하느님께서 주관하실 것이기 때문에, 편안하게 접근하여도 좋지만, 믿음이 약한 우리는 하느님께 의탁하기보다는 우리 자신을 믿으려는 경향 때문에 자꾸 걸려 넘어지게 됩니다. 우리가 이룬 모든 것이 하느님께서 이루어 주신 것임을 완전히 깨닫고 믿는 순간 자비의 하느님 사랑을 깨닫게 될 것임을 묵상합니다. 하느님을 믿는 것이 곧 사랑이기 때문입니다.

⚜

주님 저희가 주님의 뜻을 따라 주님 안에서 식별할 줄 아는 저희가 되도록 이끌어 주소서. 세상의 가치에 따라 저희는 철저히 자기중심의 삶에 익숙한 삶을 살아왔습니다. 주님 저희에게 자비를 베푸시어 저희가 주님이 주시는 내적인 기쁨을 느끼며 사는 저희가 되도록 이끌어 주소서. 주님의 이름으로 기도합니다. 아멘.

> 너희가 자기 형제들에게만 인사한다면,
> 너희가 남보다 잘하는 것이 무엇이겠느냐? 마태 5,47
> If you greet your brothers only, what is unusual about that? Mt 5,47

우리 시대의 예언자는

성찰을 위한 질문: 우리 시대의 예언자는 누구인가? 그들의 예언자적인 활동의 내용은 무엇인가? 우리 각자는 어떻게 예언자적인 소명을 살아낼 수 있을까?

예언자를 정의하는 여러 텍스트들은 자신들의 시각이 올바르고 또는 유일하다는 강한 믿음을 가진 사람들입니다. 특별히 성경에서는 하느님을 접촉했고 특별한 통찰력으로 평범한 사람들이 보지 못하거나, 회피하려는 면을 부각시킬 수 있는 용기가 있는 사람으로 나타납니다. 성경에서의 예언자의 관심은 미래가 아니라 현재입니다. 그들은 '임박해 오는 재앙의 전조'와 '시대의 징표'를 읽으며, 그 사회 속에 소외되거나 피해를 보는 집단들의 입장과 관심에 대하여 대변하기도 합니다. 가톨릭 교리서에는 그리스도인들은 세례를 통해 그리스도의 사제직, 예언직, 왕직에 참여한다고 정의합니다.(가톨릭 교리서 1268)

우리 시대의 큰 어른으로 모셨던 김수환 추기경님은 산업 발전기 시대에 만나게 되는 여러 부조리들과 그것으로 인해 피해를 당하는 많은 소외된 사람들을 위하여 필요할 때, 꼭 필요한 역할을 하시어 그리스도 신자가 아닌 사람들도 우리 시대의 큰 어른으로 생각하고 있습니다. 특별히 요즘처럼 사회 전체적으로 세분화되고, 정치적으로 양분화가 고착되는 과정에서 전체를 보는 시각보다는 자신의 입장만 주장하는 때에, 과연 우리 사회는 어떻게 될 것인가라는 질문에 긍정적인 생각보다는 답답한 느낌이 드는 이때에, 김수환 추기경님 같은 어른이 계셨으면 하는 안타까운 마음도 있습니다.

분명 프란치스코 교황님은 그분이 가지는 영향력과 나름의 현실을 직시하는 통찰력을 바탕으로 '복음의 기쁨', '신앙의 빛', '찬미 받으소서' 그리고 최근에 코로나19 이후의 치유와 공생의 길을 제시한 '모든 형제들'까지 시의적절하게 시대를 진단하고 우리가 함께 힘을 모아야 할 부분을 제시하여 예언자적인 역할을 하고 계십니다. 교황 권고, 회칙 등의 형태로 시대의 징표를 읽으시고 그리스도 정신으로 온 세상을 위하여 필요한 방향과 실천할 사항을 구체적으로 제시합니다. 아쉬운 것은 이런 권고나 회칙들이 발표되면 전문가들의 검토를 거쳐 개별 교회의 신자들까지 쉽게 공유되고 실천할 수 있는 신속하고 힘 있는 시스템이 약하다는 생각이 듭니다. 관심 있는 몇 사람들의 전유물이 되거나, 발표된 지 많은 시간이 지나서야 구체화되는 경우가 많기 때문입니다.

한국 교회에는 '행동하는 신앙의 양심'이라는 표어를 걸고 활동하는 '천주교 정의구현사제단'이 있습니다. 일률적인 한 가지 방향만 있을 수 있을 교회 내에 다양한 목소리가, 그것도 사제들의 목소리가 있다는 것은 요즘처럼 다양성과 복잡성이 있는 사회에 나름의 예언자적인 역할을 하고 있다고 볼 수 있을 것입니다.

인터넷에서 '시대의 징표'를 검색하면 팟캐스트 방송이 나옵니다. 청주교구 소속의 신승국 신부님이 진행하시고, 광주 교구의 최민석 신부님, 평신도 신학자인 김근수 선생님, 그리고 서울대학교 정치 연구소 연구원이신 이원영 선생님 들이 게스트 겸 보조 진행자로 진행하는 팟캐스트입니다. 한국 사회에 대한 비평적인 시각과 교회가 지향해야 하는 가난하고 소외된 사람들을 위한 소극적 태도나 자세를 유럽에서 배운 성서 신학과 남미에서 배운 해방신학을 바탕으로 우리가 생각하는 일반적인 방송답지 않게 적나라한 표현들을 많이 쓰시며 내부 고발자 같은 자성 어린 방송 같아 보입니다.

댓글들을 보더라도 호불호가 명확하게 갈리는 것을 보며, 우리 사회가 안고 있는 복잡한 문제들을 그냥 당연시하고 넘어가거나, 모른 척하며 현실 중심으로 사는 것보다는, 이런 다양한 목소리를 용인하고 받아들임으로써 스스로 바로 잡아가는 자정 능력을 키우는 데에 분명 일조할 것으로 생각되었습니다.

아울러 오늘의 성찰을 통해 그리스도인으로서 세상을 살아가는 것이 현실에 순종하고 큰 흐름에 잘 따라가는 것뿐만 아니라, 잘못된 것을 잘못되었다고 말할 수 있고, 특별히 여러 사회시스템에 의해서 구조적으로 피해를 보거나 고통당하는 사람들을 외면하지 말아야 되겠다는 결심을 하게 됩니다. 그것이 주님께서 우리에게 주신 예언자적 소명을 의식하며 살아야 할 이유이기 때문입니다.

주님 저희가 가난하고 소외된 사람들을 위하여 작은 도움이라도 꾸준히 실천하는 저희가 되도록 이끌어 주소서. 아울러 잘못된 것을 바로잡기 위해 노력하는 단체나 사람들과 연대하여 미력이나마 밝은 사회를 만드는 데 참여할 수 있는 용기를 주소서. 아울러 그동안 베풀어 주신 모든 은혜에 감사드리며 저희가 가진 재능이나 재산이나 능력을 이웃들과 함께 나누는 그리스도인이 될 수 있도록 저희에게 자비를 베풀어 주소서. 주님의 이름으로 기도합니다. 아멘.

세상이 너희를 미워하거든 너희보다 먼저 나를 미워하였다는 것을 알아라. **요한 15,18**
If the world hates you, realize that it hated me first. **Jn 15,18**

의식성찰

성찰을 위한 질문: 거룩한 영 즉 성령께서 우리 안에서 활동하실 수 있도록 하기 위하여 우리의 마음가짐은 어떠해야 하는가? 자기중심적인 방향으로 설 때 우리를 지배하는 악한 영을 우리가 실감할 수 있는가?

사람들이 행동하는 행태 중에 배상이니 곱으로 갚는다는 등의 보복에 대한 말들이 있습니다. 사실 이러한 발상은 모두 악령의 활동이라고 보아야 할 것입니다. 무슨 이유로 피해를 입었을 경우, 보복에 대한 감정이 떠오르고, 그것을 이성적으로 넘어가 아주 정교한 보복의 시나리오를 만들어 보복하는 것입니다. 과거 역사에서 또는 요즘도 가끔씩 나오는 사회면 기사에서 이런 유의 악의 뿌리들을 접하면서 여전히 우리가 그런 악의 활동과 함께 살고 있다는 것을 실감하게 됩니다. 나아가서 아마도 나 자신도 일정 부분 그런 유의 생각을 하며, 또 행동으로 옮기는 일까지 하고 있을 것임을 생각하게 됩니다. 우리 모두 그런 악령에서 자유롭지 못한 채 살아가고 있기 때문입니다. 억울하고 분해서 잠을 못 이룬 경험이 많습니다. 실존의 문제로 싸워서 문제를 해결 하지도 못하고, 일방적으로 당했다는 생각이 들 때가 제일 힘든 감정이 일어납니다. 이런 것들은 모두 사실에 기반하기 때문에, 느낌과 생각과 감정 모두 중립적이라고 보아야 할 것입니다. 그렇지만 거기에 판단이 들어가고, 무시당했다거나,

피해를 입었다는 식으로 정리가 되면 그것이 감정으로 연결되며 악령의 활동이 시작되는 것입니다. 많은 경우 생각과 감정이 올라와 많이 힘든 과정을 겪게 되지만, 거기에서 그치고, 시간이 지나면서 망각의 늪이나 무의식의 영역으로 넘어가게 되는 경우가 많습니다.

옛날부터 내려오는 함무라비 법전에 '이에는 이, 눈에는 눈'이 마치 보복을 대변하는 것처럼 우리가 배웠지만, 실상은 받은 것 이상을 보복하지 말라는 매우 절제되고, 이성적인 법전의 성격이 있다고 합니다. 받은 것 이상을 갚으려는 인간 안에 활동하는 악령의 작용을 막기 위한 것이라고 보아야 할 것이기 때문입니다. 받은 것 이상으로 갚지 말아야 한다는 것입니다.

우리가 보복이나 관련된 것들을 많이 생각하거나 그런 유의 생각의 흐름에 우리 자신을 맡기면 계속 그 방향으로 흘러가게 되는 것처럼 거룩한 영의 활동도 그 영이 활동할 수 있는 영역을 많이 확보하고 또 그 방향으로 맡기어 놓을수록 거룩한 영의 활동이 많아지고, 우리의 영적 성숙도 이루어질 것으로 봅니다.

영적 지도와 치료를 필요로 하는 사람들이 의외로 주변에 있습니다. 요즘 사회적으로 자살이 문제가 됩니다. 관련자들이 사이트를 운영하기도 하며 사람들을 끌어들인다고 합니다. 주변에서는 전혀 알지 못했고, 이상한 느낌도 받지 못하다가 그런 일을 당하고 나면, 너무 허망 해지게 됩니다. 주변에도 이런 일들이 가끔 있기 때문에 얼마나 마음이 아프고 힘들었는지 모릅니다. 알아차리지 못한 것이 관심의 부족이라는 자책감 때문이기도 합니다. 그런데 일단 이런 나쁜 영의 영역으로 빠져들면, 본인 스스로 빠져나오기 어렵기 때문에, 주위에서 도와주어야 하는데 그것을 알아차리지 못하면 때를 놓치게 되는 것입니다. 우리가 좀 더 깨어 있는 자세로 살아야 하는 것도 이런 이유 때문이기도 합니다.

요즘은 의식 성찰과 자신을 들여다보는 시간을 자주 갖게 됩니다. 마음의 상태와 감정의 상태 그리고 그들의 변화 등을 보면서 변화의 역동이 선한 영의 활동인지, 악한 영의 활동인지를 식별해 보는 것입니다. 희망하는 것은 가능하면 선한 영의 활동이 중심이 되는 삶을 살아 내는 것이지만, 아직도 세상에 대한 욕심이나 다른 사람들과의 관계에서 지기 싫어하고 자신을 돌보려는 욕구들이 꿈틀대는 것들을 보며, 가야 할 길이 멀다는 생각을 하게 됩니다. 마치 그런 것들을 내려놓으면 삶에 대한 에너지나 생동감이 없어질 것으로 걱정하여 그것을 일정 부분 지켜야 잘 사는 것이라는 나쁜 영의 유혹에서 완전히 벗어나지 못하고 있는 자신을 봅니다.

무엇보다 중요한 것은 역시 선한 영인 척 가장하는 악한 영의 영특한 활동이기 때문에, 주님 말씀을 중심으로 하는 성경 읽기와 기도가 정말 중요함을 생각하며 성경 통독을 시작하려 합니다. 복음서 중에 한 권을 읽고, 모세 오경 중에 한 권, 그리고 바오로 서간문 중에 한 권, 다시 구약으로 가서 역사서 중의 한 권을 읽고, 다시 신약에서 가톨릭 서간이라 불리는 서간문 그리고 예언서, 지혜서 들을 한 번에 한 권씩 선정하여 신·구약을 번갈아 가면서 읽는 순서로 묵상하는 시간을 가지려 합니다. 얼마 전 요한복음서를 읽었는데, 공관 복음과는 또 다른 의미로 다가오고, 무엇보다 다양한 형태의 비유를 통하여 주님을 어떻게 닮은 것인지를 깨닫게 하는 의미 있는 시간을 보냈습니다. 신명기를 읽기 시작했습니다. 꾸준하고 지속적인 성경 통독의 시간이 되도록 주님께 청합니다. 그리하여 악한 영이 선한 척 가장하는 것을 식별해 내어 선한 영의 활동이 이루어지는 그리스도의 지체가 되는 방향으로 훈련하여 보겠습니다. 쉽지는 않겠지만, 주님께서 함께하실 것을 믿고 출발합니다.

주님 저희가 꾸준히 성경을 가까이하여, 주님의 뜻을 깨달아 알고, 그것을 우리의 삶으로 살아내도록 이끌어 주소서. 악한 영의 선한 척 가장하는 저희들 안에서 일어나는 영의 활동을 잘 식별하여 선한 영의 활동으로 저희가 주님 안에 머물며, 주님과 함께하는 삶을 살도록 도와주소서. 주님의 이름으로 기도합니다. 아멘.

너희가 되질하는 바로 그 되로 너희도 받을 것이다. 마태 7,2
The measure with which you measure will be measured out of you. Mt 7,2

자기 내려놓기

성찰을 위한 질문: 가치 있는 것으로 여기던 것을 새로운 체험을 통해 내 삶에서 '해로운 것으로 여기게'(필리 3,7) 된 것은 무엇인가?

요즘 신도시 개발과 관련하여 LH 직원들이 사전 입수한 정보를 바탕으로 전 재산을 털어 넣어 또는 큰 규모의 대출을 받아 땅을 사서 차익을 노린 것이 사회 문제가 되었습니다. 어차피 그 땅의 주인은 있었고, 또 거래가 있을 수도 있는 것이지만, 사전 정보를 입수하여 그것을 이용하여 자신만의 이익을 노리어 또 누군가에게는 피해를 주었다는 것이 범죄이기 때문에 시끄럽게 논란이 이는 것입니다. 누구나 그런 유혹을 받으면 고민할 수 있는 사안으로 인간적으로는 이해는 되지만, 결코 행동으로 옮겨서는 안 되는 사안이었고, 또 그런 정보를 유출하는 것도 같은 맥락으로 죄악의 행위가 될 것입니다.

주님께서 하늘나라를 설명하시며 하신 말씀 중에, 하늘나라는 밭에 묻힌 보물을 발견한 사람이 가진 것을 모두 팔아 그 밭을 사는 것과 같다고 하셨습니다.(마태 13,44) 밭에 묻힌 보물이 자신이 가진 전 재산보다 더 가치가 높기 때문에 그렇게 할 수 있는 것입니다. 그런데 이러한 행동에는 무엇보다 정보와 그 정보에 대한 확실한 식별이 매우 중요합니다.

사람들은 영적인 존재이기 때문에, 물질적인 것도 그렇지만, 영적인 내용, 즉 세속적으로는 정신적인 안정감과 구원에 대한 확신이 있으면 자신의 모든 것을 내어 놓고 거기에 의탁하려 하는 경향이 있습니다. 사이비 종교나 이단에서 이러한 인간의 영적인 존재로 인한 나름의 강한 집착을 유도하여 사기행각을 벌이는 경우를 종종 뉴스로 듣고 있습니다. 말이 좋아서 그렇지 공동체들이 모두 모여 함께 지내며, 모든 것을 공동으로 소유하였다(사도 2,44)는 초기 그리스도교 공동체의 삶의 모습을 이야기하며 오늘날 그런 세상을 이루어 나간다고 하며 전 재산을 헌납하는 경우들입니다.

오늘 성찰의 메시지를 던져 준 바오로 사도의 '자기 내려놓기'는 오늘을 사는 우리에게도 큰 반향을 일으키는 주제입니다. 당시 유대 사회에서의 위치나, 율법을 잘 지키는 모범적인 정통 바리사이인 자신의 신분, 세속적이고 육적인 것을 모두 내려놓고 그것을 해로운 것으로 여기게 됨을 회심의 결과로 우리에게 전해주고 있습니다. 그리스도 때문에 모든 것을 잃었지만, 자신은 그것을 쓰레기로 여긴다고 하였습니다.(필리 3 8-11)

그리스도인으로 살면서 언젠가는 결심을 하고, 바오로처럼 '자기 내려놓기'를 하여야 하는 매우 중요한 사안이라고 생각합니다. 그럼에도 불구하고 세속의 삶을 사는 평신도로 살아가는 입장에서 인간의 속성상 '0'과 '100'으로 완전히 내려놓기는 어려울 것으로 생각합니다. 쉽지 않겠지만, 그리스도의 제자로 살기 위해서는 언제가 죽기 전에 이루어야 할 목표입니다.

젊어서는 여러 기회가 올 때마다 예를 들면, 뜻있는 피정을 마치고, 자신의 의식 성찰을 통해 앞으로 자기 내려놓기를 해야 하겠다고 결심을 한 적이 여러 번 있었지만, 활동량이 많고, 세속의 여러 가치들을 추구하는 사회 시스템 안에서 순간의 결심으로 지나가게 되었지, 올곧게 추진하기는 어려웠습니다. 여러 번 그런 기회가 있었지만, 미래에 대한 불안감도 있었고, 오히려 자신의 삶에서의 이루고자 하는 어떤 일정 규모의 할 일을 창조주로부터 부여 받았다고 생각하려는 경향이 더 강했기 때문입니다.

이제 현업에서 은퇴를 하고 어쩌면 세상을 관조하는 입장에 서서 여생에 대하여 생각해 볼 때 지금부터는 '자기 내려놓기'를 본격적으로 시작하여야 할 때라고 생각하게 됩니다. 그동안 은총으로 큰 대과 없이 한 명의 사회인으로 살도록 이끌어 주신 주님께 진심으로 감사하며, 앞으로의 여생은 바오로 사도가 말하는 육적인 것들 그것이 재산이든 권력이든, 나아가서 명예이든, 사람들 사이에 형성된 여러 역학적인 것을 포함하여 가진 모든 것들을 차분히 내려놓는 삶이 될 것을 결심하며, 주님의 성령이 인도해 주실 것을 청합니다. 지식이나 스킬, 태도나 자세로 요약되는 역량도, 재능 기부를 통하여 진술한 나눔을 실천해 보고 싶습니다. 그래서 이 세상에 와서 얻은 모든 것들을, 이 세상을 떠날 때 오롯하게 자기 위치로 돌려주는 것이 오늘 성찰을 통해 깨닫게 되고 앞으로는 그런 방향으로 살도록 노력하고, 무엇보다 기도의 주제로 그것이 이루어지도록 주님께 청하여야 하겠습니다. 사랑의 주님께서 그 방향으로 잘 이끌어 주실 것을 청하며 또한 그렇게 인도해 주실 것을 믿습니다.

❦

주님 저희가 사도 바오로를 본받아 가진 모든 것을 내려놓고 주님만을 바라보며 살도록 이끌어 주소서. 주님께서 저희에게 오시어, 저희가 새로운 세상을 만나게 되었지만, 오늘 눈앞의 이익들 때문에, 갈등을 하며 살게 됩니다. 주님 저희에게 자비를 베풀어 주소서. 세상에도 충실히 살고 또한 그 삶의 방향이 주님의 뜻을 이루는 방향이 되도록 주님께 은총을 청합니다. 주님의 이름으로 기도합니다. 아멘.

용기를 내어 일어나게. 예수님께서 당신을 부르시네. **마르 10,49**
Take courage; get up, he is calling you. **Mk 10,49**

주님의 현존

성찰이 있는 질문: 현재 마주하고 있는 것은 무엇인가? 어떤 축복을 기대하고 있는가? 이 만남의 한가운데서 하느님을 발견할 수 있는가?

보이지 않는 하느님을 믿고 신앙하는 것 때문에 우리가 영성적으로 사는 것이 어렵고 많은 경우 거의 투쟁에 가까운 믿음의 삶을 살게 됩니다. 현실은 너무 팍팍하고, 사랑의 하느님께서는 우리 모두를 지극히 사랑하시기 때문에 우리가 맞이하고 있는 고통이나 어려움에도 의미가 있으며, 또 궁극적으로는 우리를 하느님에게로 이끄시는 것임을 머리로는 잘 받아들이고, 입으로 말은 잘합니다. 그렇지만 가슴으로 받아들이는 데에는 사람들마다 차이가 크고, 또 한 사람의 입장에서도, 변덕이 심하여, 왔다 갔다 하게 됩니다. 그것은 하느님의 문제가 아니라, 우리가 그런 존재이기 때문입니다. 그럼에도 불구하고 궁극적으로 우리가 바라고 추구하는 것은 따뜻한 가슴으로 받아들일 수 있는 하느님 사랑과 이웃 사랑의 주님 계명을 우리의 삶으로 살아내는 것입니다.

너무 단순한 것임에도 매우 복잡하게 생각하는 것이 문제일 수 있습니다. 생각이 많고, 하느님과의 일을 마치 사람들과의 이해관계의 일처럼 복잡하게 여기는 경향도 한 몫을 하는 것 같습니다. 예레미야 예언자는 새로운 계약(신약)을 언급하며, 시나이 계약처럼 돌에 새기다 보니 자주 잊어버리고, 그 계약을 잘 이행하지 않으니 새로운 계약은 마음에, 가슴에 새기어 별도로 챙기지 않더라도 늘 주님의 계명을 지키도록 하겠다고 하였습니다.(예레 31,33-34) 지평을 넓혀서 보면 우리는 주님의 강생을 통하여 구원의 길을 걸어가고 있기 때문에, 새로운 계약은 이미 시작되었습니다. 또한 우리 마음 안에 주님의 계약이 세례 때에 성수를 이마에 부으며 그어진 십자가의 인호(印號)를 통해 새겨진 것입니다. 너무 단순하고, 어렵지 않은 것임을 알고 받아들이면서도 모두 힘들어하며, 어려운 삶을 살아가는 것입니다.

여생을 어떻게 잘 살아갈 것인가에 대한 성찰을 통해 추가로 묵상하게 되는 것이 아직도 삶의 많은 것을 나 자신의 영달이나 사람들에게 어떻게 보일까에 초점이 맞추어진 것 같아서입니다. 그동안 유지해 왔던 사람들로부터 인정받은 것이나 좋은 영향력을 발휘한 것을 바탕으로, 더 그런 것들을 추구하는 것은 아닌지 스스로에게 질문을 던져 봅니다.

그렇지 않다고 자신 있게 대답을 하기가 어려운 것이 현실입니다. 오직 하느님께 의탁하며, 늘 기쁘게만 사시는 모습으로 비치셨던 돌아가신 어머니도 많은 생각과 어려움이 있었을 것으로 짐작이 되는 것이, 요즘에 느끼는 우리 사람들의 존재론적인 불안정성 때문임을 깨닫게 됩니다. 이 세상 마치는 날까지 그것에서 자유로울 수는 없을 것입니다. 다만 매사에 매 순간에 조금 더 주님의 숨결을 느끼려 하고, 주님의 입장에서 생각하며, 주님을 닮으려는 노력을 하는 것이 우리가 할 수 있는 최선임을 깨닫게 됩니다.

한순간도 죄악의 사정거리에서 벗어나서 살 수 없음을 깨닫게 되기에, 우리의 생각과 정성을 다하여 주님만을 바라보는 것이 어려운 것이 현실입니다. 그럼에도 불구하고 우리가 받게 되는 축복은 주님과 함께 할 때의 느낌입니다. 스스로 찾음을 통해 주님과 함께하든, 이웃들과의 관계에서 만나게 되는 주님이시든, 또는 영성체 후에 우리 안에 모신 주님과의 일치를 느끼는 성사 안에서의 만남이든, 그 순간 우리는 행복하고 이것이 하느님과 함께하는 상태인 하느님 나라의 모습이겠다는 것을 알게됩니다.

우리가 추구해야 하는 것은 이런 주님의 현존을 느낄 수 있는 다양한 경우이며, 이것이 주님의 축복이고, 우리가 느끼는 이미 와 있지만, 아직 완성되지 않은 하느님 나라를 사는 것이 될 것입니다. 이 과정에 나는 없어야 하고 오직 주님만을 볼 수 있어야 할 것입니다. 기본적으로 우리는 자기중심의 에고를 가지고 있기 때문에, 그런 자기 자신을 인식하는 순간, 우리의 생각과 감정은 이미 그 방향으로 가버리고, 현존하시는 주님이 안 보이게 될 것이기 때문입니다.

역설적으로 우리의 인생은 그렇게 주님과 함께하는 시간만이 우리 자신을 위하는 시간이 되고, 하늘에 보화를 쌓은 일이 되며, 기타의 나머지는 세상의 것들이요, 쓰레기일 가능성이 많습니다. 바오로 사도도 주님을 아는 지식과 지고한 가치 때문에, 모든 것을 잃었지만 그것들을 쓰레기로 여긴다고 했습니다.(필립 3,8)

삶의 한 가운데에 주님을 모시고, 주님과 함께, 주님 안에서 사는 것으로 여생의 목표를 세웁니다. 잘 이행하고 그렇게 살아가도록, 주님께 은총을 청합니다. 도저히 우리의 힘으로는 불가능할 것이기 때문입니다.

주님 저희가 주님의 품 안에서 멀어지지 않도록 은총과 축복 내려 주소서. 주님 안에 있을 때에만 저희는 행복할 수 있습니다. 저희가 주님을 떠나 살지 않도록 저희 자신을 내려놓도록, 주님 저희에게 자비를 베풀어 주소서. 작은 것들을 과감히 포기하고 주님과 함께하는, 하늘에 보화를 쌓는 일에 우선적으로 시간과 노력을 배분하도록 도와주소서. 주님의 이름으로 기도합니다. 아멘.

왜 놀라느냐? 어찌하여 너희 마음에 여러 가지 의혹이 이느냐? **루카 24,38**
Why are you troubled? And why do questions arise in your hearts? **Lk 24,38**

지는 것이 이기는 길

성찰을 위한 질문: 우리가 세상의 중심에서 그리스도인으로 살아갈 때 만나는 어려움은 어떤 것이며, 어떻게 대처하여야 하는가? 또 우리가 저항하여야 할 세속적인 '짐승'은 어떤 것들인가?

복음에는 세상의 가치에 타협적인 관점과 적대적인 관점이라는 두 가지 면이 공존합니다. 그리스도인의 '바른 처신'으로 다른 사람들이 그들의 믿음을 보고 회심하고 하느님을 믿게 될 가능성에 대하여 매우 긍정적(1베드 2,12-17)으로 보는 견해가 하나입니다. 반면 황제 숭배의 종교 예식을 거창하게 거행하는 모습을 보며, 로마제국을, 특히 황제 자체를 '짐승'으로 여기며 그리스도인들이 이 '짐승 숭배'에 참가하기를 거절해야 함을 강조하고 이로 인해 많은 순교자들을 내기도 하였습니다.(묵시 13장)

지난주 가톨릭신문에 의하면, 전 세계 가톨릭교회는 프란치스코 교황의 생태 회칙 '찬미 받으소서' 반포 5주년을 맞아 2020년 5월 24일부터 2021년 5월 24일까지 '찬미 받으소서 특별 주년'을 지냈습니다. 한국 가톨릭 기후 행동은 '찬미 받으소서 주간'(5월 16일~24일)을 설정하여 9일 기도와 기후 행동 등 다채로운 프로그램으로 '찬미 받으소서 특별 주년'을 마무리하였습니다. 이런 활동을 통해 그리스도인은 물론이고, 모든 인류가 생태적 회심을 통해 우리 모두의 '공동의 집'인 지구 생태계를 보호하기를 촉구하는 회개의 자리가 되었습니다. 이후에 전 세계 가톨릭교회는 생태계와 자연환경을 보존하기 위한 집중적인 노력을 경주하는 '찬미 받으소서 7년 여정'에 돌입하게 됩니다. 이런 활동은 양면의 관점이 있습니다. 즉 세상에 적극 타협적인 면도 있고, 또 비타협적인 면이 함께하는 것입니다. 잘못된 것을 찾아내어 함께 고쳐 나가자는 의미이며, 이 세상을 함께 살아가는 선구자적인 모습을 보여 주는 그리스도인으로서 좋은 모습이라고 생각합니다. 이 지구 생태계를 살리자는 데에는 적어도 명목상 반대하는 사람은 없을 것입니다. 반면 생태계 보전을 위하여 비용을 더 지불해야 하는 기업가나 자본가들은 내심 반대할 수도 있으나 심각할 정도로 반대하기도 쉽지 않습니다. 공동선을 해치는 경우이기 때문입니다. 더 많은 투자가 선행되어야 하고, 생산성이나 효율이 떨어질 수밖에 없는 것이 친환경적인 기술을 도입할 때 나타나는 결과입니다. 그럼에도 불구하고 친환경적인 방향으로 나가야 한다는 것이 교황의 '찬미 받으소서' 회칙의 내용이며, 그에 동의하고 실천하는 전 세계 그리스도인들의 의지입니다.

우리가 세상 가운데에 살면서 만나는 많은 어려움은 그리스도 정신에 어긋나는 일들을 하도록 종용 받는 경우입니다. 세상은 다 그런 것이라며, 필요 이상의 접대를 하거나, 비정상적인 방법으로 소속된 회사를 이롭게 하기 위한 편법들을 동원하는 경우에 그리스도인들은 제일 난감함을 느끼게 됩니다. 힘 있는 사람에게 적절하게 접대를 하며, 그 사람으로 하여금 사업적으로 도움을 주도록 영향력을 미치게 하도록 종용하는 경우가 제일 많은 것 같습니다. 마음에 맞지 않는다고 하여 반대할 수도 없는 것이 이미 그런 방식으로 성공한 경우가 많고, 어쩌면 사회 전체가 정경 유착이라는 이름이 무색하지 않게 맞물려 돌아가고 있기 때문입니다.

너무 만연하여 그것이 죄가 되는지도 모르고 진행되는 것이 현실입니다. 기회 있을 때마다 순수 우리 경쟁력을 키워야 함을 많이 강조하지만, 그것은 그것이고, 실상은 기회만 되면 그런 외부의 힘을 동원하여 문제를 풀거나, 이득을 얻게 하는 것이 더욱 안정적인 방법으로 인식하는 경향이 있습니다. 우리 시대의 구조적인 문제에 대하여 그리스도인들은 대안을 제시하고, 건전한 경쟁 환경을 만들어 가는 일에 나서야 할 것입니다. 우리 사회에서 직장은 먹고 사는 문제이고, 혼자가 아닌 가족의 생계가 달린 문제이기 때문에, 산업 발전기를 지나면서 많이 관대해지고, 웬만한 잘못은 용인되는 분위기가 있어 온 것이 사실입니다. 그렇지만 세상은 가야 할 올바른 길이 있게 마련입니다. 이제는 각 기업들도 어느 정도 궤도에 올라왔기 때문에, 편법이나 바르지 못한 방법들은 과감히 내려놓고 공정한 게임을 하는 실력을 키워야 할 것으로 생각합니다.

정치적인 측면에서는 더욱 선명함이 요구됩니다. 예전처럼 독재는 아니지만, 지엽적인 편 가르기나, 지방색을 강조하거나, 학연 등을 내세우는 사람들은 더 이상 우리 사회에서 발을 붙이지 못하게 만드는 연대의식이 있어야 할 것으로 봅니다. 그리고 무엇보다 대의정치를 하는 나라의 정치 구조상 말만이 아닌 정말로 국민을 대변하고, 국민을 위하는 아주 겸손한 자세의 정치인들의 모습을 그려봅니다. 그것이 극좌이든 극우이든 한쪽으로 지나치게 편향된 것은 우리 시대의 '짐승'입니다. 패거리 문화를 대변하는 집단이기주의 또한 마찬가지입니다. 힘의 모습으로 약한 사람이나 팀을 억압하려 하는 것도 또 다른 '짐승'들입니다. 특별히 돈을 많이 가진 사람들이 힘없고, 돈 없는 사람들을 함부로 대하거나, 착취하는 것과 같은 '짐승'이 현대 자본주의 시대에 가장 크게 부각되고 있다고 생각합니다.

모름지기 그리스도인들이 지향하는 것은 오직 예수를 닮는 것이라고 봅니다. 결정적일 때에 양보하고, 손해를 감수할 줄 아는 행동을 할 때, 또 잘못된 것을 보고 주님께서 성전 정화를 하셨던 것처럼 저항도 할 줄 알 때에, 주님을 닮는 주님의 제자로서의 바른 모습이라고 생각합니다.

사력을 다해 이기려고 하고, 얻고자 하는 것을 얻기 위하여 수단과 방법을 가리지 않는 세상에서, 그리스도인들은 경쟁에서 지는 것에, 손해보고 많이 얻지 못하는 것에 그리스도의 정신이라는 면역력으로 이겨나가는 힘을 기르고 살아내야 할 것입니다. 그렇게 해서 조금이라도 주님의 뜻에 맞는 방향으로 나아가도록 일조하는 것이 요즘과 같은 극심한 이해관계 중심의 세상에서 그리스도인들이 취해야 할 스탠스라고 봅니다.

주님 저희가 사는 세상에서 주님의 뜻을 펼치며, 세상의 가치와 주님의 가치를 식별할 줄 아는 저희가 되도록 이끌어 주소서. 세상은 스스로 정화하고 통제하는 힘보다는 무한으로 향하는 성장과 발전 그리고 그 과정에서 만나는 치열한 경쟁과 과정의 불공정함이 나타나게 됩니다. 주님을 따르는 저희들이 그런 세상에 걸림돌이 되어 속도를 늦추고, 그 과정에서 소외된 사람들을 구하며, 주님의 뜻이 세상에 펼쳐지도록 하는 저희가 되게 이끌어 주소서. 주님의 이름으로 기도합니다. 아멘.

딸 예루살렘아, 마음껏 기뻐하고 즐거워하여라. **스바 3,14**
Be glad exult with all your heart, Daughter Jerusalem. **Zep 3,14**

마치며

일상에서 만나는 하느님은 멀리 계시는 것 같으면서도 가까이 계시고, 또 가까이 계시는 것 같지만, 느껴지지 않을 때가 많습니다. 우리는 늘 그렇게 주님을 찾는 것 같지만, 실제는 세상의 것들을 쫓느라, 늘 우리를 부르시는 주님으로부터 우리가 떠나 살고 있습니다. 그럼에도 불구하고 주님께서는 깊은 사랑의 마음으로 쉬지 않고 저희를 부르시고 계십니다.

애써 주님의 부르심에 응답해 보려는 짧은 단상들을 모아 보았습니다. 구조화된 형태로 마음을 펼쳐 보이는 것이 익숙하지 않아서 많이 어설퍼 보입니다. 우리의 마음을 모두 잘 아시는 주님께 봉헌하는 마음으로 시작하였지만, 세상의 것들에 대한 관심이 많아서 온전히 주님의 뜻을 잘 알아듣지 못하게 되는 경우가 많았습니다.

존경하는 김형석 교수는 그의 책 『백년을 살아보니』에서 예수의 교훈 이상의 가치관이나 인생관을 찾을 수 없어서 신앙을 버리지 못하다고 했습니다. 어떻게 보면 신앙이 한 인간의 삶에 절대적인 영향을 미치는 것을 짐작할 수 있는 말씀입니다. 실존의 주체로서 한 인간의 삶에 영향을 주어 가치관이나 인생관이 형성되는 것은 그만큼 한 사람에게 있어서 절대적인 영향력이기 때문입니다. 그래서 그리스도인으로 살아오는 것에 대해 감사의 마음을 갖게 됩니다.

그런 면에서 그리스도인으로 이 세상을 살아간다는 것은 예수라는 완전한 인간이며 또한 완전한 신이었던 분을 믿고 따르며 그분을 닮으려 하는 일생을 사는 것이 얼마나 큰 축복인지 모릅니다. 세속적인 삶의 기준으로 보아도 의심하거나 신앙 때문에 방황하는 경우는 그렇게 많지 않을 것이기 때문이고, 또 주변에 유능한 멘토나 코칭을 할 코치들이 많기 때문입니다.

그간 글을 쓰면서 출판을 의식하고 글을 쓰지 않았었기 때문에, 막상 시작해 보니 할 일이 많다는 것을 깨닫게 됩니다. 블로그에 올리는 글도 그동안 큰 부담 없이 운영했는데, 완성도가 얼마나 많이 떨어지는지 이번 기회에 알게 되었습니다. 막상 출판하려 보니, 고치거나 수정해야 할 것들이 얼마나 많았는지 모릅니다. 그간 많이 부족하게 운영해 왔다는 생각을 하게 됩니다. 이런 과정을 거치며 또 다른 의미의 성장이라고 생각하며, 편집과 디자인을 도와주신 북랩 관계자 여러분에게 진심으로 감사의 인사를 드립니다.

참고도서

『영성으로 읽는 성경』, 바바라 보우 저 박은미 이규명 역, 성바오로 출판사(2013)

『복음서 발견하기』, 마거릿 누팅 랄프 저, 임숙희 역, 바오로딸(2005)

『구약성서 기원 발견하기』, 마거릿 누팅 랄프 저, 임숙희 역, 바오로딸(2002)

『초세기 교회 발견하기』, 마거릿 누팅 랄프 저, 임숙희 역, 바오로딸(2006)

『식별』, 마르코 이반 루니크 저, 오영민 역, 바오로딸(2011)

『영적지도와 상담』, 제랄드 메이 저, 노종문 역, Korea IVP(2006)

『사복음서의 영성』, 스티븐 C 바턴 저, 김재현 역, 기독교문서선교회(1997)

『가톨릭 전통과 그리스도교 영성』, 조던 오먼 저, 이홍근 이영희 역, 분도출판사(2011)

『말씀에서 샘솟는 기도』, 엔조 비앙키 저, 이연학 역, 분도출판사(2001)

『그리스도교 영성역사』, 전영준 저, 가톨릭대학교출판부(2017)

『영혼의 성』, 예수의 데레사 저, 최민순 역, 바오로 딸(1970)

『상류의 탄생』, 김명훈 저, 비아북(2016)

『자발적 가난』, E.F 슈마허 외 저, 이덕임 역, 그물코(2001)

『돈으로 살 수 없는 것들』, 마이클 샌델 저, 안기순 역, 와이즈베리(2012)

『성공하는 사람들의 7가지 습관』, 스티븐 코비 저, 김경섭 역, 김영사(1994)

『오늘 내 인생 최고의 날』, 스티븐 코비 저, 김경섭 역, 김영사(2006)

『몰입』, 칙센트 미하이 저, 최인수 역, 한울림(2004)

『몰입의 즐거움』, 칙센트미하이 저, 이희재 역, 해냄(1997)

『특혜와 책임』, 송복 저, 가디언(2016)

『그래도 사랑하라』, 전대식 엮음·사진, 공감(2012)

『성찰, 내 삶의 양식』, 데니스 린, 쉴라 린, 마태오 린 김진호, 장미희 역, 성바오로(2016)

『노화의 심리와 영성』, 장 뤽 에퇴 저, 김효성 역, 생활성서(2019)

『떼이야르 드 샤르댕의 신학사상』, 로버트 패리시 저. 이홍근 역, 분도출판사(1990)

『의천도룡기』, 김용 저, 임홍빈 역, 김영사(2007)

『비폭력대화』, 마샬 로젠버그 저, 한국NVC센터 역, 한국NVC센터(2011)

위키백과(Wikipedia) '사전적 정의'로 인용함.